W0173081

Isabell Pohlmann

Altersvorsorge für
Selbstständige

Rechtzeitig planen, sinnvoll vorsorgen

Stiftung
Warentest

Inhaltsverzeichnis

4 **Was wollen Sie wissen?**

9 **Ihr Plan für die Vorsorge**
15 „Für das Thema Altersvorsorge sensibilisieren"
17 Vorsorgen – aber wie?
21 Die nächsten Schritte zur passenden Vorsorge
24 Abkürzung für Ungeduldige

29 **Wo stehen Sie derzeit?**
34 Gesetzliche Rente: Aktuelle Ansprüche im Blick
42 Zusätzliche Vorsorge: Damit können Sie bisher rechnen

45 **Vorsorgepflicht prüfen**
48 „Am besten Klarheit von Anfang an"
50 Versicherungspflicht in der Rentenversicherung
60 Künstlersozialkasse: Günstig für Künstler und Publizisten
64 Abgesichert über ein Versorgungswerk
71 Grundsicherung: Auffangnetz heute und im Ruhestand

75 **Spielräume ausloten**
77 Finanzcheck: Wie viel bleibt monatlich übrig?
81 Unverzichtbare Ausgaben: Versicherungsschutz im Blick
88 Persönliche Faktoren bestimmen weiteres Vorgehen

91 **Anlageform und Angebot finden**
94 „Insolvenzschutz nur für lebenslange Leistungen"
95 Vorsorge-Baustein: Gesetzliche Rente
102 Vorsorge-Baustein: Aktien-ETF
111 Vorsorge-Baustein: Rürup-Rente
118 Vorsorge-Baustein: Immobilie
124 Weitere Vorsorgeangebote im Überblick

91

Wie lassen sich hohe Ziele verwirklichen? Die Vor- und Nachteile der Vorsorgealternativen

102

Vorsorge-Baustein ETF: So legen Sie auf lange Sicht erfolgreich an

137

Erst Überblick, dann handeln: Mögliche Strategien je nach persönlicher Situation

29
Zeit für einen Zwischenstand: Was schon erreicht wurde, welche Lücken noch zu schließen sind

34
Sicherheit für die ganze Familie – Rentenansprüche im Überblick

75
Die richtige Balance: Wie viel Altersvorsorge können Sie sich jeden Monat leisten?

137 Die passende Strategie

140 Frei in der Altersvorsorge
144 Rentenversicherung ist Pflicht
148 Mitglied in der Künstlersozialkasse
152 Mitglied im Versorgungswerk
156 Selbstständig nebenbei
160 Ausblick für alle: Wenn der Ruhestand näher rückt

164 Hilfe

164 Unterstützung und Beratung von Anfang an
166 Die gesetzliche Rente erhöhen
167 Die günstigsten Depotanbieter auf einen Blick
168 Die Kosten für ETF-Sparpläne
170 Diese ETF sind erste Wahl
171 Die besten nachhaltigen ETF
172 Stichwortverzeichnis
176 Impressum

4

Was wollen Sie wissen?

Von A wie Akquise bis Z wie Zahlungen ans Finanzamt: Wenn Sie beruflich selbstständig sind oder in die Selbstständigkeit starten wollen, haben Sie viele Themen im Kopf. Die Absicherung für den Ruhestand sollte mit dabei sein, auch wenn manches wichtiger erscheint.

> **Mein Betrieb ist meine Altersvorsorge. Reicht das nicht?**

Glückwunsch! Wenn Ihr Betrieb so gut läuft, dass Sie sich vorstellen können, dass ein Verkauf Ihren Ruhestand finanziert, haben Sie vieles richtig gemacht. Vergessen Sie aber nicht: Mit der Selbstständigkeit ist immer eine gewisse Unsicherheit verbunden. Auftragslagen können sich ändern. Das haben gerade auch die Jahre der Corona-Pandemie gezeigt. Manche Unternehmen haben profitiert, andere standen plötzlich vor ungeahnten Herausforderungen und hatten mit fehlenden Kunden, leeren Auftragsbüchern oder stockenden Lieferketten zu kämpfen. Auch wenn Ihr Unternehmen ein Erfolgsgeschäft ist, sollten Sie sich daher nicht allein darauf verlassen, dass Sie in vielen Jahren jemanden finden, der Ihren Betrieb übernehmen und beispielsweise für Maschinen, weiteres Inventar oder einen festen Kundenstamm viel Geld zahlen will.

Gehen Sie auf Nummer sicher und kümmern Sie sich um Ihre weitere Altersvorsorge. Wir zeigen Schritt für Schritt, wie Sie diese gestalten können. Dabei gehen wir auf verschiedene Berufs- und Lebenssituationen ein und verraten, wie Sie einzelne Vorsorgebausteine sinnvoll und passend kombinieren können.

Ist die gesetzliche Rente für Selbstständige überhaupt ein Thema?

Ja, für viele Selbstständige bildet die gesetzliche Rente einen wichtigen Grundstein für die Absicherung im Alter. Das gilt zum einen, wenn Sie vor Ihrer Selbstständigkeit während einer angestellten Beschäftigung Rentenansprüche erworben haben. Zum anderen, wenn Sie auch als Selbstständige weiter Beiträge an die Rentenkasse zahlen. Im Kapitel „Wo stehen Sie derzeit?" ab S. 29 stellen wir die Leistungen der gesetzlichen Rentenversicherung genauer vor. Im Kapitel „Vorsorgepflicht prüfen" ab S. 45 fassen wir zusammen, wer auch als Selbstständiger weiter in die Rentenkasse einzahlen muss, und ab S. 91 zeigen wir im Kapitel „Anlageform und Angebot finden", warum es sich lohnen kann, die gesetzliche Rente aus freien Stücken als Vorsorgebaustein einzusetzen, zum Beispiel auch für Mitglieder eines berufsständischen Versorgungswerks.

Ich kann monatlich 300 Euro für später sparen. Wie lege ich das Geld an?

Vor allem vier Vorsorge-Bausteine empfehlen sich für Selbstständige: Zahlungen in die gesetzliche Rentenversicherung, eine Immobilie, ein Rürup-Vertrag und ETF, also börsengehandelte Indexfonds (siehe „Die Bausteine für Ihre Altersvorsorge", S. 19). Welche dieser Bausteine Sie nutzen und wie Sie diese sinnvoll ergänzen, richtet sich nach Ihrer persönlichen Situation, zum Beispiel: Wie haben Sie bisher vorgesorgt? Wie alt sind Sie? Können Sie die 300 Euro auf Dauer entbehren? Wie risikobereit sind Sie? Im Kapitel „Die passende Strategie" ab S. 137 stellen wir fünf Beispielfälle vor, die zeigen, wie — je nach Ausgangslage – eine passende Vorsorge-Strategie aussehen kann.

Während der Pandemie habe ich alle Reserven aufgebraucht. Und jetzt?

Im ersten Schritt geht es darum, dass Sie (wieder) ein ausreichendes Notfallpolster ansparen, auf das Sie kurzfristig zugreifen können (siehe „Weitere Vorsorgeangebote", S. 124). Je mehr Sie darüber hinaus zurücklegen könnten, desto besser. Ab S. 95 erfahren Sie, welchen Spielraum Sie etwa bei Zahlungen an die gesetzliche Rentenkasse haben, ab S. 102 zeigen wir die Vorteile, die ETF als flexible Geldanlage haben.

Grundsätzlich empfiehlt es sich zudem, dass Sie sich nach diesen schwierigen Jahren den genauen Überblick über Ihre komplette finanzielle Lage verschaffen, etwa mithilfe Ihres Steuerberaters.

Als Angestellte habe ich einen Riester-Vertrag abgeschlossen. Lohnt er sich jetzt noch?

Das kommt darauf an, ob Sie weiterhin Anspruch auf die staatliche Förderung haben und wie hoch diese ausfällt. Im Abschnitt „Riester-Vertrag: für manche eine Chance" ab S. 127 fassen wir zusammen, unter welchen Voraussetzungen Selbstständige von der staatlichen Unterstützung profitieren können – entweder weil sie selbst einen Förderanspruch oder über ihren Ehepartner indirekt Anspruch auf die staatlichen Zulagen und die mögliche Steuerersparnis haben. Dank der Förderung kann es tatsächlich attraktiv sein, einen bereits bestehenden Vertrag auch während der Selbstständigkeit durchzuhalten. Im Kapitel „Weitere Vorsorgeangebote" ab S. 124 stellen wir neben Riester andere Produkte vor, die sich je nach beruflicher und privater Ausgangsposition als Teil der Vorsorgestrategie eignen können. Wir gehen auf die Vor- und Nachteile ein und nennen, wo es möglich ist, aktuelle Testergebnisse.

Mir wurde ein Rürup-Vertrag mit hohen Beiträgen angeboten. Soll ich zugreifen?

Die Basisrente, auch Rürup-Rente, kann eine geeignete Anlageform für Selbstständige sein, doch sie hat auch einige nicht unerhebliche Nachteile.

Die Rürup-Rente ist attraktiver, wenn Sie ein eher hohes Einkommen und einen entsprechend hohen Steuersatz haben: Dann fällt die Förderung, die Sie vom Staat in Form von Steuerersparnissen erhalten, höher aus. Holen Sie sich mehrere Angebote ein, ehe Sie einen Vertrag unterschreiben. Vergleichen Sie die Bedingungen und die garantierten Renten. Beachten Sie zudem, dass der Rürup-Vertrag eher unflexibel ist. Mehr zu den Vor- und Nachteilen lesen Sie unter „Vorsorge-Baustein: Rürup-Rente" ab S. 111. Eine mögliche Alternative zur Rürup-Rente können Zahlungen an die gesetzliche Rentenkasse sein. Auch das bringt einen Steuervorteil. Welche Beiträge aufs Jahr gesehen möglich sind, lesen Sie ab S. 95 im Abschnitt „Vorsorge-Baustein: Gesetzliche Rente".

Warum soll ich vorsorgen, wenn ich im Alter sowieso Grundsicherung bekomme?

Sind Sie ganz sicher, dass Sie im Alter staatliche Grundsicherung erhalten? Je älter Sie sind, desto eher werden Sie überblicken können, ob es tatsächlich dazu kommt. Aber wenn nicht? Gerade wenn der Ruhestand noch weit ist, ist der Verzicht auf jede Altersvorsorge eine riskante Wette: ein Jobwechsel und ein sich daraus ergebender höherer Rentenanspruch, ein neuer Partner mit eigenem Einkommen, vielleicht eine Erbschaft – es gibt zahlreiche Veränderungen, die dem Anspruch auf Grundsicherung später entgegenstehen können (siehe „Grundsicherung", S. 71). Daher wäre es hilfreich, wenn Sie die Zeit im Berufsleben nutzen und für den Ruhestand sparen, damit Sie dann besser dastehen.

Ihr Plan für die Vorsorge

Der Anfang ist gemacht: Sie haben diesen Ratgeber gekauft und sind fest entschlossen, sich um Ihre Absicherung im Alter zu kümmern? Das ist gut, denn je früher Sie das Thema anpacken, desto größer können Ihre finanziellen Spielräume im Ruhestand sein.

Haben Sie sich mit Ihrer Agentur, Ihrem Friseursalon oder Ihrer IT-Beratung etabliert und können auf einen festen Kundenstamm bauen?

Oder stehen Sie als Selbstständige noch am Anfang und sind unsicher, wie sich Ihre Auftragslage entwickelt?

Vielleicht hatten Sie zuletzt weniger erfolgreiche Jahre und suchen nach Möglichkeiten, wieder den Stand zu erreichen, den Sie vor der Corona-Pandemie hatten?

Ganz gleich, wie Ihre derzeitige Situation ist: Oft geht es im Alltag um kurz- und mittelfristige Entscheidungen für Ihre Zukunft.

Was ist nötig und hilfreich, um als die eigene Chefin oder der eigene Chef erfolgreich zu werden oder zu bleiben? Doch auch wenn diese Überlegungen sicherlich viel Raum einnehmen und Zeit Mangelware ist, ist es wichtig, dass Sie das Thema Altersvorsorge im Blick behalten. Schließlich legen Sie mit Ihren Vorsorgeaktivitäten den Grundstein dafür, welchen finanziellen Spielraum Sie später haben werden.

Eine gesetzliche Rente, die Ihnen etwa aufgrund Ihrer früheren Tätigkeit als Angestellte zusteht, wird nicht für einen angenehmen Ruhestand reichen. Und selbst

30
SEKUNDEN FAKTEN

4 MILLIONEN
Frauen und Männer sind beruflich selbstständig. Zum Vergleich: Es gibt rund 38 Millionen Arbeitnehmerinnen und Arbeitnehmer in Deutschland.

537 000
Neugründungen gab es 2020, im ersten Corona-Jahr. Rund 336 000 Gründungen erfolgten in Teilzeit, etwa 201 000 Gründungen in Vollzeit.

38 %
der Gründer im Jahr 2020 waren Frauen. Trotz Pandemie lag die Zahl der Gründerinnen nur leicht unter der der Vorjahre. Insgesamt gab es zuletzt aber weniger Neugründungen als früher.

Quelle: Statistisches Bundesamt, KfW-Gründungsmonitor 2021.

wenn Sie etwa zu Rentenbeginn Ihren Betrieb erfolgreich übergeben oder von Ihrer Nachfolgerin einen Geldbetrag für das Inventar Ihres Geschäfts erhalten, ist längst nicht gesagt, dass Sie davon auf Dauer gut leben können. Zusätzlicher Einsatz für die Altersvorsorge ist deshalb auch für Selbstständige unverzichtbar.

Die passende Strategie entwickeln

Wie kann und wie sollte dieser Einsatz für die Altersvorsorge aussehen? Welche Produkte eignen sich dafür? Wo gibt es die passenden Angebote, und wie lassen sie sich sinnvoll kombinieren?

Die Antworten auf all diese Fragen finden Sie in unserem Ratgeber. Wir setzen aber schon deutlich früher an. Denn zunächst geht es für jede und jeden darum, die persönliche Ausgangsposition kennenzulernen – die bisherigen Vorsorgeaktivitäten zu überblicken, die gesetzlichen Vorgaben kennenzulernen und die aktuellen finanziellen Spielräume auszuloten:

▶ **Wenn Sie schon** lange selbstständig sind und längst für das Alter vorsorgen, erhalten Sie in diesem Buch Anhaltspunkte, an welchen Stellschrauben Sie drehen können oder sollten, um im Ruhestand finanziell noch etwas besser dazustehen.

▶ **Haben Sie das Thema** Vorsorge bisher etwa aus Zeitmangel vor sich hergeschoben, erfahren Sie, wie Sie einfach und meist bequem einsteigen können.

▶ **Fehlte Ihnen** bisher der Mut einzusteigen – weil das Geld knapp war oder Sie nicht recht wussten, wo Sie ansetzen sollen –, werden Sie auf den folgenden Seiten feststellen, dass es gar nicht so schwer ist und Sie mit wenigen Bausteinen Ihre Vorsorge gestalten können.

Viele Freiheiten für Selbstständige

Gerade wenn es aktuell zeitlich oder finanziell eng sein sollte, mag die Verlockung groß sein, das Thema Altersvorsorge auf die lange Bank zu schieben. Das ist häufig sogar problemlos möglich, denn viele Freiberufler und Gewerbetreibende sind anders als Angestellte aktuell nicht verpflichtet, in irgendeiner Form für das Alter vorzusorgen. Sie können selbst entscheiden ob, wann und wie viel Geld sie für später zurücklegen wollen.

Wenn Sie diese Freiheit allerdings voll ausschöpfen und die Altersvorsorge komplett hinten anstellen, verschenken Sie wertvolle Zeit, denn je früher Sie mit dem Sparen beginnen, desto besser sind Ihre Chancen, um für den Ruhestand ein ausreichendes Polster zu erreichen.

Offen ist zudem, ob es auf Dauer bei diesen Freiräumen in der Altersvorsorge bleibt: Die Bundesregierung hat 2021 im Koalitionsvertrag vereinbart, dass für neue Selbstständige, die keinem obligatorischen Alterssicherungssystem unterliegen, eine Pflicht zur Altersvorsorge eingeführt werden soll. Sie sollen automatisch in der gesetzlichen Rentenversicherung versichert werden, sofern sie sich nicht für ein insolvenz- und pfändungssicheres privates Vorsorgeprodukt entscheiden.

→ In der Warteschleife

Eine Vorsorgepflicht für Selbstständige stand schon in den Koalitionsverträgen früherer Bundesregierungen, wurde aber bisher nicht umgesetzt. Ob und wann sie tatsächlich kommt und für wen genau sie gelten wird, bleibt derzeit abzuwarten. Über konkrete Gesetzesänderungen werden wir etwa auf test.de informieren.

Manche schon jetzt in der Pflicht

Ganz gleich, was aus den Plänen der Bundesregierung wird: Schon jetzt haben nicht alle Selbstständigen absolut freie Bahn bei der Gestaltung ihrer Altersvorsorge. Ein Teil von ihnen ist per Gesetz verpflichtet, monatlich Geld für später abzuzweigen, etwa als Pflichtversicherte in der gesetzlichen Rentenversicherung oder als Mitglieder eines berufsständischen Versorgungswerks.

Zu denjenigen, die zur Vorsorge verpflichtet sind, gehören zum Beispiel viele Selbstständige in Handwerksberufen oder in einem land- oder forstwirtschaftlichen Beruf, Angehörige eines Berufs, der zur Mitgliedschaft in einer berufsständischen Kammer verpflichtet (wie Ärzte und Steuerberater), sowie Selbstständige in einem künstlerischen oder publizistischen Beruf.

Die Grafik „Bin ich heute schon zur Altersvorsorge verpflichtet?"auf S. 46 fasst zusammen, für wen derzeit eine Vorsorgepflicht gilt.

Gehören Sie dazu, zahlen Sie jeden Monat eine bestimmte Summe ein und erwerben so Ansprüche auf Leistungen im Alter. Ihre Pflichtbeiträge allein werden aber kaum reichen, um im Ruhestand den bisherigen Lebensstandard zu halten. Die Notwendigkeit, aus freien Stücken für das Alter vorzusorgen, gilt umso mehr, wenn Sie bisher unter keine Vorsorgepflicht fallen.

Letztlich kommen Sie nicht umhin, sich dem Thema Altersvorsorge zu widmen. Das macht auch Existenzgründungsberater Jochen Sander in seinen Beratungsgesprächen deutlich (siehe Interview S. 15).

Wie viel zahlen Angestellte?

Aber wie viel sollten Sie denn nun zurücklegen? Eine erste Orientierung kann die Antwort auf auf folgende Frage liefern: Wie viel Rentenbeiträge müssten Sie für Ihr aktuelles Einkommen zahlen, wenn Sie angestellt beschäftigt wären? Angestellte müssen derzeit 9,3 Prozent ihres Bruttoverdienstes als Rentenbeitrag zahlen. Bei einem Bruttomonatseinkommen von 2700 Euro wären das grob 250 Euro, bei 4000 Euro etwa 370 Euro.

Vorsorgebeiträge, die sich an den Werten aus der angestellten Beschäftigung orientieren, sind ein Anfang: Selbst bei einer Verzinsung von nur 1 Prozent werden zum Beispiel aus einer monatlichen Einzahlung von 250 Euro im Laufe von 30 Jahren knapp 105000 Euro. Sie erwirtschaften also zu den insgesamt eingezahlten 90000 Euro immerhin rund 15000 Euro Zinsen.

Je früher Sie mit dem Sparen beginnen, desto besser, denn der Faktor Zeit und der Zinseszinseffekt helfen Ihnen, mehr herauszuholen, wie folgender Vergleich zeigt: Nach 15 Jahren wären Sie bei monatlichen Einzahlungen von 250 Euro bei insgesamt 48550 Euro. Darin wären 3550 Euro Zinsen enthalten. In der halben Sparzeit erwirtschaften Sie also nicht einmal ein Viertel der Zinsen, die Sie nach 30 Jahren erreichen.

Beispiele für den ersten Überblick

Dennoch sollten Sie einplanen, dass eine Sparrate von zum Beispiel 250 Euro im Monat auf Dauer kaum reichen wird, um später finanziell abgesichert zu sein – zumindest dann nicht, wenn Sie das Geld ausschließlich sicher anlegen. Die folgenden Beispiele vermitteln einen ersten Eindruck, was je nach Art der Anlage möglich ist.

Legen Sie etwa im Alter von 37 Jahren die 250 Euro jeden Monat zu einem Zinssatz von 1 Prozent sicher an, haben Sie nach 30 Jahren die oben bereits genannten knapp 105000 Euro angespart. Das mag im ersten Moment viel erscheinen, doch wenn Sie von den Ersparnissen im Ruhestand jeden Monat eine „Rente" von 1000 Euro entnehmen, ist die Summe bei einer weiteren Verzinsung von 1 Prozent bereits nach etwas mehr als 9 Jahren aufgebraucht.

So viel wird aus monatlich 250 Euro.

Legen Sie 30 Jahre lang jeden Monat 250 Euro zu einem jährlichen Zinssatz von 2 Prozent an, erreichen Sie 123 019 Euro. Bei 5 Prozent Rendite sind es 204 674 Euro.

Jahre bis zum Rentenbeginn	Zur Verfügung stehende Summe (Euro) bei einer Rendite (Prozent) vor Steuern von …					
	0	1	2	3	4	5
45	135 000	170 360	218 008	282 659	370 908	491 979
40	120 000	147 452	183 163	229 863	291 216	372 141
35	105 000	125 657	151 603	184 320	225 715	278 245
30	90 000	104 919	123 019	145 035	171 878	204 674
25	75 000	85 188	97 129	111 147	127 628	147 030
20	60 000	66 414	73 679	81 915	91 258	101 864
15	45 000	48 552	52 441	56 699	61 364	66 476
10	30 000	31 556	33 204	34 948	36 794	38 748

Auch monatliche Zahlungen von 250 Euro an die gesetzliche Rentenkasse dürften als alleinige Vorsorge kaum reichen: Zahlen Sie 2022 jeden Monat 250 Euro als freiwilligen Beitrag an die Rentenkasse (insgesamt 3 000 Euro), bringt Ihnen dieses eine Beitragsjahr nach derzeitigem Stand 14,93 Euro Altersrente im Monat. Würden Sie 30 Jahre in der Größenordnung für später vorsorgen, dürfte es schwierig werden, damit den bisherigen Lebensstandard zu halten.

Mehr Risiko – mehr möglich

Mehr lässt sich aus den monatlich 250 Euro machen, wenn Sie auf Börseninvestments setzen. Der Haken: Sie haben keine Erfolgsgarantie, Verluste sind möglich. Dennoch eignen sich beispielsweise Indexfonds (ETF) auf einen weltweiten Aktienindex für die Altersvorsorge. Investieren Sie hier monatlich 250 Euro und erzielen im Schnitt eine Rendite von 5 Prozent im Jahr, kämen Sie nach 30 Jahren auf knapp 205 000 Euro.

200 000 Euro für regelmäßige Zusatzeinnahme

Haben Sie mit Beginn des Ruhestands 200 000 Euro zur Verfügung, können Sie 20 Jahre lang 1010 Euro entnehmen, wenn Sie das Geld zum Zinssatz von 2 Prozent anlegen.

Jahre	Monatlich zur Verfügung stehende Auszahlung (Euro) vor Steuern bei einem Zins (Prozent) von …								
	0,0	1,0	1,5	2,0	2,5	3,0	4,0	5,0	6,0
5	3 333	3 418	3 461	3 504	3 547	3 590	3 677	3 764	3 852
10	1 667	1 752	1 795	1 839	1 883	1 927	2 018	2 110	2 204
15	1 111	1 197	1 241	1 285	1 331	1 377	1 472	1 570	1 671
20	833	919	964	1 010	1 057	1 105	1 204	1 308	1 415
25	667	753	799	846	894	944	1 048	1 156	1 269
30	556	643	689	737	787	839	947	1 060	1 179
35	476	564	611	661	712	765	877	995	1 119
40	417	505	553	604	656	711	827	950	1 078
Ewig	—	166	248	330	412	493	655	815	974

Legen Sie diese Summe im Ruhestand unverzinst auf Ihr Girokonto, reicht das Geld immerhin 17 Jahre für eine Monatsrente von 1 000 Euro. Würden Sie aber die rund 200 000 Euro weiter mit einer Rendite von im Schnitt 5 Prozent im Jahr anlegen, könnten Sie sogar 35 Jahre lang knapp 1 000 Euro im Monat entnehmen.

Richtig mischen!

Die Beispiele zeigen: Je mehr Wert Sie bei der Vorsorge auf Sicherheit legen, desto mehr werden Sie heute aufbringen müssen. Andererseits wäre es auch ungünstig, für die Vorsorge voll ins Risiko zu gehen. Letztlich wird es darum gehen, eine passende Mischung zu finden.

„Für das Thema Alters-vorsorge sensibilisieren"

Jochen Sander ist Existenzgründungs-berater bei der IHK Ostwestfalen zu Biele-feld. Seine Erfahrung aus einigen Tausend Beratungsge-sprächen: Viele Gründer sind froh, wenn ihnen die Themen Vorsorge und Versicherungen möglichst we-nig Mühe bereiten.

Herr Sander, Sie haben unzählige Beratungsgespräche geführt. Wie schät-zen Sie es ein: Haben Gründer bei all den anstehenden Fragen in der Anfangs-zeit das Thema Altersvorsorge im Blick?
Im Schnitt würde ich sagen: Je älter die Gründer sind, desto mehr ist das Thema Alterssicherung präsent. Es kommt vor, dass ein 45-jähriger Gründer eine konkrete Frage etwa zur Rentenversicherungspflicht hat – bei Gründern unter 30 ist das, soweit ich mich erinnere, höchst selten vorgekommen.

Aber Sie gehen im Rahmen der Be-ratungen auf die Altersvorsorge ein?
Grundsätzlich sind wir die erste Anlauf-stelle, wenn es darum geht, die Rahmenbe-dingungen für die Gründung zu klären, so-dass wir zum Beispiel Fragen zur Rechts-form oder den Business-Plan besprechen. Daneben geht es auch um das Thema sozia-le Absicherung. Und da machen wir deut-lich, welcher Schutz Pflicht und was sinn-voll ist. Dass die Kranken- und Pflegeversi-cherung – ob privat oder gesetzlich – Pflicht ist, ist im Normalfall bekannt. Viele Gründer haben sogar schon mit der Krankenkasse gesprochen und wissen, welchen Mindest-beitrag sie zahlen müssen. Wenn wir dann aber zusätzlich über die Altersvorsorge und weiteren Schutz wie Unfallversicherung sprechen, fallen manche doch aus allen Wolken, wenn deutlich wird, dass für die ge-samte Absicherung insgesamt durchaus 1000 Euro im Monat weg sein können. Das kann die erste Planung schon sehr durchei-nanderbringen.

Wie intensiv gehen Sie auf die ein-zelnen Vorsorgemöglichkeiten ein?
Ich sehe es als unsere Aufgabe, für das The-ma Altersvorsorge zu sensibilisieren und deutlich zu machen, dass es eine Sache ist, um die sich gekümmert werden muss. Wir sagen, welche Möglichkeiten es gibt – die staatliche Säule und die privaten Angebote. Unser Rat ist dann: Schaut euch alles an und vergleicht, wo ihr welche Leistungen be-kommen könnt. Diesen Schritt müssen die Gründer aber allein gehen und selbst ent-scheiden! Wir sind nicht diejenigen, die sa-gen können, welches private Versicherungs-angebot das beste ist, und wir rechnen auch

Traum erfüllt!
Sie sind froh und stolz, endlich Ihre eigene Chefin zu sein? Trotz neuer beruflicher Herausforderungen: Behalten Sie das Thema Absicherung für den Ruhestand mit im Blick.

nicht aus, welche Beiträge wie viel Rente bringen. Dafür verweisen wir an die gesetzliche Rentenversicherung.

Sich selbst um die Vorsorge kümmern – darauf hat vermutlich nicht jeder Ihrer Gesprächspartner große Lust. Ja, das stimmt. Wir merken schon, dass viele froh sind, wenn sie sich möglichst wenig um Fragen der eigenen Absicherung kümmern müssen und wenn es eine einfache Lösung gibt. Die bequemere, aber oft auch nicht ausreichende Lösung ist es im Normalfall, sich bei der Altersvorsorge auf die staatliche Säule in Form der gesetzlichen Rentenversicherung zu stützen. Wer sich für private Anlagen – sei es Immobilie, Aktie, Versicherung oder andere Vorsorge – entscheidet, muss einplanen, dass all das mehr beobachtet werden muss. Letztlich wird es meistens darum gehen, den passenden Mix aus staatlicher und privater Säule zu finden.

Sprechen Sie auch über den Umgang mit der vorhandenen Altersvorsorge, falls Selbstständige finanzielle Probleme bekommen? In der Beratung habe ich nicht nur Gründer, sondern zum Teil auch Selbstständige, die schon länger dabei sind. Natürlich werde ich hellhörig, wenn mir zum Beispiel eine Solo-Selbstständige erzählt, dass sie ihre Vorsorge – etwa eine Kapitallebensversicherung – beliehen hat, um Verluste auszugleichen. So weit sollte es nicht kommen. Auch deshalb ist es wichtig, sich schon in der Gründungsphase eine Art Grenze zu setzen: Wie lange gebe ich mir und meiner Geschäftsidee, um damit Erfolg zu haben? Klappt das nicht in dem angepeilten Zeitraum und stehen dann sogar die Vorsorgeersparnisse auf dem Spiel, sollte die Frage gestellt werden, ob es wirklich so weitergehen kann oder ob es nicht besser wäre, die Selbstständigkeit zu beenden.

Vorsorgen – aber wie?

Wie kann eine sinnvolle Vorsorgestrategie für Sie aussehen? Hier erfahren Sie, auf welche Faktoren es jetzt ankommt und welches die wichtigsten Bausteine für Ihre Vorsorge sind.

Für Ihre weitere Altersvorsorge benötigen Sie einen individuellen Plan. Um diesen zu erstellen, müssen Sie sich einige Fragen beantworten. Klären Sie zum Beispiel, welchen Betrag Sie regelmäßig zur Seite legen können und ob neben der Absicherung für den Ruhestand aktuell weitere Sparziele zu berücksichtigen sind: etwa das Ansparen von Eigenkapital für eine Immobilie oder der (Wieder-)Aufbau einer größeren Reserve für Notfälle.

Auch die Frage, ob Sie per Gesetz verpflichtet sind, für das Alter vorzusorgen, spielt für Ihre weitere Planung eine Rolle. Weitere Faktoren sind Ihr Alter, die persönliche Risikobereitschaft sowie die familiäre Situation:

▶ **Wie viel Zeit** haben Sie, um für den Ruhestand vorzusorgen?
▶ **Müssen Sie nur für sich allein** vorsorgen oder haben Sie einen Partner oder eine Partnerin, die später mit auf Ihre Einnahmen im Alter angewiesen sind? Sind Ihre Kinder bei Beginn Ihrer Rente noch in der Ausbildung?
▶ **Gibt es Vermögenswerte,** die Sie auf Dauer etwa aus einer Erbschaft einplanen können?
▶ **Können Sie ruhig schlafen,** wenn Sie Ihr Geld mit etwas Risiko anlegen?

Vor weiteren Entscheidungen geht es außerdem darum zu schauen, wie viel Sie bereits für die Vorsorge getan haben. Vielleicht fangen Sie wie viele andere Selbstständige nicht bei null mit dem Sparen an, wenn Sie diesen Ratgeber lesen: Auch wenn Sie sich gerade erst selbstständig gemacht haben, konnten Sie vielleicht vorher zum Beispiel als Angestellte Ansprüche auf Leistungen aus der gesetzlichen Rentenversicherung erwerben. Wenn Sie schon länger als Ihre eigene Chefin oder Ihr eigener Chef tätig sind, haben Sie vielleicht aus dieser Phase ebenfalls gesetzliche Rentenansprüche gesammelt oder Ansprüche aus Leistungen anderer Versorgungseinrichtungen.

Viele Selbstständige haben auch schon regelmäßig weiteres Geld zur Seite gelegt. Das steckt vielleicht in einer privaten Rentenversicherung, in Sparverträgen bei einer Bank oder in Wertpapieren. Oder Sie zahlen jeden freien Euro in den Darlehensvertrag für Ihre eigene Immobilie. Ganz unterschiedliche Ausgangspositionen sind hier denkbar.

Ihre Vorsorge-Bausteine

Je nach Ihren persönlichen Voraussetzungen geht es nun darum, aus den aktuell am Markt angebotenen Vorsorgeangeboten die richtige Kombination für Ihre weitere Altersvorsorge zu finden, um das vorhandene Fundament auszubauen.

Die Zeiten für diese Entscheidungen sind jedoch nicht einfach: So wirkt für viele Freiberufler und Gewerbetreibende die Corona-Pandemie nach. Längst nicht alle können sich bereits auf regelmäßige Einnahmen wie früher verlassen. Nicht wenige mussten in den vergangenen Jahren an Reserven gehen, die für den Ruhestand gedacht waren. Hinzu kommen die Unsicherheit durch den Krieg in der Ukraine und die damit verbundenen Folgen wie Inflation und Energieknappheit und Kaufzurückhaltung, die Vorsorgeentscheidungen erschweren.

In diesem Umfeld eignen sich vor allem folgende Bausteine, um Ihre Altersvorsorge aus- und aufzubauen:

▸ **Gesetzliche Rente:** Zahlungen an die gesetzliche Rentenversicherung können selbst für Freiberufler und Gewerbetreibende, die nicht zur Mitgliedschaft in der Rentenversicherung verpflichtet sind, ein wichtiger Baustein für die künftige Vorsorgestrategie sein. So ist es etwa möglich, dass Sie mit Zahlungen an die Rentenkasse den bereits bestehenden Anspruch auf eine Altersrente erhöhen oder sich den Anspruch auf eine Altersrente sichern.

▸ **Aktien-ETF (Aktienindexfonds):** Sie sind eine spezielle Art von Investmentfonds. Mit ihnen können Sie auf lange Sicht bequem und flexibel für das Alter sparen. Zwar ist mit ihnen ein Anlagerisiko verbunden, doch dieses hält sich bei einem Anlagehorizont von 15 Jahren oder sogar länger in Grenzen – umso mehr, wenn Sie die investierte Summe nicht zu einem ganz bestimmten Tag zur Verfügung haben müssen. Dafür sind die Renditechancen deutlich höher als etwa mit sicheren Sparprodukten.

▸ **Rürup-Rente:** Geschaffen wurde sie als die Form der geförderten Altersvorsorge, die sich speziell an Selbstständige richtet. Sie hat ihre Schwächen – etwa fehlende Flexibilität –, kann aber einen enormen Steuervorteil bringen. Gerade für Selbstständige mit hohem Einkommen und entsprechend hohem Steuersatz kann sie deshalb ein Baustein für die Absicherung im Alter sein.

▸ **Immobilie:** Eine eigene Immobilie zum Leben und eventuell Arbeiten ist für viele Selbstständige ein entscheidender Faktor für die persönliche Absicherung. Schon heute profitieren Sie, wenn Sie sich etwa im Eigenheim Arbeitsräume einrichten und so Mietkosten sparen. Ist die Immobilie bis Rentenbeginn abbezahlt, stehen die Chancen gut, dass Sie im Ruhestand deutlich niedrigere Wohnkosten haben, als wenn Sie Miete zahlen müssen.

Die Bausteine für Ihre Altersvorsorge

Diese vier Bausteine kommen als Basis für Ihre Absicherung im Ruhestand infrage.

Immobilie

Geeignet für alle mit dem Wunsch nach einem Eigenheim – zum Wohnen und eventuell auch zum Arbeiten.

Gesetzliche Rente

Basis für alle, die auch als Selbstständige Beiträge zahlen müssen. **Geeignet für** alle anderen, um im Alter eine sichere Einnahme zu haben.

ETF

Geeignet für alle, die noch Zeit bis zum Ruhestand haben und dabei flexibel vorsorgen möchten.

Rürup-Vertrag

Geeignet für Sicherheitsbewusste mit eher hohem Einkommen und Steuersatz, die die Beiträge auf Dauer aufbringen können.

Ihr Werkzeugkasten
Für den Auf- und Ausbau Ihrer Altersvorsorge gibt es viele Werkzeuge im Angebot. Manche davon eignen sich sehr gut als Vorsorgebaustein, andere weniger.

Weit mehr Produkte im Angebot

Für die Altersvorsorge werden Selbstständigen viele weitere Produkte angeboten, etwa eine private Rentenversicherung. Auch mit ihr lässt sich fürs Alter Geld ansparen, das als regelmäßige Rente ausgezahlt wird. Allerdings hat der Versicherungsvertrag im Vergleich zu den genannten Bausteinen entscheidende Nachteile. Wer etwa auf der Suche nach einer sicheren Zusatzeinnahme im Alter ist, holt mit einer klassischen privaten Rentenversicherung kaum noch Erträge heraus und kann hier anders als etwa bei der Rürup-Rente nicht auf staatliche Förderung in Form von Steuervorteilen in der Ansparphase setzen.

Das gilt auch für den Abschluss einer fondsgebundenen Versicherung, für die Sie im Vergleich zum Kauf von ETF ohne Versicherungsmantel deutlich tiefer in die Tasche greifen müssen. Hinzu kommt, dass Sie mit der direkten Investition in ETF um einiges flexibler sind als mit dem Abschluss eines Versicherungsvertrags.

Dennoch kann eine private Rentenversicherung im Einzelfall interessant sein: Wenn Sie zum Beispiel kurz vor dem Ruhestand stehen und Ihnen aus einer Erbschaft oder aus dem Verkauf Ihres Betriebs eine größere Summe zur Verfügung steht, kann es sich lohnen, bei einem privaten Versicherer einen Vertrag über eine Sofortrente abzuschließen, der Ihnen eine sichere Zusatzeinnahme bietet. Wenn Sie aber noch jünger sind und noch viel Zeit zum Sparen fürs Alter haben, empfiehlt es sich, eher auf flexiblere Produkte mit der Chance auf höhere Renditen zu setzen.

→ **Andere Vorsorge-Alternativen als Ergänzung**

Bei Banken und Versicherungen werden Sie weitere Angebote finden, um Ihr Geld auf kurze, mittlere und lange Sicht zu investieren. Im Kapitel „Weitere Vorsorgeangebote" ab S. 124 gehen wir auf einzelne Anlageformen ein, nennen ihre Vor- und Nachteile und erklären, in welchen Situationen sie sich lohnen können und wann sie eher nicht geeignet sind.

Die nächsten Schritte zur passenden Vorsorge

Mit den folgenden fünf Schritten können Sie direkt loslegen und sich um die Absicherung für den Ruhestand kümmern.

Wie stehen Sie zu Fragen rund um Geldanlage und Altersvorsorge? Haben Sie Interesse daran, sich damit zu beschäftigen, oder geht es Ihnen darum, das Thema schnellstmöglich abzuhaken?

Ein wenig Zeit sollten Sie schon investieren, zum Beispiel wenn es um die Suche und Auswahl der passenden Produkte geht. Es wäre falsch, zum erstbesten Fondsangebot Ihrer Bank zu greifen oder einen Vertrag über eine private Rentenversicherung abzuschließen, nur weil es schnell gehen soll. Wenn Sie sich mehr Zeit nehmen, haben Sie bessere Chancen, Angebote zu finden, die zu Ihrer persönlichen Situation passen.

Die Schritte auf dem Weg zu einer passenden Altersvorsorge stellen wir hier kurz vor. Wie diese Schritte genauer aussehen, erfahren Sie in den folgenden Kapiteln.

Schritt 1: Den Stand Ihrer bisherigen Vorsorge ermitteln

Verschaffen Sie sich einen Überblick, wo Sie bisher mit Ihrer Altersvorsorge stehen: Welche Renteneinnahmen sind Ihnen – Stand heute – sicher? Mit welchen zusätzlichen Einnahmen können Sie voraussichtlich rechnen? Wie haben Sie Ihr Geld bisher angelegt? Nutzen Sie diesen Überblick als Basis für Ihre weiteren Entscheidungen.

Je älter Sie sind, desto besser können Sie überschlagen, wie weit Sie mit Ihrer Altersvorsorge bereits sind und wie viel noch fehlt: Benötigen Sie beispielsweise noch dringend eine weitere sichere Einnahme im Ruhestand oder spricht viel dafür, dass Sie bei Ihrer künftigen Geldanlage durchaus etwas Risiko eingehen können?

Beispiel: Hans ist Mitte 50 und hat viele Jahre freiberuflich als Baugutachter gearbeitet. Er ist gut im Geschäft, hat größere Summen in sein berufsständisches Versorgungswerk für Architekten eingezahlt und weiß, dass er daraus im Alter mehr als 2 000 Euro Rente ausgezahlt bekommen wird. Das gibt ihm Sicherheit, sodass er nun überlegt, die 20 000 Euro, die er in Kürze aus einer Kapitallebensversicherung erhalten wird, in nachhaltige ETF zu investieren.

Die aktuelle Ausgangssituation kann aber auch ganz anders aussehen:

Beispiel: Café-Betreiberin Denise ist Anfang 30. Während der Corona-Pandemie lag das Thema Altersvorsorge quasi auf Eis.

Sie ist immer noch unsicher, wie es in den nächsten Monaten finanziell weitergeht, und stellt fest, dass ihre bisherigen Rentenansprüche eher niedrig sind.

Für sie könnte es im ersten Schritt sinnvoll sein, etwa mit freiwilligen Beiträgen an die gesetzliche Rentenversicherung wieder in die Vorsorge einzusteigen. Steht sie im Lauf der Zeit finanziell besser da, könnte sie mehr Geld in ihre Vorsorge investieren und sie so bald wie möglich mit weiteren Bausteinen ergänzen.

Im Kapitel „Wo stehen Sie derzeit?" fassen wir ab S. 29 zusammen, wie Sie sich einen Überblick über den Stand Ihrer bisherigen Vorsorge verschaffen können. Wichtig dabei: Auch wenn es in erster Linie um die Absicherung im Alter geht, können Ihnen weitere Leistungen zustehen, etwa der Schutz für den Fall, dass Sie aus gesundheitlichen Gründen nicht mehr arbeiten können. Auch diese Leistungen nehmen wir unter die Lupe.

Schritt 2: Vorsorgepflicht prüfen

Für viele Selbstständige gibt es längst eine Vorsorgepflicht. Gehören Sie beispielsweise aufgrund Ihres Berufs dazu? Wenn Sie sich neu selbstständig machen oder sich an der Art der Selbstständigkeit etwas ändert, sollten Sie prüfen, ob Sie schon heute per Gesetz zur Altersvorsorge verpflichtet sind.

Wenn Sie schon wissen, dass Sie in der Pflicht stehen, prüfen Sie immer wieder mal, ob Sie etwas an den Beitragszahlungen ändern können und wollen. Im Kapitel „Vorsorgepflicht prüfen" ab S. 45 fassen wir zusammen, wer wie vorsorgen muss und welche Gestaltungsmöglichkeiten es gibt.

Schritt 3: Den finanziellen Spielraum ausloten

Wie viel Geld bleibt jeden Monat übrig, um es für später anzulegen? Nur wenn Sie den aktuellen Finanzcheck machen, können Sie entscheiden, wie viel und wie Sie weiter anlegen können und wollen. Im besten Fall

---

 Je erfolgreicher Sie als Selbstständige sind, desto mehr finanziellen Spielraum haben Sie – auch für Ihre Altersvorsorge. Für Ihren Erfolg lohnt es sich häufig, Beratungsangebote zu nutzen. Der regelmäßige Austausch mit der Steuerberaterin empfiehlt sich für fast alle Selbstständigen. Gerade zum Start hilft eine Gründungsberatung, Struktur in die eigenen Pläne zu bringen. Und selbst wenn der Anfang geschafft ist: Holen Sie sich Unterstützung, etwa wenn Sie neue Ziele definieren oder Personal einstellen wollen. Im Serviceteil auf S. 164 finden Sie einige Kontaktdaten.

können Sie eine feste Summe definieren, die Sie monatlich erübrigen können. Das gibt Ihnen Planungssicherheit, um zu entscheiden, wie viel freiwillige Rentenbeiträge Sie aufbringen oder wie viel Sie in einen Rürup-Vertrag einzahlen.

Schwieriger wird es, wenn Sie mit schwankenden Einnahmen zu kämpfen haben. Gerade für so einen Fall ist Flexibilität wichtig: Gut wäre, wenn Sie in eher schlechten Zeiten auch mal mit Zahlungen aussetzen oder sie variieren können.

Im Kapitel „Spielräume ausloten" ab S. 75 fassen wir zusammen, welche Fragen es im Zuge eines Finanzchecks zu klären gibt. Dabei zeigen wir, dass Altersvorsorge zwar wichtig ist, dass es aber falsch wäre, wenn Sie dafür beispielsweise auf wichtigen Versicherungsschutz in der Gegenwart für sich oder Ihren Betrieb verzichten. Zudem stellen wir vor, wie persönliche Faktoren wie der Wunsch nach einer Familie oder die bereits vorhandene Familie Ihre finanziellen Spielräume beeinflussen.

Schritt 4: Anlageform und Angebot finden

Die ersten Beispiele von Baugutachter Hans oder auch von Café-Betreiberin Denise zeigen ganz unterschiedliche finanzielle Ausgangssituationen. Genau deshalb gilt: Nicht jeder Vorsorgevertrag und nicht jede Form der Geldanlage eignet sich für jeden Vorsorgesparer gleich gut. Es ist wichtig, dass Sie sich über die jeweiligen Eigenschaften der

Anlagemöglichkeiten informieren: Wie sicher ist Ihr Geld jeweils angelegt, wie flexibel können Sie reagieren, und wie stehen die Renditechancen?

Im Kapitel „Anlageform und Angebot finden" ab S. 91 stellen wir die Anlagemöglichkeiten, die für Ihre Altersvorsorge infrage kommen, genauer vor und nennen die jeweiligen Stärken und Schwächen. Wenn es aktuelle Untersuchungsergebnisse von Finanztest zu den Produkten gibt, finden Sie diese in den kurzen „Vorsorge-Steckbriefen".

Schritt 5: Passend kombinieren

Wie kann nun auf Basis der Informationen zur bisherigen Vorsorge, zu Ihrer Vorsorgepflicht, zu den aktuellen finanziellen Spielräumen und zu den Stärken und Schwächen der möglichen Vorsorgeprodukte Ihre persönliche Strategie aussehen?

Im Kapitel „Die passende Strategie" ab S. 137 zeigen wir für verschiedene Berufs- und Lebenssituationen beispielhaft, wie Selbstständige in einer ähnlichen Situation ihre weitere Altersvorsorge gestalten können. Auch wenn Sie sich nicht exakt in diesen Situationen wiederfinden, können Sie hier dennoch wichtige Anhaltspunkte finden, worauf es bei Ihrem weiteren Vorgehen ankommt.

Abschließend geben wir einen Kurzüberblick für alle, was beim Absprung in den Ruhestand zu tun ist und wie Sie ihn möglichst optimal gestalten.

Abkürzung für Ungeduldige

Hier finden Sie eine Kurzübersicht, was in welcher beruflichen und privaten Situation für die Altersvorsorge sinnvoll ist.

Sie möchten sich nicht so ins Thema vertiefen und wünschen sich vor allem, möglichst schnell ans Ziel kommen? Dann nutzen Sie die folgende Übersicht als erste Orientierung dafür, wann Sie sich worum kümmern sollten oder müssen.

Vom Start in die Selbstständigkeit bis zur Vorbereitung auf den Ruhestand: Im Lauf eines Berufslebens als eigene Chefin oder eigener Chef gibt es verschiedene Situationen und Veränderungen, die sich bei der Planung und Gestaltung der Altersvorsorge auswirken können.

Sie sind angestellt beschäftigt und planen Ihre Selbstständigkeit

Solange Sie in der Planungsphase sind und noch einer angestellten Beschäftigung nachgehen, haben Sie die Gewissheit, dass Sie automatisch für Ihren Ruhestand vorsorgen – zumindest mit den Pflichtbeiträgen, die Sie und Ihr Arbeitgeber an die Rentenkasse zahlen.

Haben Sie weitere Vorsorgeverträge etwa über eine betriebliche Direktversicherung oder einen Pensionsfonds, sprechen Sie mit der Personalstelle Ihres Arbeitgebers oder mit dem Anbieter, wie es damit nach Ende der Festanstellung weitergehen kann.

Um einen umfassenden Finanzcheck – aktuelle Ersparnisse und bisherige Vorsorge-Aktivitäten, mögliche Finanzierungslücken und neue Belastungen – werden Sie aber kaum herumkommen, wenn Sie gut vorbereitet in die Selbstständigkeit starten wollen. Nutzen Sie vorab Beratungsangebote, etwa der Rentenversicherung oder der für Ihre Selbstständigkeit zuständigen Kammern und Berufsverbände.

Sie wollen direkt aus dem Studium heraus gründen

Der Schritt „Den Stand der bisherigen Vorsorge prüfen" ist vermutlich schnell abgehakt: Häufig sind gar keine oder höchstens sehr geringe Rentenansprüche vorhanden, etwa aus einer früheren betrieblichen Ausbildung oder aus Nebenjobs im Studium.

Verschaffen Sie sich aber den Überblick über mögliche Ersparnisse – was haben beispielsweise Ihre Eltern für Sie angelegt und welche weitere Unterstützung können Sie von ihnen oder der Familie bekommen?

Die weiteren Schritte – etwa „Vorsorgepflicht prüfen" und „finanzielle Spielräume ausloten" – sollten Sie aber unbedingt gehen, damit Sie von Beginn an einen möglichst umfassenden Überblick haben. Infor-

Meeting mit Kind
Selbstständigkeit und Familienleben, unter einen Hut bekommen – das kann gut klappen, wenn nötig mit einigen Kompromissen.

mieren Sie sich zudem zum Beispiel über spezielle kommunale oder regionale Förderprogramme. Suchen Sie über Verband, Kammer oder kommunale Einrichtungen nach Unterstützung, etwa über Mentorenprogramme.

Sie sind noch dabei, sich mit Ihrer Selbstständigkeit zu etablieren

Gerade in der Anfangszeit fällt es meist schwer, genau zu kalkulieren, wie viel Geld Sie regelmäßig zur Seite legen können. Deshalb ist Flexibilität bei der Altersvorsorge sehr wichtig. Binden Sie sich eher nicht an langlaufende Vorsorgeverträge, sondern suchen Sie sich Anlagemöglichkeiten, bei denen Sie zur Not die Einzahlungen absenken oder sogar aussetzen können.

Flexibel bleiben Sie beispielsweise mit ETF-Sparplänen. Falls Sie nicht versicherungspflichtig in der gesetzlichen Rentenversicherung sind, können auch freiwillige Beiträge an die Rentenkasse eine Lösung sein, da Sie in einem breiten Bereich die Beitragshöhe selbst wählen können.

Je nach persönlicher Situation kann bei der gesetzlichen Rentenversicherung auch eine Pflichtversicherung auf Antrag infrage kommen. Informieren Sie sich frühzeitig zu den damit verbundenen Verpflichtungen, aber auch zu den Vorteilen. Eine kostenfreie Beratung finden Sie direkt bei der Rentenversicherung. Auch der Besuch bei einem freien Rentenberater kann sich lohnen, um besser abwägen zu können.

Sie wollen eine Familie gründen

Die Flexibilität bei der Vorsorge bleibt wichtig, wenn Sie in absehbarer Zeit planen, eine Familie zu gründen, sodass Sie eventuell beruflich vorübergehend kürzertreten werden. In der Situation wäre es ungünstig, wenn Sie beispielsweise an Verträge gebunden sind, bei denen Sie jeden Monat eine feste Summe einzahlen müssen.

Erwarten Sie bereits Nachwuchs, informieren Sie sich über mögliche Ansprüche, die Ihnen als werdenden Eltern zustehen – etwa wie die Abrechnung des Elterngeldes funktioniert, wenn Sie während des Bezugs der Leistung Einkommen erzielen. Planen Sie mit Ihrem Partner oder Ihrer Partnerin früh genug, wie Sie Ihr Berufsleben künftig organisieren können. Beachten Sie dabei unbedingt: Auch als Selbstständige, die nicht oder nicht mehr in die gesetzliche Rente einzahlen, können Sie Anspruch auf Erziehungszeiten für Ihr Rentenkonto haben. Mehr dazu lesen Sie unter „Wie sich Kinder für die Rente bezahlt machen", S. 37.

Nutzen Sie das kostenlose Beratungsangebot der Deutschen Rentenversicherung, um abzuklären, was für Sie als Paar etwa bei der Aufteilung der Erziehungszeiten möglich und sinnvoll ist und unter welchen Voraussetzungen Sie die Kinderberücksichtigungszeiten nutzen können.

Wenn Sie einen Überblick über Ihre künftig zur Verfügung stehenden Mittel haben, passen Sie Ihre bisherigen Vorsorge-Aktivitäten daran an. Prüfen Sie zum Beispiel, ob Sie die bisherigen Raten für einen ETF-Sparplan weiter stemmen oder vorübergehend reduzieren wollen. Überlegen Sie, welcher Versicherungsschutz neu nötig

ist und wie Sie für sich und die Kinder zusätzlich vorsorgen können. Eventuell kann für die weitere Vorsorge sogar ein Riester-Vertrag interessant sein – vorausgesetzt, Sie haben Anspruch auf die staatliche Förderung. Durch finanzielle Zulagen für die Kinder kann sich der Abschluss lohnen.

Sie haben sich etabliert und sind beruflich erfolgreich

Im Lauf der Zeit haben Sie bestimmte Erfahrungswerte gesammelt, welche Einnahmen Sie in „normalen" Zeiten erzielen können und wie groß Ihr finanzieller Spielraum im Regelfall ist, um weiteres Geld auf längere Sicht anzulegen. Dabei wäre es sinnvoll, nachzurechnen, ob Sie sich höhere Beitragszahlungen an die gesetzliche Rentenkasse oder Ihr Versorgungswerk leisten können – je mehr Sie einzahlen, desto höher fällt später die Rente aus.

Prüfen Sie zudem, ob Sie bei der Vorsorge ein etwas höheres Risiko eingehen können und wollen, etwa in Form eines neu abgeschlossenen ETF-Sparplans oder durch die Erhöhung der bisherigen Sparraten.

Beruflich ging es zuletzt bergab

Ob durch die Corona-Pandemie oder aus anderen Gründen: Laufen die Geschäfte schlecht, bekommen Sie das gleich auf Ihrem Konto zu sehen. Im ungünstigen Fall müssen Sie Ersparnisse angreifen, die eigentlich fürs Alter gedacht waren. Klären Sie in dieser Situation ganz genau, wie es weitergehen soll: Lohnt die Selbstständigkeit noch, oder wäre eine angestellte Beschäftigung sinnvoller? Lässt sich der Engpass etwa mit einem Zusatzjob überbrücken, und kommt dieser zeitlich infrage? Unter Umständen kann es auch sinnvoll sein, Sozialleistungen zu beantragen.

Nutzen Sie Beratungsangebote etwa über die für Sie zuständige Kammer. Behalten Sie trotz aktueller Probleme das Thema Altersvorsorge im Hinterkopf und steigen Sie mit flexibler Vorsorge wieder ein, wenn Sie finanziell sichereren Boden unter den Füßen haben. Wichtig: Sorgen Sie möglichst dafür, dass Sie etwa auf einem Tagesgeldkonto ein finanzielles Polster für Notfälle behalten.

Sie sind selbstständig, erhalten aber ein attraktives Jobangebot

So schön die berufliche Unabhängigkeit derzeit ist – vielleicht reizen Sie ein Jobangebot und die Aussicht auf ein attraktives Gehalt als Angestellte. Mit jeder Veränderung auf Ihrer Einnahmenseite sollten Sie neu prüfen, was finanziell für die Altersvorsorge möglich ist.

Wenn Sie etwa als Angestellte wieder pflichtversichert in der gesetzlichen Rentenversicherung werden, sorgen Sie quasi automatisch dafür, dass Ihre Rentenansprüche steigen, weil Sie und neuerdings Ihr Chef Rentenbeiträge zahlen. Ergibt sich dadurch mehr Freiraum, um bei der ergänzenden Vorsorge etwas mehr Risiko zu wagen, etwa mit dem Kauf von Wertpapieren?

Je nachdem, was der Arbeitgeber beisteuert, kann für Angestellte beispielsweise auch die betriebliche Altersvorsorge interessant werden.

Der Ruhestand rückt näher

Mit Ende 50, spätestens mit Anfang 60 werden die Überlegungen zum Rentenbeginn konkreter: Wie lange will ich arbeiten? Ab wann habe ich überhaupt Anspruch auf eine Rente, und wie hoch wird sie ausfallen? Und für den Fall, dass Sie vorzeitig in Rente gehen dürfen: Klären Sie, ob Sie sich diesen Schritt leisten können.

Je näher der Ruhestand rückt, desto verlässlichere Informationen haben Sie, mit welchen Einnahmen Sie aus gesetzlicher Rente, privaten Vorsorgeverträgen und anderen Geldanlagen rechnen können. Wenn bisher nicht oder längere Zeit nicht mehr geschehen, ist jetzt ein richtiger Zeitpunkt, um bei der Deutschen Rentenversicherung ein Verfahren zur Kontenklärung zu beantragen, um mögliche Lücken im Versicherungsverlauf zu schließen.

Steht fest, wann Sie Ihre erste Rente bekommen wollen, beantragen Sie diese etwa drei bis vier Monate vor dem gewünschten Auszahlungsbeginn. Überschlagen Sie, ob Sie mit den zu erwartenden Einnahmen gut hinkommen. Je näher der Ruhestand rückt, desto sicherer sind Sie vielleicht auch, ob Ihnen etwa aus dem Verkauf Ihres Betriebs oder der Übergabe an Ihren Nachfolger weitere Mittel zur Verfügung stehen werden.

Wo stehen Sie derzeit?

Ersparnisse plus Depotwert plus bisherige Rentenansprüche: Im ersten Schritt überschlagen Sie, wie weit Sie mit Ihrer bisherigen Altersvorsorge schon gekommen sind. Darauf aufbauend können Sie die nächsten Vorsorgeentscheidungen treffen.

Mit welchen Einnahmen können Sie nach derzeitigem Stand später einmal sicher rechnen? Wenn Sie sich einen Überblick über den Stand Ihrer bisherigen Altersvorsorge verschaffen, spielt die gesetzliche Rente häufig eine entscheidende Rolle: Wie viel Rente steht Ihnen beispielsweise aus einer vorherigen angestellten Beschäftigung zu, wenn Sie gerade neu in die Selbstständigkeit starten?

Keine Sorge: Selbst wenn Sie schon seit mehreren Jahren keine Beiträge mehr an die Rentenkasse zahlen, geht Ihnen das, was Sie einmal an Rentenansprüchen erworben haben, nicht verloren. Häufig reichen frühere Beitragszahlungen schon für eine Altersrente aus. Wenn Sie nicht wissen, ob das bei Ihnen so ist, können Sie das mithilfe des Abschnitts „Gesetzliche Rente" ab S. 34 prüfen.

Neben der gesetzlichen Rente: Welche weiteren Renten oder Ersparnisse haben Sie nach heutigem Stand auf Ihrer Habenseite, aus denen Sie sich eine Zusatzeinnahme fürs Alter basteln können?

Eine eigene Immobilie oder die Firma, die eventuell zu Rentenbeginn verkauft werden kann, bringen zusätzliche Sicherheit. Allerdings lässt sich heute kaum sagen, mit welchen Werten Sie etwa bei Übergabe Ihres Betriebs oder Ihrer Praxis rechnen können. Klar ist, Sie sollten nicht darauf bauen, dass das allein reichen wird, um im Ruhestand gut leben zu können.

Zeit für einen Vorsorge-Check

Einmal im Jahr werden viele Selbstständige direkt auf das Thema Altersvorsorge gestoßen. Einmal im Jahr verschickt die gesetzliche Rentenversicherung die sogenannte Renteninformation an Versicherte ab 27 Jahren, wenn sie mindestens fünf Jahre lang Beiträge an die Rentenkasse gezahlt haben. Diese Information geht auch an Selbstständige – selbst dann, wenn sie schon seit Jahren keine Rentenbeiträge mehr zahlen.

Im besten Fall vermittelt Ihnen die Renteninformation eine gewisse Sicherheit, weil Sie wissen, dass Ihre bisher erwirtschafteten Leistungsansprüche im Ruhestand etwa als Basis für Mietzahlungen und einen Teil der Lebenshaltungskosten reichen.

Für andere kann die Renteninformation eine Enttäuschung sein. Steht dort etwa, dass Sie einen Rentenanspruch von nur einigen Hundert Euro oder noch weniger erwirtschaftet haben? Dann erhöht das für Sie den Druck, endlich einzusteigen.

Ganz gleich, ob frustrierend oder attraktiv: Behalten Sie den Überblick über den Stand Ihrer Vorsorge. Das gilt umso mehr, wenn unvorhergesehene Ereignisse die bisherige Vorsorge quasi komplett auf den Kopf stellen:

Beispiel: Buchhändlerin Sabine haben die Corona-Lockdowns 2020 mit voller Wucht getroffen. Die 50-Jährige hat zwar für ihr Geschäft und für ihre Mitarbeiter finanzielle Unterstützung vom Staat bekommen, doch das allein reichte nicht, um ihre Einbußen auszugleichen. Deshalb hat Sabine die Kapitallebensversicherung gekündigt, die sie vor 20 Jahren abgeschlossen hatte – ursprünglich gedacht als Polster für den Ruhestand. Das Geld, das ihr nach der Kündigung ausgezahlt wurde, brachte ihr etwas Luft, aber jetzt ist das meiste aufgebraucht. Nur eine kleine Notreserve liegt noch auf einem Tagesgeldkonto. Andere Vorsorgeverträge hat Sabine nicht, sodass ihr nach heutigem Stand nur eine geringe Altersrente im Ruhestand sicher ist: Die Rentenansprüche hatte sie während ihrer Ausbildung und in den darauffolgenden Jahren erworben, als sie angestellt im Buchhandel beschäftigt war.

Die Pandemie und ihre Folgen haben vielen Selbstständigen wie Sabine zugesetzt. Wer in dieser Zeit auf seine Altersvorsorge zurückgegriffen hat, ist nun umso mehr gefordert, den aktuellen Überblick zu bekommen, wie viel überhaupt noch da ist.

Abseits der Altersvorsorge empfiehlt es sich zunächst, ein kurzfristig verfügbares Polster (wieder) anzusparen, das ausreicht, um zumindest kleinere Notfälle zu überbrücken. Denn es muss ja nicht immer eine Pandemie sein, die das aktuelle Geschäftskonzept komplett durcheinanderwirbelt: Was, wenn Sie beispielsweise kurzfristig für drei Wochen Ihre pflegebedürftige Mutter unterstützen müssen und in der Zeit keine Aufträge abarbeiten können? Geht dann zusätzlich noch Ihr Auto kaputt, können ausbleibende Honorare zur Herausforderung werden.

In dem Fall ist es gut, wenn Sie ein Notfallposter haben, auf das Sie kurzfristig zurückgreifen können, ehe Sie etwa eine Lebensversicherung kündigen oder Fondsanteile verkaufen. Für die Notreserve empfiehlt sich ein Tagesgeldkonto. Über das hier geparkte Geld können Sie von jetzt auf gleich verfügen (siehe „Tagesgeld", S. 130).

Mehr Planungssicherheit ab 50

Die aktuelle Bestandsaufnahme von Buchhändlerin Sabine ist schnell abgeschlossen: Neben der Renteninformation zeigt ein Blick auf ihre Konten, was an kurzfristig verfügbaren Mitteln noch übrig ist.

Wenn es bis zum Ruhestand nur noch wenige Jahre sind, haben Sie den Vorteil, dass die Werte, mit denen Sie rechnen können, bereits deutlich konkreter sind als etwa mit Anfang 30. Ab etwa Mitte 50 oder spätestens Anfang 60 lässt sich schon ziemlich genau kalkulieren, mit welchen Einnahmen Sie ab wann rechnen können. Ab 55 erhalten Sie zum Beispiel anstatt der genannten Renteninformation regelmäßig eine Rentenauskunft mit genauen Angaben zu Ihren künftigen Einnahmen aus der gesetzlichen Rentenversicherung. Dieser Auskunft ist ein Versicherungsverlauf beigefügt, den es genau zu überprüfen gilt. Denn nur wenn alle rentenrechtlichen Zeiten korrekt gespeichert sind, kann später die Rente in der richtigen Höhe bewilligt werden.

In Kombination mit Standmitteilungen der Versicherer, mit Konto- und Depotauszügen können Sie sich so einen kompletten Überblick über die zu erwartenden Einnahmen verschaffen.

> 66 **Wenn es nur noch wenige Jahre bis zum Ruhestand sind, können Sie zumindest grob überschlagen, ob Sie eine Rentenlücke erwarten müssen.**

Hinzu kommt: Wenn Sie Ende 50 oder Anfang 60 sind, haben Sie eventuell auch schon die wichtige Entscheidung getroffen, bis wann Sie arbeiten wollen und wann Sie Ihre Rente oder Ihre Renten beziehen möchten. Steht fest, dass Sie vorzeitig in den Ruhestand gehen wollen, müssen Sie häufig Einbußen bei der gesetzlichen Rente oder bei der Auszahlung aus Ihrem Versorgungswerk in Kauf nehmen (siehe „Unter der Lupe: Die Altersrente", S. 34). Diesen möglichen Abschlag können Sie schon einkalkulieren, wenn Sie sich mit der Entscheidung für den vorzeitigen Rentenbeginn sicher sind. Falls es nur noch wenige Jahre bis

Ruhestandsbeginn sind, können Sie zumindest ungefähr überschlagen, ob Sie noch eine Rentenlücke erwarten müssen. Als grobe Richtschnur gilt, dass im Ruhestand etwa 80 Prozent des vorherigen Nettoeinkommens zur Verfügung stehen sollten. Die Checkliste „Wie groß ist die Lücke im Ruhestand?" rechts hilft bei der Orientierung, welche Ausgaben dann bleiben, welche neu hinzukommen und welche wegfallen.

Wenig Anhaltspunkte für Jüngere

Eine genaue Planung, um sich diesem Richtwert – 80 Prozent des vorherigen Nettoeinkommens – zu nähern, scheitert im Regelfall schon daran, dass die Rechnung mit zahlreichen Unbekannten versehen ist. Wenn Sie zum Beispiel Anfang 30 oder auch Mitte 40 sind, kann noch eine Menge passieren, was einer genauen Übersicht zu den zu erwartenden Vorsorgeeinnahmen im Weg steht:

▸ **Werden Sie immer selbstständig** arbeiten, und wenn ja: Wie hoch werden Ihre Einnahmen künftig sein?

▸ **Kann es sein, dass Sie** sich doch noch einmal eine feste Stelle suchen und als Pflichtmitglied der Rentenversicherung Ansprüche erwerben, mit denen Sie heute noch gar nicht rechnen?

▸ **Werden Sie aufgrund** von Familienplanung oder -gründung einen bereits bestehenden Vorsorgeplan so wie bisher aufrechterhalten können, oder werden Sie neu rechnen müssen?

▸ **Wissen Sie schon,** bis zu welchem Alter Sie arbeiten werden? Ist etwa ein vorzeitiger Rentenbeginn denkbar, der Ihnen Einbußen bei der Monatsrente bringen kann?

Weitere Unsicherheiten kommen hinzu: Wer weiß, was sich etwa auf Ihrer Einnahmenseite noch tut, etwa infolge einer Erbschaft. Oder: Werden Sie gesund genug sein, um Ihren Beruf wie bisher auszuüben?

Je jünger Sie sind, desto schwieriger ist es also, mit einer konkreten Summe zu beziffern, wie viel Vorsorge nötig ist, um die finanzielle Lücke bis zu einer ausreichenden Absicherung im Ruhestand zu schließen. Reichen dafür zum Beispiel 300 Euro an monatlichen Vorsorgebeiträgen aus, oder wären eher 500 Euro nötig?

Ein solch konkreter Wert ist schwer zu bestimmen. Das mag dazu verleiten, gar nicht erst mit der Vorsorge zu beginnen. Genau das wäre aber falsch. Wer zuvor bereits angestellt war, kann die letzte Gehaltsabrechnung zurate ziehen und daran erkennen, wie hoch die Beiträge zur gesetzlichen Rentenversicherung bisher ausgefallen sind, und zwar insgesamt, also Arbeitnehmeranteil und Arbeitgeberanteil.

Weitere Orientierung, was Sie mit monatlichen Zahlungen von zum Beispiel 250 Euro erreichen können und wie lange etwa eine Summe von 200 000 Euro im Ruhestand reichen kann, liefern die Tabellen auf den Seiten 13 und 14.

Checkliste

Wie groß ist die Lücke im Ruhestand?

Der Geldbeutel wird im Alter entlastet, wenn …

- ☐ **Sie Kredite** abgezahlt haben – etwa für eine Eigentumswohnung.

- ☐ **eine kleinere Wohnung** reicht, weil Ihre Kinder aus dem Haus sind.

- ☐ **Ihre Kinder die Ausbildung** abgeschlossen haben und finanziell auf eigenen Füßen stehen.

- ☐ **Sie den Zweitwagen** abschaffen oder kein Auto mehr benötigen.

- ☐ **Ausgaben für die Fahrt** zur Arbeit und für Arbeitskleidung entfallen.

- ☐ **bestimmte Versicherungen** nicht mehr notwendig sind, etwa eine Berufsunfähigkeitsversicherung.

- ☐ **Sie gesetzlich krankenversichert** sind und der Krankenkassenbeitrag sinkt, weil auch das Einkommen (Rente) geringer ist als früher.

- ☐ **Sie eine größere Summe** zur Verfügung haben, weil Sie erben, langfristige Anlagen frei werden oder das Geld aus der Lebens- oder Rentenversicherung fällig wird.

Zusätzlicher Geldbedarf entsteht, wenn Sie …

- ☐ **Ihre Wohnung oder Ihr Haus** alten- oder behindertengerecht umbauen oder Sie in eine entsprechende Wohnung umziehen müssen.

- ☐ **eine Haushaltshilfe** oder professionelle Pflegekräfte benötigen. Die Pflegeversicherung übernimmt nur einen Teil solcher Kosten.

- ☐ **mehr Gesundheitsleistungen** (Medikamente, Physiotherapie, Untersuchungen) in Anspruch nehmen, als Ihre Krankenversicherung bezahlt.

- ☐ **Handwerker** brauchen für Arbeiten, die Sie in jüngeren Jahren selbst erledigen konnten.

- ☐ **Ihre Enkelkinder** finanziell unterstützen wollen.

- ☐ **mehr Reisen,** vor allem Fernreisen, unternehmen möchten als bislang.

- ☐ **zu Beginn des Ruhestands** eine teure Anschaffung machen wollen.

- ☐ **verstärkt teuren Hobbys** nachgehen möchten.

Gesetzliche Rente: Aktuelle Ansprüche im Blick

Alters-, Erwerbsminderungs- und Hinterbliebenenrente: Verschaffen Sie sich einen Überblick, was Ihnen an Leistungen aus der gesetzlichen Rentenversicherung bisher zusteht.

Auch wenn die meisten Selbstständigen bei der Gestaltung ihrer Altersvorsorge völlig freie Hand haben, ist die gesetzliche Rente für viele von ihnen ein fester Baustein für die Absicherung im Alter. Das gilt zum einen, wenn sie wie Buchhändlerin Sabine im Beispiel vor dem Start in die Selbstständigkeit als Angestellte beschäftigt waren und auf diese Weise Ansprüche auf eine Altersrente und andere Leistungen erworben haben. Das gilt zum anderen aber auch, weil viele Selbstständige etwa aufgrund ihres Berufs versicherungspflichtig in der gesetzlichen Rentenversicherung sind oder sich aus freien Stücken für Beitragszahlungen entscheiden – entweder für freiwillige Beiträge oder sogar für eine Pflichtversicherung auf Antrag.

Als ehemalige oder aktuelle Beitragszahler können sich auch Selbstständige auf ein breites Spektrum an Leistungen aus der gesetzlichen Rentenversicherung verlassen. Dazu gehört vor allem – aber nicht nur – die finanzielle Absicherung für den Ruhestand. Allerdings sind für die einzelnen Leistungen einige Voraussetzungen zu erfüllen.

Unter der Lupe: Die Altersrente

Die allermeisten Selbstständigen erfüllen schon jetzt eine wichtige Voraussetzung, um im Ruhestand Anspruch auf eine Altersrente zu haben: Gefordert ist eine sogenannte Wartezeit (auch „Versicherungszeit" genannt) von mindestens fünf Jahren.

Wartezeit bedeutet, dass Sie zum Beispiel selbst Rentenbeiträge gezahlt haben. Ob Sie diese Zeiten etwa als Angestellte – vor Eintritt in die Selbstständigkeit – vorweisen können oder sie erst während der Selbstständigkeit zurückgelegt haben, spielt für den Rentenanspruch keine Rolle. Zudem zählen für die Wartezeit nicht nur Monate mit, in denen Sie selbst Beiträge geleistet haben, sondern auch andere Lebensphasen: So werden etwa Zeiten des Wehr- und Zivildienstes berücksichtigt sowie die Kindererziehungszeiten (mehr zum Thema „Wie sich Kinder für die Rente bezahlt machen" lesen Sie in der Checkliste auf S. 37.

Wann Sie Ihre erste reguläre Altersrente beziehen können, richtet sich nach Ihrem Geburtsjahr (siehe Tabelle „Altersgrenzen", rechts). Wurden Sie zum Beispiel 1962 gebo-

Altersgrenzen und Abschläge bei der gesetzlichen Rente

„Rente ab 65": Per Gesetz war das über viele Jahre der Normalfall, doch die Zeiten sind seit mehreren Jahren vorbei. Seit 2012 steigt die Altersgrenze für die Regelaltersrente je nach Geburtsjahr stufenweise auf 67 Jahre an. Ein früherer Rentenbeginn ist möglich, zum Beispiel mit 63 Jahren. Dann verlieren Sie aber bis zu 14,4 Prozent Ihrer Leistungsansprüche.

Geburts-jahr	Regelaltersrente: vorgesehener Rentenbeginn im Alter von …	Abschlag bei Rentenbeginn zum 63. Geburtstag (35 Jahre Rentenzeiten sind nötig)
1958	66 Jahren	10,8 Prozent
1959	66 Jahren + 2 Monaten	11,4 Prozent
1960	66 Jahren + 4 Monaten	12,0 Prozent
1961	66 Jahren + 6 Monaten	12,6 Prozent
1962	66 Jahren + 8 Monaten	13,2 Prozent
1963	66 Jahren + 10 Monaten	13,8 Prozent
ab 1964	67 Jahren	14,4 Prozent

Quelle: Deutsche Rentenversicherung

ren, sieht der Gesetzgeber derzeit für Sie einen regulären Rentenbeginn mit 66 Jahren und 8 Monaten vor.

Wollen Sie schon früher Leistungen aus der Rentenkasse erhalten, müssen Sie meist Abschläge von Ihren bereits erworbenen Rentenansprüchen in Kauf nehmen. Es kann ein Minus von bis zu 14,4 Prozent auf Sie zukommen. Doch längst nicht jeder kann vorzeitig, zum Beispiel im Alter von 63 Jahren, in Rente gehen. So ist etwa für einen vorzeitigen Rentenbeginn mit 63 eine Wartezeit von 35 Jahren notwendig. Gerade diese Hürde kann für viele Selbstständige, die bei ihrer Vorsorge nicht durchgängig auf die gesetzliche Rente gebaut haben, zum Hindernis werden. Denn wer auf weniger als 35 Jahre Wartezeit kommt, kann im Regelfall erst mit Erreichen der Regelaltersgrenze in den Ruhestand gehen.

Wenn Sie die Voraussetzungen für eine Altersrente erfüllen, erhalten Sie diese nicht automatisch, sondern Sie müssen sie – wie jede andere gesetzliche Rente – beantragen (siehe „Ausblick für alle" ab S. 160).

Mehrere Faktoren bestimmen die Rentenhöhe

Errechnet wird die Altersrente – das gilt auch für die ab Seite 39 vorgestellte Erwerbsminderungsrente – anhand der sogenannten Rentenformel. Entscheidend für die Höhe der persönlichen Rente ist demnach, wie lange und wie viel Versicherte in die Rentenkasse eingezahlt haben und in welchem Alter sie in Rente gehen.

Auf Basis Ihrer Beiträge an die Rentenkasse haben Sie sogenannte Entgeltpunkte erworben. Ihr Einkommen und die dafür gezahlten Beiträge werden ins Verhältnis zum durchschnittlichen Arbeitseinkommen aller Versicherten gesetzt. Beispielhaft lässt sich das für das Jahr 2021 vorrechnen. 2021 lag das vorläufige Durchschnittseinkommen bei 41 541 Euro. Haben Sie als Angestellter genau dieses Einkommen erzielt und entsprechende Beiträge gezahlt, erhalten Sie für das Jahr 2021 einen Entgeltpunkt. Lag Ihr Einkommen um 20 Prozent unter diesem Wert, werden 0,8 Rentenpunkte für dieses Jahr gutgeschrieben. So wird auch für Selbstständige gerechnet, die einkommensgerechte Beiträge zahlen.

Selbstständige, die unabhängig vom Einkommen den „Regelbeitrag" in die gesetzliche Rentenversicherung entrichten, erreichen in etwa einen Entgeltpunkt pro Jahr. Den Regelbeitrag stellen wir ab S. 50 im Abschnitt „Versicherungspflicht" vor.

Im Laufe Ihres Berufslebens sammeln Sie somit eine bestimmte Anzahl an Rentenpunkten auf Ihrem persönlichen Rentenkonto. Wenn Sie auf Ihre letzte Renteninformation schauen, finden Sie dort den Wert Ihrer bisher erreichten Entgeltpunkte.

Diese Entgeltpunkte werden zu Rentenbeginn mithilfe des „aktuellen Rentenwertes" in Geld umgerechnet und zudem mit zwei Faktoren – dem Zugangsfaktor und dem Rentenartfaktor – multipliziert.

66 Scheiden Sie vorzeitig aus dem Berufsleben aus, müssen Sie Abschläge von Ihrer Rente hinnehmen

———

Der aktuelle Rentenwert wird jedes Jahr neu ermittelt. Seit dem 1. Juli 2022 gilt: Jeder gesammelte Entgeltpunkt ist in Westdeutschland 36,02 Euro wert, in Ostdeutschland 35,52 Euro. 35 Entgeltpunkte können demnach in Westdeutschland rund 1 260 Euro (35 x 36,02 Euro) Monatsrente bringen.

Ob die Rente tatsächlich diese Höhe hat, hängt unter anderem davon ab, ob Sie pünktlich – so wie vom Gesetzgeber vorgesehen – Ihre erste Rente beziehen oder früher oder später. Das spiegelt sich im

Checkliste

Wie sich Kinder für die Rente bezahlt machen

Eine berufliche Auszeit für die Familie muss bei der gesetzlichen Rente nicht außen vor bleiben. Wenn Sie davon profitieren möchten, müssen Sie allerdings unter Umständen aktiv werden:

☐ **Kindererziehungszeiten:** Für jedes ab 1992 geborene Kind schreibt der Rentenversicherungsträger auf Antrag demjenigen, der das Kind erzogen hat, für die drei Jahre nach der Geburt einen Entgeltpunkt auf dem Rentenkonto gut, insgesamt also rund 3 Entgeltpunkte. In der Regel kommt das der Mutter zugute – auf Antrag alternativ dem Vater.

Für früher geborene Kinder sind es 2,5 Jahre Erziehungszeit. Anspruch darauf haben im Regelfall auch Selbstständige – selbst dann, wenn sie keine Pflichtbeiträge in die gesetzliche Rentenversicherung zahlen. Kommen Sie allein aus der Kindererziehungszeit noch nicht auf die für die Regelaltersrente notwendigen fünf Versicherungsjahre, können Sie für den fehlenden Zeitraum freiwillige Beiträge an die Rentenkasse leisten.

☐ **Freie Berufe:** Anspruch auf die Anerkennung der Kindererziehungszeiten haben auch Angehörige der kammerfähigen Freien Berufe, die Mitglieder eines berufsständischen Versorgungswerks sind, wenn das Versorgungswerk die Erziehung nicht annähernd gleich bewertet.

☐ **Kinderberücksichtigungszeiten:** Sind Sie Pflichtmitglied der gesetzlichen Rentenversicherung, haben Sie zudem Anspruch darauf, dass Ihnen die zehn Jahre nach der Geburt des Kindes als Kinderberücksichtigungszeiten gutgeschrieben werden. Diese Zeiten können den Rentenanspruch erhöhen und zählen für die Wartezeiten für bestimmte Rentenansprüche mit. Bei mehreren Kindern beginnt die Kinderberücksichtigungszeit bei der Geburt des ersten Kindes und endet zehn Jahre nach der Geburt des jüngsten Kindes. Zahlen Sie keine Pflicht-, sondern freiwillige Beiträge an die Rentenversicherung, bekommen Sie die Berücksichtigungszeiten nicht gutgeschrieben.

Kann ich früher in Rente?
Klären Sie, welcher Rentenbeginn möglich ist und ob Sie sich den vorzeitigen Ruhestand leisten können.

sogenannten Zugangsfaktor wider. Wenn Sie beispielsweise 1977 geboren wurden, sieht der Gesetzgeber nach derzeitigem Stand einen Rentenbeginn im Alter von 67 Jahren vor, also im Jahr 2044. Wenn Sie sich an diesen Termin halten, beträgt der Zugangsfaktor 1,0. Arbeiten Sie länger, erhöht sich der Faktor: um 0,5 Prozent für jeden Monat des späteren Rentenbeginns. Gehen Sie also beispielsweise erst mit 68 Jahren in Rente, steht Ihr Zugangsfaktor bei 1,06.

Scheiden Sie dagegen früher aus dem Berufsleben aus, müssen Sie Abschläge hinnehmen: Pro Monat sinkt der Faktor um 0,3 Prozent, für ein Jahr um 3,6 Prozent. Gehen Sie bei Geburtsjahr 1977 also beispielsweise im Alter von 66 und nicht erst mit 67 Jahren in Rente, beträgt der Zugangsfaktor derzeit 0,964, beim Rentenbeginn im Alter von 63 Jahren läge der Faktor bei 0,856.

Der nächste Rechenfaktor, der Rentenartfaktor, beträgt bei der Altersrente 1,0. Bei einer Rente wegen teilweiser Erwerbsminderung wäre es nur der Faktor 0,5.

Anhand der genannten Faktoren kann die Rentenkasse Ihre Altersrente ermitteln:

Beispiel: Blumenhändler Klaus aus Bonn war als Angestellter pflichtversichert in der Rentenversicherung. Seit Beginn seiner Selbstständigkeit zahlt er freiwillige Rentenbeiträge. Kommt er zum Rentenbeginn mit 67 auf 36 Entgeltpunkte auf seinem Rentenkonto, erreicht er nach den heute geltenden Werten 1 297 Euro Monatsrente. Will er zwei Jahre früher gehen und sammelt bis zum 65. Geburtstag 34 Entgeltpunkte, kommt er im ersten Schritt auf 1 225 Euro Monatsrente. Weil er vorzeitig aufhört, sinkt seine Rente aber aufgrund des niedrigeren Zugangsfaktors – nicht 1,0 sondern 0,928 – auf 1 137 Euro im Monat.

Eine Ausnahme gilt nur für besonders langjährig Versicherte, die es auf 45 Jahre bringen. Wäre das bei Klaus der Fall, könnte ihm die Rente ab 65 sogar ohne Abschlag gezahlt werden.

Über den Stand Ihrer bisherigen Leistungsansprüche können Sie sich einmal im Jahr genau anhand der Renteninformation einen Überblick verschaffen (siehe „Hätten Sie's gewusst", S. 39). Heften Sie dieses Schreiben nicht unbeachtet ab, sondern behalten

Sie Ihre Ansprüche im Blick. Zudem kann sich ein Antrag auf Kontenklärung lohnen. Hier prüft der Rentenversicherer, welche Zeiten auf Ihrem Rentenkonto bislang vermerkt sind und ob es Lücken gibt. Das kann umso wichtiger sein, wenn Sie mehrere Wechsel in Ihrer Berufslaufbahn hatten und zum Beispiel zwischen angestellter und selbstständiger Tätigkeit mehrmals gewechselt haben. Den Antrag auf Kontenklärung stellen Sie kostenfrei bei der Deutschen Rentenversicherung.

Unter der Lupe: Der Erwerbsminderungsschutz

Rentenbeginn – irgendwann mit Mitte 60, vielleicht etwas früher, vielleicht etwas später. Das ist zwar der häufigste Fall, doch was ist, wenn Sie aufgrund einer Erkrankung oder einer Verletzung schon früher Ihren Beruf nicht mehr ausüben können?

In diesem Fall kann die gesetzliche Erwerbsminderungsrente auch für Selbstständige eine wichtige Hilfe sein. Die Renten wegen Erwerbsminderung werden in der Regel zunächst zeitlich befristet für maximal drei Jahre ab Rentenbeginn ausbezahlt. Nach ihrem Ablauf kann die Frist erneuert werden. Die Befristung entfällt, wenn nicht wahrscheinlich ist, dass sich die Situation der Betroffenen noch zum Positiven ändert. Davon gehen die Rentenversicherungsträger nach neun Jahren aus, wenn die Arbeitsmarktlage für die Bewilligung der Rente keine Rolle spielte.

HÄTTEN SIE'S GEWUSST?

Aus der Renteninformation geht unter anderem hervor, wie hoch Ihr **bisheriger Anspruch** auf eine Altersrente ist sowie wie hoch eine Rente wegen voller Erwerbsminderung nach aktuellem Stand ausfallen würde.

Die Rentenkasse nennt die Höhe Ihrer **voraussichtlichen Bruttorente**, wenn Sie bis Rentenbeginn so viel einzahlen wie im Schnitt der vergangenen fünf Jahre.

Zudem können Sie der Information entnehmen, wie viel Altersrente Sie erhalten können, wenn es in den kommenden Jahren regelmäßig **Rentenanpassungen** von 1 oder 2 Prozent gibt.

Quelle: Deutsche Rentenversicherung

Es müssen allerdings einige Voraussetzungen erfüllt sein, die für den Bezug dieser Rente gelten. Dabei geht es sowohl um gesundheitliche Voraussetzungen als auch um die versicherungsrechtlichen Vorgaben.

Eine Rente wegen voller Erwerbsminderung bekommen diejenigen, die nach dem 1. Januar 1961 geboren sind, nur, wenn sie nicht in der Lage sind, mindestens drei Stunden täglich in irgendeiner Form erwerbstätig zu sein. Eine Rente wegen teilweiser Erwerbsminderung erhalten Versicherte, die noch mindestens drei Stunden, aber keine sechs Stunden mehr am Tag erwerbstätig sein können.

Für ältere Versicherte ist der Rentenbezug unter Umständen etwas leichter möglich: Wer vor dem 2. Januar 1961 geboren wurde, genießt einen gewissen Vertrauensschutz und kann eine Rente wegen teilweiser Erwerbsminderung bei Berufsunfähigkeit bekommen. Sie können also dann Geld bekommen, wenn sie nicht mehr in der Lage sind, für sechs Stunden täglich in ihrem Hauptberuf oder in einem zumutbaren vergleichbaren Beruf zu arbeiten. Somit kann etwa eine ältere Dachdeckerin, die nicht mehr als Dachdeckerin arbeiten kann, die Rente bekommen. Bei einem jüngeren Kollegen würde die Rentenkasse vorher prüfen, ob eine Tätigkeit in einem anderen Beruf infrage kommt.

Auch wenn die gesundheitlichen Vorgaben erfüllt sind, scheitern viele Selbstständige an der zweiten entscheidenden Bedingung: Damit sie überhaupt eine Rente wegen Erwerbsminderung bekommen können, gilt im Regelfall die Vorgabe, dass sie in den fünf Jahren vor Eintritt der Erwerbsminderung drei Jahre lang Pflichtbeiträge in die Rentenkasse gezahlt haben.

Das schaffen die Selbstständigen, die etwa aufgrund ihres Berufs sowieso Pflichtmitglieder der gesetzlichen Rentenkasse sind. Diejenigen, die keine oder nicht mehr Pflichtmitglieder der gesetzlichen Rentenversicherung sind, verlieren dagegen mit der Zeit den Anspruch auf eine gesetzliche Erwerbsminderungsrente.

Es sei denn, Sie entscheiden sich aus freien Stücken für eine Pflichtversicherung und stellen den entsprechenden Antrag beim Rentenversicherungsträger. Dann kommen auch auf Sie die genannten Pflichtbeiträge zu, dafür erwerben Sie auch die gleichen Leistungsansprüche wie die Selbstständigen, die per Gesetz pflichtversichert sind. Ob die Pflichtversicherung die passende Lösung für Sie ist und ob sie Ihnen kurzfristig noch die erhofften Vorteile etwa beim Erwerbsminderungsschutz bringen kann, klären Sie am besten in einem Beratungsgespräch bei der Rentenversicherung oder bei einem freien Rentenberater.

Freiwillige Beiträge reichen meist nicht

Nur im Einzelfall können auch freiwillige Beiträge ausreichen, um den Schutz für den Fall einer Erwerbsminderung zu behalten.

Diese Möglichkeit kommt für ältere Selbstständige infrage, wenn sie bereits bis zum 1. Januar 1984 fünf Jahre an Versicherungszeiten in der gesetzlichen Rentenversicherung vorweisen konnten und damit die „allgemeine Wartezeit" erfüllt wurde.

Diese Ausnahme kann beispielsweise für einen älteren Handwerksmeister interessant sein, der die Wahl hat, entweder weiter versicherungspflichtig zu bleiben oder stattdessen nur noch deutlich geringere, freiwillige Beiträge in die gesetzliche Rentenversicherung zu zahlen. Aber Achtung: Bevor er sich dafür entscheidet, sollte er sich unbedingt von der Deutschen Rentenversicherung beraten lassen.

Rehabilitation vor Rente

Bevor Versicherte, die eine körperliche, geistige oder seelische Behinderung erleiden, frühzeitig in Rente geschickt werden, gilt in der gesetzlichen Versicherung die Vorgabe der Rehabilitation vor Rente.

Der Rentenversicherungsträger übernimmt die Kosten von Behandlungen in Reha-Kliniken. Außerdem unterstützt er die Erkrankten beispielsweise bei Umschulungen, um ihnen eine dauerhafte berufliche Wiedereingliederung zu ermöglichen. Anspruch auf diese Leistungen haben Sie, wenn Sie zum Beispiel mindestens 15 Jahre mit Versicherungszeiten vorweisen. Es müssen nicht zwingend Zeiten mit Pflichtbeiträgen sein – freiwillige Beiträge reichen ebenfalls aus. Wenn Sie in früheren Jahren etwa als Angestellter Pflichtbeiträge in die Rentenkasse eingezahlt hatten, können Sie mit Ihren freiwilligen Beiträge zumindest den Anspruch auf Rehabilitationsmaßnahmen aufrechterhalten.

Rente für Hinterbliebene

Als Mitglied der gesetzlichen Rentenversicherung sind nicht nur Sie selbst, sondern auch Ihre Familie abgesichert: Stirbt die versicherte Person, hat der Ehepartner Anspruch auf Witwen- beziehungsweise Witwerrente.

Die Witwenrente beträgt zwischen 55 und maximal 60 Prozent der den Verstorbenen zustehenden Rente. Wichtig ist aber zu beachten, dass eigenes Einkommen der Witwe oder des Witwers anteilig auf die Rente angerechnet wird, sofern ein Freibetrag von derzeit rund 950 Euro monatlich überschritten wird. Somit gilt: Je mehr Rentenansprüche Sie erworben haben, desto höher fällt im Ernstfall die Hinterbliebenenrente für Ihre Partnerin oder Ihren Partner aus.

Kinder, die ein oder beide Elternteile verlieren, können bis zur Vollendung des 18. Lebensjahres eine Waisenrente bekommen. Solange sie noch in der Ausbildung sind, kann die Rente maximal bis zum 27. Geburtstag gezahlt werden. Eigenes Einkommen der Waise wird hier nicht angerechnet.

Trotz des Rentenanspruchs für Hinterbliebene empfiehlt es sich, zusätzlich eine Risikolebensversicherung abzuschließen (siehe „Im Todesfall", S. 87).

Zusätzliche Vorsorge: Damit können Sie bisher rechnen

Ob Riester-Vertrag oder betriebliche Vorsorge: Prüfen Sie, was Ihnen diese Verträge auf Dauer bringen. Behalten Sie auch Sparkonten und das Wertpapier-Depot im Auge.

Viele haben neben der gesetzlichen Rente längst weitere Verträge für die Altersvorsorge abgeschlossen oder besitzen ein Wertpapierdepot, andere zahlen in andere Versorgungssysteme ein. Mitglieder eines berufsständischen Versorgungswerks sichern sich mit ihren Vorsorgebeiträgen den Anspruch auf eine Altersrente oder auch eine Berufsunfähigkeitsrente. Über deren voraussichtliche Höhe werden sie ebenfalls regelmäßig informiert.

Haben Sie bei einem privaten Versicherer eine Kapitallebens- oder eine Rentenversicherung abgeschlossen? Dann bekommen Sie regelmäßig eine Standmitteilung, mit welcher Auszahlung Sie bei Ende der Laufzeit rechnen können und wie viel Geld Sie erhalten würden, wenn Sie den Vertrag kündigen. Die Rede ist dann vom sogenannten Rückkaufswert. Auch als Riester-Sparer erhalten Sie Übersichten zum Stand Ihres Ersparten. Eventuell werden Sie mit dem Start in die Selbstständigkeit den Anspruch auf die staatliche Riester-Förderung verlieren. Das bisher angesparte Riester-Vermögen geht damit aber nicht verloren und

steht Ihnen im Ruhestand zu. Haben Sie als Selbstständige weiterhin Anspruch auf die Förderung, zum Beispiel über Ihren Ehepartner, prüfen Sie, welcher Beitrag zu Ihrer neuen Situation passt (siehe „Riester-Vertrag: für manche eine Chance", S. 127).

Haben Sie in Ihrem bisherigen Berufsleben als Angestellter in einen Vertrag für eine betriebliche Altersvorsorge eingezahlt? Prüfen Sie, wie hoch Ihr Rentenanspruch aus diesem Vertrag ist. An das bisher eingezahlte Geld kommen Sie zwar im Regelfall nicht vor Erreichen der jeweiligen Altersgrenze heran, aber immerhin erhalten Sie dann eine Rente oder Ihr Kapital, auch wenn Sie den Vertrag bis dahin nicht weiter bedienen.

Haben Sie bisher nicht viel eingezahlt, klären Sie, ob eventuell eine vorzeitige Auszahlung infrage kommt. Anwartschaften auf eine kleine Betriebsrente können abgefunden werden. Stand 2022 ist das bis zu einer Monatsrente von 32,90 Euro in West- und 31,50 Euro in Ostdeutschland möglich oder bis zu einem Einmalbeitrag von 3 948 Euro im Westen und 3 780 Euro im Osten.

Vielleicht ist es möglich, dass Sie Ihren Vorsorgevertrag als Selbstständige privat fortführen und weiter Beiträge zahlen. Ob das aber wirklich sinnvoll ist, gilt es im Einzelfall zu prüfen, da die bisherige Förderung entfällt. Andererseits können so eventuell attraktive Absicherungsbestandteile wie Invaliditätsschutz aufrechterhalten werden.

Zinsen und mehr

Haben Sie bisher Geld in sicheren Sparprodukten angelegt? Auch diese Summen sollten Sie in den Blick nehmen und prüfen, wann die jeweiligen Beträge verfügbar sind, um sie eventuell anderweitig anzulegen.

Bei Geld, das derzeit in Fonds oder anderen Wertpapieren steckt, wissen Sie nicht mit Sicherheit, wie viel Ihnen später tatsächlich zur Verfügung steht. Gewinne sind ebenso möglich wie Verluste, falls Sie die Papiere zu einem Zeitpunkt schlechter Börsenkurse verkaufen müssen. Je flexibler Sie beim Termin für den Verkauf sind, desto unwahrscheinlicher sind Verluste. Aber Jahre vor Rentenbeginn lässt sich noch nicht sicher mit einem bestimmten Betrag für den Ruhestand kalkulieren. Dennoch haben Sie mithilfe des aktuellen Depotstands einen weiteren Orientierungspunkt.

Unabhängig von der Art der Investition bleibt ein Unsicherheitsfaktor: Wie viel werden Sie sich in Zukunft von Ihren aktuellen Ersparnissen leisten können? Die Unsicherheit über die Preissteigerungen (Inflation) erschwert die weitere Planung.

HÄTTEN SIE'S GEWUSST?

Sollten Ihnen die heute erwarteten Einnahmen im Ruhestand zur Verfügung stehen, ist nicht klar, was sie dann wert sind. Im Sommer 2022 lag die **Inflationsrate** in Deutschland bei deutlich über 7 Prozent.

Selbst bei einer niedrigeren durchschnittlichen Inflation von zum Beispiel **3 Prozent** müssen Sie für Güter, die heute 1 000 Euro kosten, in zehn Jahren 1 344 Euro ausgeben.

Vor allem Preissteigerungen für Energie und diverse Lebensmittel führen zu dem deutlichen Anstieg im Vergleich zum Vorjahreszeitraum.

Quelle: Statistisches Bundesamt

Vorsorgepflicht prüfen

Viele Selbstständige sind per Gesetz zur Vorsorge für den Ruhestand verpflichtet. Gehören Sie dazu? Gehen Sie den zweiten Schritt und finden Sie es heraus. Wenn Sie bereits Pflichtbeiträge leisten, überlegen Sie, ob Sie die Beitragshöhe ändern wollen und können.

Sie haben Schritt 1 – den Stand der bisherigen Absicherung im Alter ermitteln – abgeschlossen. Nun richtet sich der Blick nach vorn. Klären Sie vor weiteren Entscheidungen in Sachen freiwilliger Vorsorge, wozu Sie per Gesetz verpflichtet sind.

Gilt für Sie als Neu-Selbstständige eine Vorsorgepflicht, und in welchem Umfang müssen Sie für den Ruhestand sparen? Und wenn Sie schon wissen, dass Sie per Gesetz zur Vorsorge verpflichtet sind und es auch schon länger tun: Gibt es Gestaltungsmöglichkeiten, etwa bei der Beitragshöhe?

Wenn Sie die gesetzlichen Vorgaben bereits kennen und wissen, mit welchen Monatsbeiträgen Sie kalkulieren müssen, können Sie gleich zu Schritt 3 auf S. 75 springen und Ihren finanziellen Spielraum für die weitere (freiwillige) Altersvorsorge ausloten.

Viele schon heute in der Pflicht

Unabhängig von den Plänen der Bundesregierung zu einer generellen Vorsorgepflicht für Selbstständige sind schon heute viele Freiberufler und Gewerbetreibende verpflichtet, fürs Alter vorzusorgen. So zahlen unter anderem rund 320 000 Selbstständige Pflichtbeiträge an die gesetzliche Rentenversicherung. Meist ist der Beruf Grund für die Versicherungspflicht. Sie kann sich aber auch aufgrund der Auftragslage ergeben. Der Rentenberater Harald Teschner

Bin ich heute schon zur Altersvorsorge verpflichtet?

Selbstständige in bestimmten Berufen haben keine Wahl: Sie müssen Beiträge zur Altersvorsorge leisten. Für viele ist die gesetzliche Rentenversicherung zuständig, andere zahlen beispielsweise an ein berufsständisches Versorgungswerk. Für wen die Vorsorgepflicht gilt, zeigt diese Grafik. Ausnahmen von der Versicherungspflicht sind möglich, zum Beispiel wenn Selbstständige einen Angestellten beschäftigen.

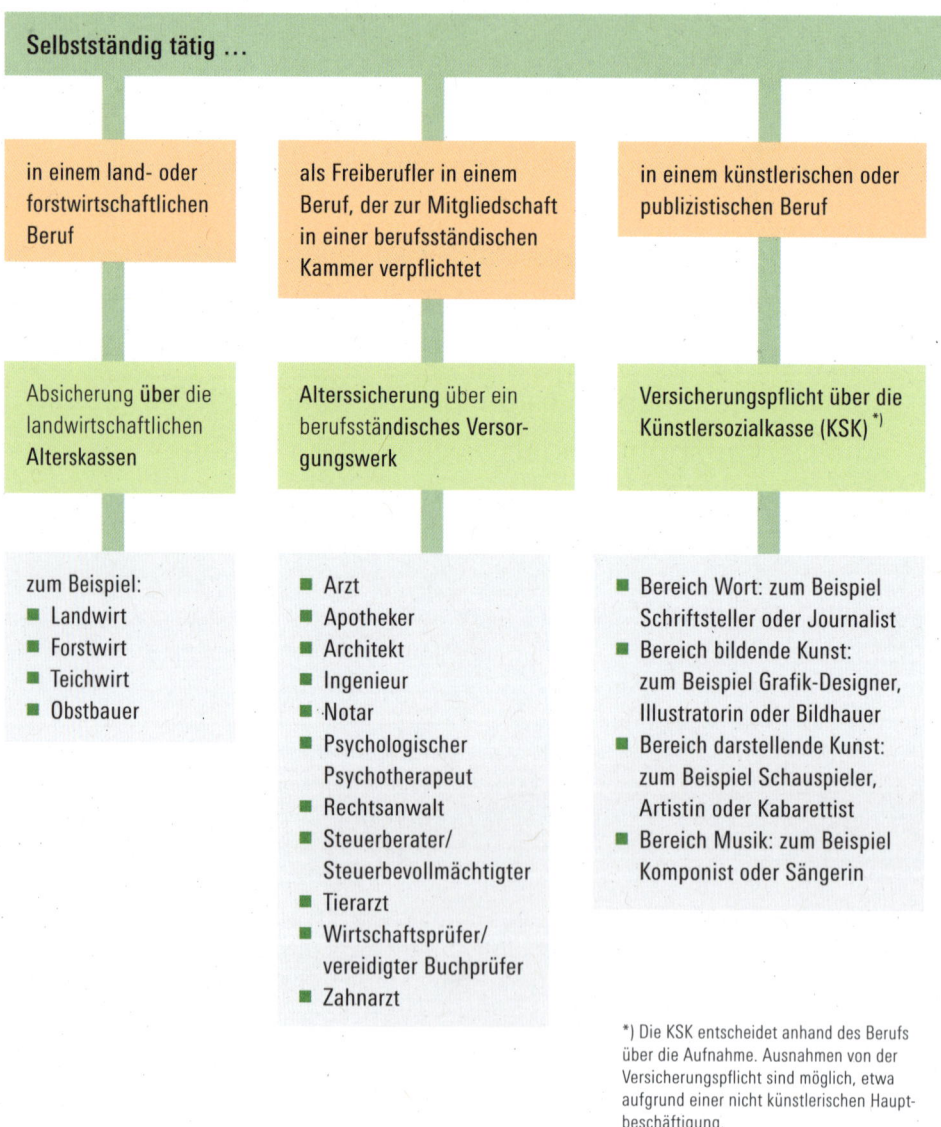

Selbstständig tätig …

in einem land- oder forstwirtschaftlichen Beruf	als Freiberufler in einem Beruf, der zur Mitgliedschaft in einer berufsständischen Kammer verpflichtet	in einem künstlerischen oder publizistischen Beruf
Absicherung **über die** landwirtschaftlichen Alterskassen	Alterssicherung über ein berufsständisches Versorgungswerk	Versicherungspflicht über die Künstlersozialkasse (KSK) *)

zum Beispiel:
- Landwirt
- Forstwirt
- Teichwirt
- Obstbauer

- Arzt
- Apotheker
- Architekt
- Ingenieur
- Notar
- Psychologischer Psychotherapeut
- Rechtsanwalt
- Steuerberater/ Steuerbevollmächtigter
- Tierarzt
- Wirtschaftsprüfer/ vereidigter Buchprüfer
- Zahnarzt

- Bereich Wort: zum Beispiel Schriftsteller oder Journalist
- Bereich bildende Kunst: zum Beispiel Grafik-Designer, Illustratorin oder Bildhauer
- Bereich darstellende Kunst: zum Beispiel Schauspieler, Artistin oder Kabarettist
- Bereich Musik: zum Beispiel Komponist oder Sängerin

*) Die KSK entscheidet anhand des Berufs über die Aufnahme. Ausnahmen von der Versicherungspflicht sind möglich, etwa aufgrund einer nicht künstlerischen Hauptbeschäftigung.

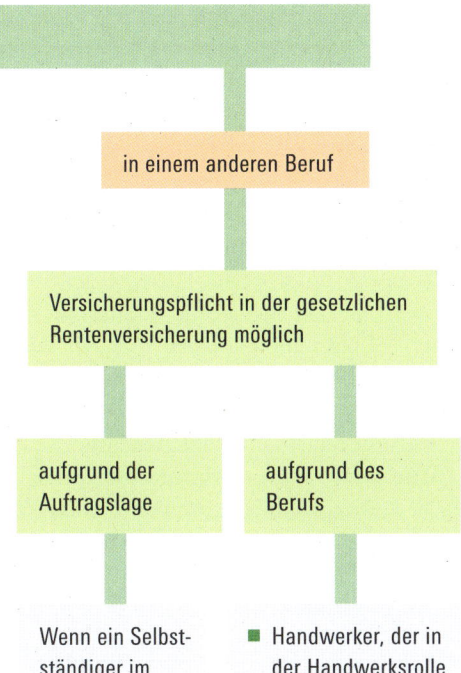

in einem anderen Beruf

Versicherungspflicht in der gesetzlichen Rentenversicherung möglich

aufgrund der Auftragslage

aufgrund des Berufs

Wenn ein Selbstständiger im Wesentlichen nur für einen Auftraggeber tätig ist und keinen versicherungspflichtigen Angestellten beschäftigt, ist er versicherungspflichtig.

- Handwerker, der in der Handwerksrolle eingetragen ist
- Lehrer und Erzieher
- Pflegeperson
- Hebamme und Entbindungspfleger
- Seelotse
- Hausgewerbetreibender
- Küstenschiffer oder Küstenfischer

empfiehlt, frühzeitig zu klären, ob Versicherungspflicht besteht: Das bringt Planungssicherheit (siehe Interview S. 48).

Alle, die etwa als Café-Betreiber oder IT-Expertin per Gesetz nicht versicherungspflichtig sind, haben die Möglichkeit, sich auf Antrag freiwillig für die Versicherungspflicht in der Rentenkasse zu entscheiden. Das bedeutet: Sie zahlen jeden Monat Pflichtbeiträge und halten damit die Voraussetzungen aufrecht, um auf Dauer sämtliche Leistungen der gesetzlichen Rentenversicherung in Anspruch nehmen zu können, etwa auch eine Erwerbsminderungsrente (siehe „Unter der Lupe: Der Erwerbsminderungsschutz", S. 39).

Diese „Pflichtversicherung auf Antrag" ist nicht zu verwechseln mit der „freiwilligen Versicherung" in der gesetzlichen Rentenversicherung. Entscheiden Sie sich für die freiwillige Versicherung, können Sie deutlich niedrigere Beiträge einzahlen. Diese helfen Ihnen zum Beispiel, Ihre Altersrente zu erhöhen oder sich überhaupt erst eine Rente zu sichern. Sie reichen aber im Regelfall nicht aus, um sich auf Dauer den Anspruch auf alle Leistungen – etwa den Erwerbsminderungsschutz – zu sichern.

Angehörige eines kammerfähigen Berufs wie Ärztinnen, Apotheker oder Rechtsanwältinnen zahlen ihre Beiträge nicht an die gesetzliche Rentenkasse, sondern an ein berufsständisches Versorgungswerk. Auch sie kommen per Gesetz nicht drum herum, für das Alter vorzusorgen.

„Am besten Klarheit von Anfang an"

Harald Teschner, Diplom-Verwaltungswirt (FH) und freier Rentenberater aus München. Er empfiehlt, das Leistungspaket der gesetzlichen Rentenversicherung nicht zu unterschätzen.

Herr Teschner, wer sich selbstständig macht und beruflich durchstarten will, hat das Thema Rente häufig nicht gleich mit im Kopf. Spricht etwas dagegen, einfach loszulegen?

Ja. Mit Blick auf die eigene Absicherung ist es unbedingt sinnvoll, vorab einige Fragen zu klären, zum Beispiel ob sich etwa aufgrund der ausgeübten Tätigkeit eine Versicherungspflicht in der gesetzlichen Rentenversicherung ergibt. Schließlich gibt es auch eine gesetzliche Meldepflicht für versicherungspflichtige selbstständig Tätige innerhalb von drei Monaten.

Im Gesetz sind einige Berufe konkret genannt, für die Versicherungspflicht besteht, zum Beispiel Hebammen sowie Lehrer und Erzieher. Auch viele Handwerker fallen darunter.

Ja, es kann eindeutig sein, aber das ist es nicht immer. Nehmen wir beispielsweise den Lehrerberuf. Wer selbstständig eine Lehrtätigkeit ausübt, bei der eher ein abstraktes Rüstzeug vermittelt wird, ist per Gesetz versicherungspflichtig, wenn er keine Angestellten beschäftigt. Wer dagegen eine beratende Tätigkeit ausübt, um dabei ein konkretes Problem des Gegenübers zu lösen, ist es nicht. Genau das zu unterscheiden ist nicht einfach, hier muss je nach Einzelfall geprüft werden. Die Frage der Versicherungspflicht sollten Selbstständige wenn möglich vor Aufnahme der Tätigkeit klären. Dann haben sie von Beginn an Gewissheit, ob und wie viel Beiträge sie regelmäßig zahlen müssen.

Und wenn man es drauf ankommen lässt – einfach startet, ohne zu wissen, ob Versicherungspflicht besteht?

Wenn Selbstständige trotz Versicherungspflicht keine Rentenbeiträge zahlen, kann es später eine hohe Nachforderung von der Rentenversicherung geben. Es gibt verpflichtende Betriebsprüfungen durch die Rentenversicherung, und wenn die Prüfer dabei etwa auf die Rechnungen eines selbstständigen Dienstleisters stoßen, dessen Aufgaben auf eine Lehrtätigkeit hinweisen, kann dessen Versicherungspflicht im Nachhinein herauskommen. Dann können für bis zu vier Kalenderjahre Beiträge nachgefordert werden. Das können durchaus Forderungen von 30 000 Euro und mehr sein.

Eine enorme Belastung neben allen anderen Ausgaben, die rund um den Betrieb zu stemmen sind.

Das stimmt natürlich, doch andererseits sollten Selbstständige, die versicherungspflichtig sind oder deren Versicherungspflicht nachträglich festgestellt wird, eines nicht unterschätzen: Für die Beiträge, die sie an die Rentenversicherung zahlen, bekommen sie ja auch etwas, und zwar ein breites Leistungspaket. Sie erhalten nicht nur ihre – unter Umständen frühere – Altersrente, sondern eben auch die Absicherung für die Angehörigen im Todesfall sowie den Erwerbsminderungsschutz: Wer Pflichtbeiträge an die Rentenversicherung zahlt, ist – ganz gleich, ob er Vorerkrankungen hat – geschützt für den Fall, dass er aufgrund von gesundheitlichen Problemen nicht mehr arbeiten kann. Bei einem privaten Versicherer bekommen Sie einen solchen Schutz mit Vorerkrankungen vielleicht gar nicht mehr oder nur zu einem hohen Preis. Auch in anderen Bereichen zahlen sich die Pflichtbeiträge aus, zum Beispiel für selbstständige Frauen, die nach der Geburt ihrer Kinder nicht nur von Kindererziehungszeiten profitieren können, sondern als Pflichtversicherte auch von den Kinderberücksichtigungszeiten. Dadurch kann ihre Rente steigen. Denn wenn sie nach dem dritten Geburtstag des Kindes unterdurchschnittlich verdienen, kann ihr Rentenanspruch aufgestockt werden, wenn man es richtig macht. Zahlen sie nur freiwillige Rentenbeiträge oder gar keine Beiträge, käme es nicht zur Aufstockung.

Andererseits können die Pflichtbeiträge das Budget erheblich belasten. Der Regelbeitrag liegt in Westdeutschland über 600 Euro im Monat.
Wenn es finanziell eng wird, geht es darum, nach Lösungen zu suchen, um die Belastung zu drücken. Im ersten Schritt kommt der Umstieg auf den einkommensgerechten Beitrag infrage, in der Anfangszeit auch der halbe Regelbeitrag oder – zur Not und falls möglich – auch mal eine (befristete) Befreiung auf Antrag, wobei man immer den Schutz für den Fall einer Erwerbsminderung im Auge behalten sollte. Bei hohen Nachforderungen der Rentenversicherung ist es häufig möglich, mit der Rentenversicherung beispielsweise eine vorübergehende Ratenzahlung zu vereinbaren. Da muss man im Einzelfall schauen, was sinnvoll ist.

Neben dem Beruf kann aber eventuell auch die Auftragslage über die Versicherungspflicht entscheiden?
Ja, auch die Selbstständigen, die überwiegend und auf Dauer nur für einen Auftraggeber tätig sind, fallen per Gesetz unter die Versicherungspflicht, wenn sie keine Angestellten beschäftigen. Sie können sich in den ersten drei Jahren auf rechtzeitigen Antrag von der Versicherungspflicht befreien lassen, über 58-Jährige sogar auf Dauer. Dieser Schritt sollte ebenfalls gut überlegt und im Zweifel im Rahmen einer Beratung geklärt werden, denn wer sich befreien lässt, verliert mit der Zeit wiederum den Anspruch auf Erwerbsminderungsrente.

Versicherungspflicht in der Rentenversicherung

Handwerker, Hebammen und Physiotherapeuten gehören zu den Versicherungspflichtigen, Einzelhändler und Gastwirte nicht. Unsere Übersicht hilft Ihnen bei der Prüfung.

Für Selbstständige, die Pflichtmitglieder der gesetzlichen Rentenversicherung sind, führt kein Weg daran vorbei: Sie müssen regelmäßig Beiträge für ihre Absicherung zahlen, wenn sie ein Einkommen oberhalb der „Geringfügigkeitsgrenze" erzielen. Diese liegt seit Anfang Oktober 2022 bei 520 Euro monatlich.

Bei der Beitragshöhe gibt es allerdings einen gewissen Spielraum. Eine Möglichkeit ist, dass Sie den sogenannten Regelbeitrag zahlen (siehe auch Interview S. 48). Dieser Durchschnittsbeitrag, der unabhängig vom tatsächlichen Einkommen eingezogen wird, errechnet sich aus einem fiktiven Arbeitseinkommen in Höhe der sogenannten Bezugsgröße. Sie liegt im Jahr 2022 in Westdeutschland bei 3 290 Euro im Monat und in Ostdeutschland bei 3 150. Legt man den derzeitigen Beitragssatz von 18,6 Prozent zugrunde, ergibt sich ein Regelbeitrag von 611,94 Euro in den westlichen und 585,90 Euro in den östlichen Bundesländern.

Alternativ können Sie einen einkommensgerechten Beitrag (18,6 Prozent Ihres Einkommens) leisten. Das hat den Vorteil, dass Sie einen Beitrag zahlen, der ganz gut zu Ihrem Einkommen passt, und Sie werden in Zeiten, in denen die Geschäfte mäßig bis schlecht laufen, nicht durch einen für Ihre finanziellen Möglichkeiten zu hohen Rentenversicherungsbeitrag belastet.

66 **Ein Wechsel, etwa vom Regelbeitrag auf den einkommensgerechten Beitrag, ist jederzeit zum Beginn des nächsten Monats möglich.**

Allerdings macht diese passende Abrechnung etwas mehr Arbeit als der Regelbeitrag. Entscheidend für den einkommensabhängigen Rentenbeitrag ist die Einkommenshöhe vor Steuern: Sie ergibt sich, wenn von den Betriebseinnahmen die Betriebsausgaben wie Büromiete oder Anschaffungskosten für neue Geräte abgezogen werden. Der einkommensgerechte Beitrag wird auf Basis des Einkommensteuerbescheids aus dem Vorjahr berechnet. Liegt dieser noch nicht vor, zum Beispiel weil Sie Ihre Selbstständigkeit neu aufgenommen haben, müssen Sie schätzen, wie hoch Ihr Einkommen in etwa sein wird, sodass die Beitragshöhe ermittelt werden kann.

Stellen Sie dann im Laufe des Jahres fest, dass Ihr Einkommen deutlich – mindestens 30 Prozent – unter dem erwarteten Wert bleibt, können Sie beim Rentenversicherer beantragen, dass er Ihren Monatsbeitrag für künftige Monate herabsetzt.

Sind Sie schon länger im Geschäft und können Sie derzeit nicht nachweisen, wie hoch Ihr Einkommen aktuell ist, erhöht die Rentenversicherung den Versicherungsbeitrag mithilfe eines Dynamisierungsfaktors, um die Rentenbeiträge an die allgemeine Einkommensentwicklung anzupassen.

In den ersten drei Kalenderjahren nach Ihrer Existenzgründung haben Sie die Möglichkeit, anstatt des vollen nur den halben Regelbeitrag, also 305,97 Euro beziehungsweise 292,95 Euro im Monat, zu zahlen.

→ Im Alltag reagieren

Mit den Geschäften läuft es nicht so gut wie erhofft? Ein Wechsel, etwa vom Regelbeitrag auf den einkommensgerechten Beitrag, ist jederzeit zum Beginn des nächsten Monats möglich. Sie müssen den Wechsel nur beim Rentenversicherungsträger beantragen. Das gilt genauso umgekehrt – wenn Sie vom einkommensgerechten auf den Regelbeitrag wechseln wollen. Ein rückwirkender Wechsel kommt aber nicht infrage.

Viele Handwerker in der Pflicht

Eine große Gruppe unter den Selbstständigen, die in der gesetzlichen Rentenversicherung pflichtversichert sind, bilden die selbstständigen Handwerksmeisterinnen und -meister. Gewerbetreibende, die in die Handwerksrolle eingetragen sind und selbstständig arbeiten, müssen per Gesetz in die Rentenversicherung einzahlen. Sie

Sie üben einen versicherungspflichtigen Beruf aus und machen in der Anfangszeit Verluste oder erzielen nur ein minimales Einkommen unterhalb der Geringfügigkeitsgrenze? Nutzen Sie das kostenlose Beratungsangebot der gesetzlichen Rentenversicherung, um das weitere Vorgehen zu besprechen. Möglich wäre in dieser Zeit zum Beispiel, dass Sie niedrige freiwillige Beiträge zahlen, um keine Lücken im Versicherungsverlauf entstehen zu lassen.

Diese Handwerke sind versicherungspflichtig

Sie wollen sich selbstständig machen?
In diesen zulassungspflichtigen Berufen
sind Sie weiter rentenversicherungspflichtig:

- [ ] Maurer/in und Betonbauer/in
- [ ] Ofen- und Luftheizungsbauer/in
- [ ] Zimmerer/in
- [ ] Dachdecker/in
- [ ] Straßenbauer/in
- [ ] Wärme-, Kälte- und Schallschutz-
  isolierer/in
- [ ] Brunnenbauer/in
- [ ] Steinmetz/in und Steinbildhauer/in
- [ ] Stuckateur/in
- [ ] Maler/in und Lackierer/in
- [ ] Gerüstbauer/in
- [ ] Schornsteinfeger/in
- [ ] Metallbauer/in
- [ ] Chirurgiemechaniker/in
- [ ] Karosserie- und Fahrzeugbauer/in
- [ ] Feinwerkmechaniker/in
- [ ] Zweiradmechaniker/in
- [ ] Kälteanlagenbauer/in
- [ ] Informationstechniker/in
- [ ] Kraftfahrzeugtechniker/in
- [ ] Land- und Baumaschinen-
  mechatroniker/in
- [ ] Büchsenmacher/in
- [ ] Klempner/in
- [ ] Installateur/in und Heizungsbauer/in
- [ ] Elektrotechniker/in
- [ ] Elektromaschinenbauer/in
- [ ] Tischler/in
- [ ] Boots- und Schiffbauer/in
- [ ] Seiler/in
- [ ] Bäcker/in
- [ ] Konditor/in
- [ ] Fleischer/in
- [ ] Augenoptiker/in
- [ ] Hörakustiker/in
- [ ] Orthopädietechniker/in
- [ ] Orthopädieschuhmacher/in
- [ ] Zahntechniker/in
- [ ] Friseur/in
- [ ] Glaser/in
- [ ] Glasbläser/in und Glasapparate-
  bauer/in
- [ ] Mechaniker/in für Reifen- und
  Vulkanisationstechnik
- [ ] Fliesen-, Platten- und Mosaikleger/in
- [ ] Werkstein- und Terrazzohersteller/in
- [ ] Estrichleger/in
- [ ] Behälter- und Apparatebauer/in
- [ ] Parkettleger/in
- [ ] Rollladen- und Sonnenschutz-
  techniker/in
- [ ] Drechsler/in (Elfenbeinschnitzer/in)
  und Holzspielzeugmacher/in
- [ ] Böttcher/in
- [ ] Glasveredler/in
- [ ] Schilder- und Lichtreklame-
  hersteller/in
- [ ] Raumausstatter/in
- [ ] Orgel- und Harmoniumbauer/in

Quelle: Zentralverband des Deutschen Handwerks

bleiben jedoch nicht ihr ganzes Arbeitsleben versicherungspflichtig: Wenn sie 18 Jahre lang Pflichtbeiträge an die Rentenkasse geleistet haben, dürfen sie die Mitgliedschaft beenden. Ihre bis dahin erworbenen Ansprüche auf eine Altersrente bleiben ihnen erhalten.

Die Versicherungspflicht trifft allerdings längst nicht alle selbstständigen Handwerker. Es kommt darauf an, ob sie in einem zulassungsfreien oder in einem zulassungspflichtigen Handwerk tätig sind. Wer in einem zulassungspflichtigen Handwerk – zum Beispiel als Augenoptiker oder Tischlerin – einen eigenen Betrieb eröffnen will, benötigt einen Meisterbrief und muss in die Handwerksrolle der Handwerkskammer eingetragen werden. Diese Handwerker sind auch in der gesetzlichen Rentenversicherung pflichtversichert. Welche Berufe dazugehören, zeigt die Checkliste links.

Anders ist die Situation derjenigen, die in einem zulassungsfreien Handwerk selbstständig werden wollen. Kosmetiker benötigen keinen Meisterbrief, um ihr eigenes Geschäft zu eröffnen. Deshalb müssen sie auch keine Pflichtbeiträge in die Rentenversicherung einzahlen.

Die Handwerkskammern melden alle zulassungspflichtigen Betriebe an die Rentenversicherung. Nicht gemeldet werden handwerkliche Nebenbetriebe. Wenn Sie etwa als selbstständige Automechanikerin nur einen Bruchteil Ihres Einkommens mit der Reparatur von Fahrzeugen erzielen und das Hauptgeschäft durch den Handel mit Autozubehör machen, sind Sie nicht versicherungspflichtig.

Künstler und Publizisten

Auch freiberufliche Journalisten, Fotografinnen und Schauspieler zählen zu den Pflichtversicherten in der gesetzlichen Rentenversicherung. Doch für sie gilt eine Sonderregel: Nach dem Künstlersozialversicherungsgesetz müssen sich freiberufliche Künstler und Publizisten über die Künstlersozialkasse (KSK) versichern. Mehr dazu lesen Sie ab S. 60.

Lehrer und Erzieher

Zu den versicherungspflichtigen Selbstständigen zählen selbstständige Lehrerinnen und Erzieher. Selbstständige Tageseltern gehören ebenfalls dazu.

Als Lehrtätigkeit gilt grundsätzlich das Übermitteln von Wissen, Können und Fertigkeiten – auch in Form von Kleingruppen und Einzelunterricht. Dementsprechend können Lehrer unter anderem an Schulen, Universitäten oder sonstigen Bildungseinrichtungen unterrichten. Erteilen Lehrer oder Lehrerinnen zu Hause Nachhilfeunterricht, gehören sie ebenfalls zu den Versicherungspflichtigen, ebenso selbstständige Tennis-Trainer. Schwieriger kann die Einordnung sein, wenn es um ein persönliches Coaching geht – ist die Tätigkeit eher lehrend und damit versicherungspflichtig oder beratend und damit versicherungs-

Balanceakt
Die Rentenbeiträge können
für pflichtversicherte Selbstständige eine Herausforderung sein. Prüfen Sie, ob
Änderungen möglich sind.

frei? In den vergangenen Jahren mussten Gerichte hier in einzelnen Fällen entscheiden – so wurde etwa ein Ernährungsberater nicht als versicherungspflichtig eingestuft (Bundessozialgericht, Az. B 5 RE 23/14 R).

Wenn Sie freiberuflich Unterricht in einem künstlerischen Fach erteilen, sind Sie versicherungspflichtig, haben aber eventuell die Chance, sich über die Künstlersozialkasse zu versichern. Das hat den Vorteil, dass Sie Ihre Sozialversicherungsbeiträge nicht komplett aus eigener Tasche zahlen müssen, sondern einen Teil davon erstattet bekommen können. Davon können zum Beispiel Ballett- oder Gesangsausbilderinnen profitieren, ebenso wie freie Dozenten, die journalistische Kenntnisse vermitteln.

Heil- und Pflegeberufe

Eine weitere große Gruppe der rentenversicherungspflichtigen Selbstständigen bilden diejenigen, die in Heil- und Pflegeberufen tätig sind. Sie müssen Pflichtbeiträge zahlen, wenn sie in der Kranken-, Wochen-, Säuglings- oder Kinderpflege arbeiten und überwiegend auf ärztliche Anordnung handeln. Hierzu zählen auch Atem-, Sprach- und Stimmlehrer. In der Praxis bedeutet das, dass zum Beispiel Masseure oder selbstständige Krankenpfleger, die ihre Patienten von Medizinern überwiesen bekommen, versicherungspflichtig sind. Selbstständige Heilpraktiker mit unbeschränkter Heilkundeerlaubnis gehören hingegen nicht zum Kreis der Versicherungspflichtigen, weil sie aufgrund eigener Diagnosen und eines eigenen Therapieplans handeln.

Mit oder ohne einen Angestellten?

Als selbstständiger Krankenpfleger oder Nachhilfe-Lehrerin unterliegen Sie der Versicherungspflicht allerdings nur, solange Sie allein arbeiten und keinen pflichtversicherten Angestellten beschäftigen. Stellen Sie jemanden ein, dessen Verdienst über der Geringfügigkeitsgrenze – seit 1. Oktober

2022 520 Euro im Monat – liegt, müssen Sie keine Pflichtbeiträge mehr in die gesetzliche Rentenversicherung zahlen. Voraussetzung ist jedoch, dass die Aufgaben Ihrer Angestellten auch im Zusammenhang mit der selbstständigen Tätigkeit stehen. Wenn ein ordentliches Arbeitsverhältnis vorliegt, kann auch ein Familienmitglied die Stelle bei Ihnen übernehmen. Stellen Sie zwei Personen ein, die zwar jeweils nicht mehr als 520 Euro monatlich verdienen, aber zusammen die Geringfügigkeitsgrenze überschreiten, ist die Befreiung von der Versicherungspflicht ebenfalls möglich.

Beispiel: Benno ist Masseur und Physiotherapeut und möchte seine eigene Praxis eröffnen. Er ist versicherungspflichtig in der Rentenversicherung. Daran ändert sich auch nichts, wenn er für seine Wohnung eine Reinigungskraft als geringfügig beschäftigt einstellt. Engagiert er hingegen eine Bürokraft, die sich für mehr als 520 Euro im Monat in der Praxis unter anderem um seine Abrechnungen und die Terminvereinbarungen kümmert, muss er keine Pflichtbeiträge mehr zahlen. Er kann aber auf Antrag die Pflichtmitgliedschaft fortführen oder freiwillige Rentenbeiträge zahlen.

Würde sich Bennos wirtschaftliche Situation verschlechtern, sodass er seiner Bürohilfe kündigen muss, würde er wieder versicherungspflichtig – es sei denn, es handelt sich um einen kurzfristigen Engpass und er stellt nach zwei Monaten wieder jemanden ein.

Schließt sich Benno mit einigen Kolleginnen zu einer Praxisgemeinschaft zusammen, hängt die Frage der Versicherungspflicht davon ab, ob rein rechnerisch jedes Mitglied der Gemeinschaft eine Person mehr als geringfügig beschäftigt. Haben drei Masseure zusammen eine Bürokraft engagiert, die pro Monat 1700 Euro brutto verdient, hat rein rechnerisch jeder von ihnen einen mehr als geringfügig beschäftigten Angestellten, sodass wiederum keine Versicherungspflicht für Benno und seine Kolleginnen vorliegt.

Besondere Regeln für Hebammen, Küstenfischer und Seelotsen

Die Regelung, dass die Beschäftigung eines Angestellten die Versicherungspflicht beendet, gilt nicht für selbstständige Hebammen. Als niedergelassene Hebamme, Entbindungspfleger sowie als freiberuflich tätige Beleghebamme sind Sie per Gesetz Pflichtmitglied der Rentenversicherung und bleiben es auch dann, wenn Sie Angestellte haben.

Selbstständige Küstenschiffer und Küstenfischer bleiben versicherungspflichtig, solange sie regelmäßig nicht mehr als vier versicherungspflichtige Arbeitnehmer beschäftigen. Beiträge zur gesetzlichen Rentenversicherung müssen zudem freiberufliche Seelotsen zahlen, die im öffentlichen Auftrag tätig sind. Ausgenommen sind Binnenlotsen, die Travelotsen und die Lotsen der Flensburger Förde.

Hausgewerbetreibende

Auch Hausgewerbetreibende sind pflichtversichert: Zu dieser Gruppe gehören Selbstständige, die in einer eigenen Arbeitsstätte
im Auftrag und auf Rechnung von Gewer-
betreibenden, gemeinnützigen Unternehmen oder öffentlich-rechtlichen Körper-
schaften gewerblich tätig sind. Sie unterliegen keiner Weisungsbefugnis und können sogar Arbeitnehmer beschäftigen, sind
aber wirtschaftlich von ihrem Auftraggeber
abhängig, der auch das Geschäftsrisiko trägt
und den Unternehmergewinn erhält.

Selbstständige mit einem Auftraggeber zahlen ein

Manchmal lässt es die berufliche Situation
nicht anders zu: Sie arbeiten überwiegend
nur für einen einzigen Auftraggeber. Für die
Akquise neuer Kunden bleibt aufgrund der
hohen Arbeitsbelastung keine Zeit, oder der
Markt gibt es vielleicht gar nicht her, dass
Sie neue Auftraggeber finden.

Dauert diese Phase jedoch zu lange an,
kann es sein, dass Sie mit der Zeit in die
Pflichtversicherung rutschen. Denn arbeiten Sie regelmäßig und im Wesentlichen
nur für einen Auftraggeber, werden Sie –
ganz gleich, welchen Beruf Sie ausüben –
versicherungspflichtig, wenn Sie keinen
versicherungspflichtigen Arbeitnehmer beschäftigen.

Als Richtwert gilt: Eine Selbstständige
muss Pflichtbeiträge in die Rentenversicherung einzahlen, wenn sie mindestens fünf
Sechstel ihrer Betriebseinnahmen aus der
Tätigkeit für einen Auftraggeber erzielt und
keinen versicherungspflichtigen Arbeitnehmer beschäftigt. Stellt sie einen Minijobber
ein, reicht das nicht, um der Versicherungspflicht zu entgehen.

Die Selbstständige zahlt den Regelbeitrag, gegebenenfalls den halben Regelbeitrag oder den Beitragssatz von 18,6 Prozent
ihres Einkommens aus eigener Tasche in
die Rentenversicherung ein. Auf Antrag
kann sie sich aber zumindest in den ersten
drei Jahren der Selbstständigkeit von der
Versicherungspflicht befreien lassen. Über
58-Jährige können dies sogar auf Dauer.

Der Schritt hat allerdings Folgen für den
Umfang des Versicherungsschutzes und
sollte gut überlegt sein, sagt Rentenberater
Harald Teschner (siehe Interview S. 48).

Tatsächlich selbstständig?

Wenn Sie zum Großteil nur für einen Auftraggeber tätig sind, kann schnell die Frage
aufkommen, ob Sie tatsächlich selbstständig sind oder ob Sie nicht doch eine angestellte Tätigkeit ausüben. Sind Sie hier unsicher, kann die folgende Übersicht etwas
mehr Klarheit bringen:

Für eine selbstständige Tätigkeit spricht
unter anderem, wenn Sie ...

▶ **eigenes Kapital** in das Unternehmen
  einbringen und auch das Unternehmer-
  risiko tragen.
▶ **die Aufträge** unabhängig von
  Weisungen erledigen.

- ▶ **eigene Geschäftsräume** und Betriebsmittel (Büro, Fahrzeuge etc.) unterhalten.
- ▶ **frei über den Einsatz** und den Kauf von Betriebsmitteln entscheiden können.
- ▶ **selbst bestimmen können,** wann und wie viel Sie arbeiten.
- ▶ **die Preise Ihrer Waren** oder Dienstleistungen selbst kalkulieren.
- ▶ **die Geschäftsbücher** selbst führen.
- ▶ **neue Kunden** werben dürfen und müssen.
- ▶ **für Schäden haften,** die Kunden bei der Erledigung Ihres Auftrags entstehen.
- ▶ **nicht fest in den Arbeitsablauf** und die Organisation von Auftraggebern integriert sind.
- ▶ **auf Dauer für mehr** als nur einen Auftraggeber tätig sind.
- ▶ **mindestens** einen Arbeitnehmer beschäftigen, wobei die Beschäftigung über eine geringfügige Tätigkeit hinausgeht.

Lässt sich Ihr Status – angestellt oder selbstständig – nicht eindeutig feststellen, können Sie beim Rentenversicherungsträger ein sogenanntes Statusfeststellungsverfahren einleiten. Seit dem 1. April 2022 ist das probeweise auch in Form einer Prognoseentscheidung möglich.

Ergibt dieses Verfahren, dass Sie gar nicht selbstständig sind, sondern in Wirklichkeit den Status einer abhängig Beschäftigten haben und den Entscheidungsbefugnissen des Auftraggebers unterliegen, muss dieser die Hälfte der Beiträge zur Renten-, Kranken-, Pflege- und Arbeitslosenversicherung übernehmen. Im Zweifelsfall muss das Gericht über die Zahlungsregelungen und die arbeitsrechtlichen Folgen entscheiden.

Mehr Informationen zum Statusfeststellungsverfahren erhalten Sie vor Ort bei der Deutschen Rentenversicherung oder auf deutsche-rentenversicherung.de. Hier können Sie auch das Antragsformular für das Feststellungsverfahren herunterladen.

Auch selbstständige Land- und Forstwirte erwerben Anspruch auf Alters- und Hinterbliebenenrenten. Für diese Berufsgruppen gibt es ein gesondertes System: die landwirtschaftlichen Alterskassen. Wer Mitglied ist, zahlt unabhängig vom tatsächlichen Einkommen einen monatlichen Beitrag an die Alterskasse. Die exakten Voraussetzungen und Regelungen rund um Aufnahme und Mitgliedschaft können Sie bei den regional zuständigen Landwirtschaftlichen Sozialversicherungen (LSV) erfragen. Grundlegende Informationen finden Sie über die Seite svlfg.de.

Es bleibt in der Familie
Machen Sie als Vater und Sohn gemeinsame Sache, schaffen Sie möglichst klare Verhältnisse: Wer ist selbstständig und wer nicht?

Wichtig für mitarbeitende Familienangehörige

Arbeiten Sie als Angehörige im Betrieb Ihres Mannes, Ihrer Frau oder Ihrer Eltern, kommt es automatisch zu einem Statusfeststellungsverfahren. Das ist auch für Sie selbst von Vorteil – so stehen Sie etwa bei einer Firmenpleite oder bei Erwerbsminderung nicht unvermittelt mit leeren Händen da.

Beispiel: Susanne, gelernte Bürokauffrau, kümmert sich in der Autowerkstatt ihres Mannes um die Buchführung, Lohnabrechnungen und Terminabsprachen. Ihr Mann zahlt ihr ein kleines Gehalt. Für den Verdienst werden die für Angestellte üblichen Sozialversicherungsbeiträge fällig.

Kann ihr die Arbeitsagentur bei einer Pleite des Unternehmens jedoch nachweisen, dass sie nicht weisungsgebunden handelte, sondern als Mitunternehmerin, hat sie keinen Anspruch auf Arbeitslosengeld. Gleiches gilt hinsichtlich der Rentenansprüche: Wird sie als Mitunternehmerin eingestuft und nicht als Angestellte, werden die zu Unrecht gezahlten Pflichtbeiträge grundsätzlich erstattet, wenn nicht Vertrauensschutzgründe dagegensprechen. Im Fall der Erwerbsminderung könnte ihr deshalb die Rente versagt werden, wenn dadurch in den letzten fünf Jahren vor der Erwerbsminderung keine drei Jahre mehr mit Pflichtbeiträgen belegt sind.

→ Alles genau regeln

Führen Sie einen Familienbetrieb, sollten Sie mit Ihrem Partner oder den Kindern einen branchenüblichen Arbeitsvertrag abschließen – unter anderem mit angemessenem Gehalt und Urlaubsanspruch. Das sorgt für mehr Rechtssicherheit.

Aus freien Stücken Pflichtmitglied

Sie gehören zu keiner der genannten Gruppen – etwa als Café-Betreiberin, als Buchhändler oder als technische Übersetzerin mit breitem Kundenstamm? Sie müssen derzeit nicht in die gesetzliche Rentenversicherung einzahlen, aber Sie können es tun: Entweder zahlen Sie freiwillige Beiträge an die Rentenversicherung, oder Sie entscheiden sich auf Antrag für eine Pflichtmitgliedschaft. Je nachdem, wofür Sie sich entscheiden, sichern Sie sich ein unterschiedliches Spektrum an Rentenleistungen.

Die freiwilligen Beiträge an die Rentenversicherung sichern Ihren Anspruch auf eine Altersrente, wenn Sie insgesamt auf mindestens fünf Beitragsjahre kommen. Sollten Sie sterben, können Ihr Ehepartner und Ihre Kinder eine Hinterbliebenenrente erhalten. Nur freiwillige Beiträge reichen allerdings im Regelfall nicht aus, um sich auf Dauer den Anspruch auf eine gesetzliche Rente im Fall von Erwerbsminderung zu sichern. Hier sind meist Pflichtbeiträge notwendig.

Wollen Sie sich den kompletten Schutz der gesetzlichen Rentenversicherung auf Dauer sichern, können Sie aus freien Stücken einen Antrag auf Pflichtversicherung stellen. Diese gilt dann mit allen Rechten und Pflichten, solange Sie Ihre selbstständige Tätigkeit ausüben. Zu den Pflichten gehört, dass Sie jeden Monat Beiträge zahlen müssen (siehe „Versicherungspflicht in der Rentenversicherung", S. 50).

Überlegen Sie gut und im Zweifel auch mit Expertenhilfe, ob Sie diesen Antrag auf Pflichtmitgliedschaft stellen. Die Antragspflichtmitgliedschaft kann sich zum Beispiel lohnen, wenn Sie etwa aufgrund von Vorerkrankungen bei keinem privaten Versicherer einen Vertrag über eine Erwerbs- oder Berufsunfähigkeitsrente abschließen

können oder keinen bezahlbaren Vertrag finden. Dann kann die gesetzliche Pflichtversicherung zumindest den wichtigen Schutz für eine gesundheitlich bedingte Erwerbsminderung bringen.

Bevor Sie aber nur aus diesem Grund den Antrag auf Pflichtmitgliedschaft stellen, lassen Sie sich unbedingt bei der Deutschen Rentenversicherung oder – gegen Vergütung – bei einem gerichtlich zugelassenen Rentenberater beraten: Vielleicht gehören Sie zu den Selbstständigen, bei denen ausnahmsweise auch freiwillige Beiträge ausreichen, um sich den Anspruch auf eine gesetzliche Erwerbsminderungsrente zu sichern. Das kann möglich sein, wenn Sie bereits bis zum 1. Januar 1984 fünf Jahre an Versicherungszeiten in der gesetzlichen Rentenversicherung vorweisen (siehe „Unter der Lupe: Der Erwerbsminderungsschutz", S. 39).

Voraussetzungen beachten

In einem Beratungsgespräch können Sie klären, ob der Antrag auf Pflichtmitgliedschaft infrage kommt: Die Antragspflichtversicherung für eine selbstständige Tätigkeit ist innerhalb der ersten fünf Jahre nach Aufnahme der Selbstständigkeit möglich.

Sie ist ausgeschlossen, wenn für diese selbstständige Tätigkeit bereits eine Befreiung von der Versicherungspflicht erteilt wurde. Denn mit dem Befreiungsantrag haben sich die Versicherten gegen die Versicherungspflicht in dieser selbstständigen Tätigkeit entschieden.

Künstlersozialkasse: Günstig für Künstler und Publizisten

Ob freiberufliche Journalistin, Schauspieler oder Musikerin: Für Selbstständige in diesen Berufen gibt es den Sozialversicherungsschutz zum halben Preis.

→ Zur den versicherungspflichtigen

Selbstständigen gehören Künstler und Publizisten. Gegenüber anderen Selbstständigen, die versicherungspflichtig in der gesetzlichen Rentenversicherung sind, genießen sie einen großen Vorteil: Ihren Versicherungsschutz regelt das Künstlersozialversicherungsgesetz, und demnach müssen sie die Sozialversicherungsbeiträge nicht komplett aus eigener Tasche zahlen, sondern entrichten sowohl für die Kranken- und Pflege- als auch für die Rentenversicherung nur den halben Beitrag.

Für sie gibt es die Künstlersozialkasse (KSK), die ihren Sitz in Wilhelmshaven hat. Sie leitet die Beiträge ihrer Mitglieder an die jeweils zuständige Kranken- beziehungsweise Pflegekasse sowie an die Rentenversicherung weiter.

Die zweite Hälfte des Sozialversicherungsbeitrags ist aufgeteilt: Für einen Teil kommen die sogenannten Medienverwerter auf, also etwa Zeitungs- und Buchverlage, Radio- und Fernsehsender, Theater sowie Galerien, Museen oder auch Musikverlage, den Rest übernimmt der Staat.

→ Sie sind der Auftraggeber?

Sie beauftragen als Selbstständige einen Designer oder Autor? Dann müssen Sie unter Umständen selbst als „Verwerterin" der künstlerischen Dienste eine Künstlersozialabgabe zahlen, und zwar unabhängig davon, ob der Auftragnehmer in der Künstlersozialkasse ist oder nicht. Deren Höhe hängt davon ab, wie viel Honorar oder Gage geflossen ist.

Begehrter Schutz

Die Mitgliedschaft in der Künstlersozialkasse ist begehrt, die Mitgliederzahl ist in der Vergangenheit enorm angestiegen (siehe „30 Sekunden Fakten", S. 61). In die Künstlersozialkasse können per Gesetz diejenigen aufgenommen werden, die eine künstlerische oder publizistische Tätigkeit überwiegend im Inland erwerbsmäßig und nicht nur vorübergehend ausüben, zum Beispiel Schriftstellerinnen, Schauspieler, Musikerinnen und Journalisten. Außerdem dürfen die Versicherten nicht mehr als einen pflichtversicherten Arbeitnehmer beschäftigen. Es sei denn, sie stellen zusätzlich einen Auszubildenden oder Minijobber ein.

Um über die Künstlersozialkasse versichert zu bleiben, müssen Künstler und Publizisten mindestens ein Einkommen von 3900 Euro brutto im Jahr (325 Euro im Monat) erzielen. Nur diejenigen, die gerade erst ihre selbstständige Tätigkeit aufgenommen haben, dürfen unter dieser Geringfügigkeitsgrenze bleiben. Diese Sonderregel gilt für die ersten drei Jahre der Selbstständigkeit. Danach darf diese Einkommensgrenze innerhalb von sechs Jahren zweimal unterschritten werden, ohne dass sich an der Versichertensituation etwas ändert. Ein Unterschreiten der Grenze in den Jahren 2020 bis 2022 bleibt jedoch unberücksichtigt. Für gering verdienende Selbstständige bedeutet das eine zusätzliche Sicherheit.

Ob Ihr Antrag auf Mitgliedschaft in der Künstlersozialkasse erfolgreich ist, hängt von der Art Ihrer selbstständigen Tätigkeit ab. Im Antragsformular für die Aufnahme nennt die Kasse die Berufe, die infrage kommen. Wenn Sie keinen dieser Berufe ausüben, können Sie durch eine exakte Beschreibung Ihrer Tätigkeit eventuell doch noch die Mitgliedschaft erreichen.

Werden Sie abgelehnt, können Sie sich erneut bewerben. Dann müssen Sie deutlich machen, dass sich im Vergleich zur ersten Bewerbung der Tätigkeitsschwerpunkt verändert hat. Im Zweifel bleibt womöglich nur die Klage vor Gericht.

30
SEKUNDEN FAKTEN

194 473
Mitglieder zählte die Künstlersozialkasse im Jahr 2021. 20 Jahre früher waren es mit 118 104 deutlich weniger Mitglieder.

68 000
Mitglieder gehören dem Bereich bildende Kunst an. Das ist die größte Gruppe, gefolgt vom Bereich Musik mit rund 54 000 Mitgliedern und dem Bereich Wort mit rund 41 000 Mitgliedern.

16 737 EURO
betrug zum 1. Januar 2021 das Durchschnittseinkommen der aktiv Versicherten. Mit 21 213 Euro wurde im Bereich Wort das höchste Einkommen erzielt.

Quelle: Künstlersozialkasse

Mit welchem Beruf schaffen Sie es in die Künstlersozialkasse?

Das Anmeldeformular der KSK gibt einen Überblick, in welchen Berufen Sie Mitglied werden können. Üben Sie eine andere, ähnliche Tätigkeit aus, machen Sie dazu ebenfalls Angaben:

☐ **Bereich Wort:** Autor/in Belletristik; Autor/in für Bühne, Film, Funk, Fernsehen und Multimedia; Autor/in Sach-, Fach- und Wissenschaftsliteratur; Journalist/in, Redakteur/in Wort; Journalist/in, Redakteur/in Bild, Layout, Multimedia; Urheber/in von Bearbeitungen (z.B. Übersetzer/in, Synchronautor/in); Lektor/in; Fachfrau/Fachmann für Öffentlichkeitsarbeit oder Werbung (Text); Ausbilder/in im Bereich Publizistik.

☐ **Bereich bildende Kunst:** Maler/in, Zeichner/in, Illustrator/in; Bildhauer/in; Konzeptkünstler/in, experimentelle/r Künstler/in; Performance-/Aktionskünstler/in; Medienkünstler/in; künstlerische/r Fotograf/in, Fotodesigner/in, Werbefotograf/in; Grafik-, Kommunikations-, Werbedesigner/in; Mediendesigner/in, Webdesigner/in, Interfacedesigner/in; Game-Designer/in; Industrie-, Mode-, Textil-Designer/in; Ausbilder/in im Bereich bildende Kunst/Design.

☐ **Bereich Musik:** Komponist/in; Musikbearbeiter/in, Arrangeur/in; Librettist/in, Textdichter/in; Dirigent/in, Chorleiter/in, musikalische/r Leiter/in; Musiker/in (Orchester-, Kammer-, Bühnenmusik); Musiker/in (Pop-, Rock-, Tanz- und Unterhaltungsmusik); Musiker/in (Jazz-, improvisierte Musik); Sänger/in (Lied, Oper, Operette, Chor); Sänger/in (Pop-, Rock-, Jazz-, Unterhaltungsmusik); künstlerisch-technische/r Mitarbeiter/in im Bereich Musik; Musiklehrer/in, Ausbilder/in im Bereich Musik.

☐ **Bereich darstellende Kunst:** Schauspieler/in (Bühne, Film, Werbung), Performer/in; Sängerdarsteller/in; Tänzer/in (Ballett, Tanztheater, Musical, Show, Bühne); Sprecher/in (Hörbuch, Film, Werbung); Moderator/in, Conférencier/cière; Kabarettist/in, Comedian, Unterhaltungskünstler/in; Puppen-, Marionetten-, Figurenspieler/in; Artist/in, Clown/in, Zauberer/in (Zirkus, Bühne); Regisseur/in, Filmemacher/in, Spielleiter/in, Regieassistent/in; Choreograf/in, Ballett-/Tanzmeister/in; Dramaturg/in; Bühnen-, Szenen-, Kostüm-, Maskenbildner/in, Lightdesigner/in; Kameramann/Kamerafrau, Cutter/in, Editor/in; künstlerisch-technische/r Mitarbeiter/in im Bereich darstellende Kunst; Ausbilder im Bereich darstellende Kunst; Theaterpädagoge/in.

→ Krankenversicherung: Gesetzlich oder privat?

Neben den Beiträgen zur gesetzlichen Rentenversicherung machen die Beiträge zur Krankenversicherung einen Großteil Ihrer Beiträge aus. Als Mitglied der Künstlersozialkasse sind Sie in der Regel zunächst versicherungspflichtig in der gesetzlichen Krankenversicherung. Unter bestimmten Voraussetzungen können Sie sich von dieser Versicherungspflicht zugunsten einer privaten Versicherung befreien lassen – entweder kurz nach Beginn der Selbstständigkeit als Unternehmensgründer oder sobald Sie eine bestimmte Einkommensgrenze überschritten haben. Interessieren Sie sich dafür oder haben Sie andere Fragen, erhalten Sie auf kuenstlersozialkasse.de oder telefonisch unter 0 44 21/97 34 05 15 00 weitere Informationen.

Künstler mit Nebenjob

Haben Sie neben Ihrer künstlerischen oder publizistischen Tätigkeit einen weiteren Job, rechnet die Künstlersozialkasse bei Ihnen genau nach, ob sie Sie aufnimmt oder nicht. Verdienen Sie durch einen Minijob oder eine weitere geringfügige selbstständige Nebentätigkeit nicht mehr als 520 Euro im Monat, ändert sich nichts an der Versicherung nach dem Künstlersozialversicherungsgesetz. Geht der Zweitjob über einen Minijob hinaus, hängt die Aufnahme in die Künstlersozialkasse vom Umfang des Jobs und vom Einkommen ab.

Beispiel: Svenja verdient auf Dauer bei jeweils 20 Arbeitsstunden pro Woche aus ihrer selbstständigen Arbeit als freie Journalistin 8 000 Euro im Jahr und als angestellte PR-Beraterin 28 000 Euro brutto. Sie ist über das Angestelltenverhältnis in der Kranken-, Pflege-, Arbeitslosen- und Rentenversicherung pflichtversichert. Für die selbstständige Nebentätigkeit als freie Journalistin muss Svenja zwar über die Künstlersozialkasse keine Beiträge zur Kranken- und Pflegeversicherung zahlen, wohl aber zur Rentenversicherung.

Der Grund für die Beiträge zur Rentenversicherung: Svenja verdient als Angestellte weniger als die Hälfte der aktuell geltenden Beitragsbemessungsgrenze zur gesetzlichen Rentenversicherung. Diese Grenze liegt im Jahr 2022 bei 42 300 Euro in Westdeutschland und 40 500 Euro in Ostdeutschland. Läge Ihr Einkommen aus angestellter Tätigkeit über der Grenze, entfiele die Versicherungspflicht zur Rentenversicherung aus der nebenberuflichen Tätigkeit als freie Journalistin.

Wäre hingegen ihr Einkommen aus selbstständiger Tätigkeit höher als das aus dem Angestelltenverhältnis, bestünde über die Künstlersozialkasse nicht nur Versicherungspflicht in der Renten-, sondern auch in der Kranken- und Pflegeversicherung.

Abgesichert über ein Versorgungswerk

Selbstständig und dennoch in der Vorsorgepflicht – das gilt zum Beispiel auch für Ärzte, Rechtsanwältinnen und Architekten. Sie sorgen über berufsständische Versorgungswerke vor.

Einzelne Berufe können Sie nur ausüben, wenn Sie Mitglied einer Kammer werden und beispielsweise vor der Handwerkskammer oder der Industrie- und Handelskammer Ihre beruflichen Kenntnisse nachweisen. Vergleichbare Pflichten gelten für Ärzte, Apotheker, Architekten, Notare, Rechtsanwälte, Steuerberater beziehungsweise Steuerbevollmächtigte, Tierärzte, Wirtschaftsprüfer und vereidigte Buchprüfer sowie Zahnärzte. Für die Ausübung ihres Berufs sind sie zur Mitgliedschaft in einer berufsständischen Kammer und damit gleichzeitig zur Mitgliedschaft in einem berufsständischen Versorgungswerk gesetzlich verpflichtet.

Die Versorgungswerke, in die sie regelmäßig einkommensbezogene Beiträge einzahlen, bieten eine Versorgung, die in ihrer Art mit den Leistungen der gesetzlichen Rentenversicherung vergleichbar ist. Deshalb müssen Angehörige der meisten Berufsgruppen der kammerfähigen freien Berufe selbst dann keine Pflichtbeiträge in die gesetzliche Rentenversicherung zahlen, wenn sie in einem angestellten Beschäftigungsverhältnis stehen. So können sie sich über ihr Versorgungswerk eine geschlossene Versicherungslaufbahn aufbauen – zuerst beispielsweise als angestellte Klinikärztin, später als niedergelassene Ärztin mit eigener Praxis. Trotzdem kann die gesetzliche Rentenversicherung für sie ein Thema sein, etwa aufgrund einer früheren beruflichen Tätigkeit oder als Ergänzung zur Leistung ihres Versorgungswerks (siehe „Vorsorge-Baustein: Gesetzliche Rente", S. 95).

Etwas anders stellt sich die Situation der Ingenieure und Psychologischen Psychotherapeuten dar. Auch für diese Berufsgruppen gibt es berufsständische Versorgungswerke. Allerdings können sich die angestellt Tätigen dieser Berufsgruppen deshalb nicht von der Versicherungspflicht in der gesetzlichen Rentenversicherung befreien lassen, weil sie keine Pflichtmitglieder ihrer berufsständischen Kammern sind und diese Kammern erst nach dem 31. Dezember 1994 gegründet wurden. Sie können sich aber zusätzlich zu ihrer Pflichtmitgliedschaft in der gesetzlichen Rentenversicherung im Versorgungswerk versichern.

So funktioniert die Finanzierung

Die berufsständischen Versorgungswerke sind öffentlich-rechtliche Institutionen, die auf Landesebene organisiert sind. 87 Einrichtungen haben sich zur Arbeitsgemeinschaft berufsständischer Versorgungseinrichtungen e. V. (ABV) zusammengeschlossen, in der mehr als eine Million Angehörige der freien Berufe versichert sind – sowohl Selbstständige als auch Angestellte.

> 66 **Jedes Versorgungswerk kann grundsätzlich im Rahmen seiner Satzungsautonomie über die Höhe der Beiträge bestimmen.**

Im Unterschied zur gesetzlichen Rentenversicherung finanzieren sich die Versorgungswerke nicht über das Umlageverfahren, bei dem die Berufstätigen von heute die Leistungen der heutigen Rentner finanzieren. Es sind eher Ähnlichkeiten zu Angeboten der privaten Altersvorsorge zu erkennen.

Einige Versorgungswerke wirtschaften nach der „modifizierten Anwartschaftsdeckung". Dabei berücksichtigen sie, ähnlich wie Lebensversicherer, wie lange die Beiträge der einzelnen Versicherten beim Versorgungswerk angespart wurden.

Die meisten Versorgungswerke arbeiten aber nach einem „offenen Deckungsplanverfahren". Bei diesem Verfahren kommt es darauf an, dass sich nicht auf individueller Ebene, sondern innerhalb der Versichertengemeinschaft eingezahlte Beiträge und ausgezahlte Leistungen entsprechen. Das Verfahren funktioniert, wenn immer neue Beitrag zahlende Mitglieder hinzukommen.

Beiträge je nach Versorgungswerk

Jedes Versorgungswerk kann im Rahmen seiner Satzungsautonomie grundsätzlich über die Höhe der zu zahlenden Beiträge bestimmen. Zum Beispiel verlangt die Tierärzteversorgung in Niedersachsen von selbstständig tätigen Mitgliedern den Pflichtbeitrag von 16 Prozent der jeweils geltenden Beitragsbemessungsgrenze der gesetzlichen Rentenversicherung. Das heißt, bei einer Beitragsbemessungsgrenze von aktuell 7 050 Euro im Monat sind an das Versorgungswerk monatlich 1 128 Euro zu zahlen.

Liegen die Einkünfte der Mitglieder unterhalb der Grenze, zahlen sie monatlich 16 Prozent ihrer tatsächlichen Einkünfte. Bei einem Bruttomonatseinkommen von 4 000 Euro wären das 640 Euro im Monat. Jedes Mitglied kann über seinen Pflichtbeitrag hinaus freiwillige Beiträge zuzahlen.

Das Versorgungswerk der Rechtsanwälte in Niedersachsen rechnet etwas anders. Der Regelpflichtbeitrag beträgt hier 655,65 Euro. Das entspricht 9,3 Prozent der Beitragsbemessungsgrenze von 7 050 Euro. Verdienen selbstständige Anwältinnen und Anwälte unterhalb dieser Grenze, können sie

Beiträge entsprechend ihrem nachgewiesenen Einkommen leisten. Sie zahlen jedoch mindestens 131,13 Euro im Monat. Doch auch die Mitglieder können ihre Leistungen erhöhen und freiwillig mehr zahlen. Sie dürfen aber maximal 50 Prozent ihres persönlichen Pflichtbeitrags zusätzlich einzahlen.

→ Besonderheiten zu Beginn und bei Problemen

Gerade in der Anfangszeit kann es je nach Versorgungswerk Möglichkeiten geben, einen reduzierten Beitrag zu zahlen. Läuft die eigene Praxis oder Kanzlei später vorübergehend nicht so gut, haben Sie häufig die Möglichkeit, Beitragszahlungen auszusetzen oder stunden zu lassen. Informieren Sie sich bei Ihrem Versorgungswerk über die genauen Regeln.

Das bieten die Versorgungswerke

Als Mitglied eines berufsständischen Versorgungswerks erwerben Sie den Anspruch auf eine Altersrente, auf Rente wegen Berufsunfähigkeit und Rente für die Angehörigen im Todesfall. In dieser Hinsicht lassen sich die Versorgungswerke gut mit der gesetzlichen Rentenversicherung vergleichen. Doch es gibt Unterschiede bei Art und Umfang der Leistungen, etwa beim Schutz für den Fall, dass Sie aus gesundheitlichen Gründen Ihren bisherigen Beruf nicht mehr oder nur noch eingeschränkt ausüben können.

Die Versorgungswerke zahlen eine Berufsunfähigkeitsrente, wenn eine 100-prozentige Berufsunfähigkeit vorliegt und Sie Ihre Zulassung als Ärztin, Rechtsanwalt oder Notarin zurückgegeben haben. Die Versorgungswerke verzichten ausdrücklich darauf, lediglich Einschränkungen der Fähigkeit, den versicherten Beruf auszuüben, abzusichern. Wollen Sie für einen solchen Fall zusätzlich vorsorgen, empfiehlt sich der Abschluss einer privaten Berufsunfähigkeitsversicherung, die einspringt, wenn Sie Ihren Beruf auf Dauer nicht mehr zu mindestens 50 Prozent ausüben können.

Ein Vorteil der Berufsunfähigkeitsabsicherung des berufsständischen Versorgungswerks gegenüber der Absicherung der gesetzlichen Rentenversicherung im Fall der Erwerbsminderung ist, dass es hier noch den sogenannten Berufsschutz gibt. Das bedeutet, dass ein Mitglied im Rahmen der Verweisung nur solche Tätigkeiten ausüben muss, die ausdrücklich zum beruflichen Spektrum einer Ärztin, eines Rechtsanwaltes oder einer Notarin gehören.

Vorteil der berufsständischen Versorgung im Vergleich zur privaten Berufsunfähigkeitsversicherung: Der Schutz gilt ohne Gesundheitsprüfung. Das heißt, auch ein Arzt, der schon einmal einen Bandscheibenvorfall hatte, wird in das ärztliche Versorgungswerk aufgenommen und hat dort den notwendigen Versicherungsschutz.

Die Berufsunfähigkeitsabsicherung endet nicht zu einem vertraglich festgelegten

Lücken schließen
Ob als Architekt, Rechtsanwältin oder Steuerberaterin: Über die berufsständischen Versorgungswerke sichern Sie sich langfristig ab.

Zeitpunkt, sondern wandelt sich bei Erreichen der Altersgrenze (im Regelfall je nach Geburtsjahr zwischen dem 65. und 67. Geburtstag) automatisch in eine gleich hohe Altersrente um. Anders als in der gesetzlichen Rentenversicherung haben Freiberufler je nach Versorgungswerk bereits nach einem oder wenigen Monatsbeiträgen Anspruch auf die Rente – in der gesetzlichen Rentenversicherung müssten sie fünf Beitragsjahre nachweisen.

Darüber hinaus leisten auch die Versorgungswerke Zuschüsse zu besonders aufwendigen medizinischen Rehabilitationsmaßnahmen, um beispielsweise die Berufsfähigkeit zu erhalten oder wiederherzustellen. Über die genauen Leistungen informieren Sie sich am besten direkt bei Ihrem Versorgungswerk.

Altersrenten: eine komplizierte Rechnung

Für die Höhe der Leistungen der einzelnen Versorgungswerke gibt es keine einheitliche Rentenformel. Die Versorgungswerke legen die Berechnung jeweils in ihren Satzungen fest. Grundsätzlich gilt: Wer mehr eingezahlt hat, hat auch höhere Rentenansprüche. Ein entscheidender Faktor ist, in welchem Verhältnis der Jahresbeitrag eines Mitglieds zum durchschnittlichen Jahresbeitrag aller Mitglieder steht.

Auch für die Mitglieder der Versorgungswerke wird das Renteneintrittsalter stufenweise angehoben. Informieren Sie sich dazu frühzeitig, um gut und genau planen zu können, wie der Ausstieg aus dem Berufsleben aussehen kann.

Bei den meisten Versorgungswerken gab es übrigens lange Zeit eine Altersgrenze für die Mitgliedschaft: Sie nahmen Angehörige ihres Berufsstandes nicht mehr auf, wenn diese ihren kammerpflichtigen Beruf erstmals im Alter von 45 Jahren oder später ausübten. Von dieser Regelung haben sich alle Versorgungswerke jedoch inzwischen verabschiedet und das Höchstalter für die Aufnahme auf 60 Jahre oder mehr angehoben.

Arbeit im abgesicherten Beruf

Die Mitgliedschaft im Versorgungswerk bleibt so lange bestehen, wie Sie in dem Beruf arbeiten, der zur Mitgliedschaft in der berufsständischen Kammer verpflichtet. Doch nicht immer erlauben es die wirtschaftliche Lage oder die persönlichen Interessen, dass Freiberufler genau in diesem Job arbeiten. Eine Rechtsanwältin leitet Seminare für Studierende, ein Arzt verdient sein Geld als Pharmavertreter, die Architektin versucht ihr Glück im Journalismus. Je nach Einzelfall muss dann geklärt werden, ob die Absicherung über das Versorgungswerk weiterhin möglich ist oder nicht.

Ist der Abstecher in den anderen Beruf nur vorübergehend, dauert zum Beispiel maximal zwei Jahre, kann es sein, dass Sie Mitglied im Versorgungswerk bleiben können und damit die Chance auf eine lückenlose Vorsorgelaufbahn haben.

Was passiert beim Umzug?

Sie ziehen in einen anderen Kammerbezirk um? Dann greifen je nach Berufsstand und Kammerbezirk unterschiedliche Regelungen. Häufig wird es so sein, dass die im ehemaligen Kammerbezirk erworbenen Rentenansprüche durch den Umzug nicht verfallen. Eventuell besteht die Möglichkeit, Ihre geleisteten Versorgungsbeiträge an das Versorgungswerk des neuen Kammerbezirks überleiten zu lassen. Oder es kann möglich sein, dass Sie je nach Satzung Anspruch darauf haben, dass Ihnen die geleisteten Beiträge ausgezahlt werden, wenn Sie weniger als 60 Monate Mitglied waren. Das bedeutet in der Regel aber erhebliche Verluste: Sie erhalten meist nur etwa 60 Prozent der eingezahlten Beiträge zurück. Den Rest behalten die Versorgungswerke als Ausgleich dafür, dass Sie während Ihrer aktiven Mitgliedschaft vor Risiken wie Berufsunfähigkeit und Tod geschützt waren. Über die genauen Regelungen bei einem Umzug sollten Sie sich vorab eingehend bei Ihrer Versorgungseinrichtung informieren.

Versorgungswerk plus gesetzliche Rente

Wer neues Mitglied in einem Versorgungswerk wird, hat häufig schon ein berufliches Leben hinter sich und aus dieser Zeit eventuell Ansprüche an die gesetzliche Rentenversicherung erworben. Diese Ansprüche gehen mit dem Eintritt ins Versorgungswerk nicht verloren. Haben Sie zum Beispiel nach der Schule zuerst eine Ausbildung als Bankkauffrau absolviert, ehe Sie sich für Ihr Jura-Studium entschieden haben, haben Sie durch Ihre Ausbildung Rentenanwartschaften erworben, die Ihnen im Alter hilfreich sein können.

Die Beiträge aus der Ausbildungszeit allein werden allerdings noch nicht für die spätere Auszahlung einer gesetzlichen Altersrente reichen. Die drei Jahre Ausbildung wären zu wenig – für den Anspruch auf eine Altersrente müssen Sie eine Versicherungszeit von mindestens fünf Jahren vorweisen.

Wertvolle zweite Rente
Erst betriebliche Ausbildung, dann zum Beispiel Juristin: Prüfen Sie, was Ihnen freiwillige Beiträge an die Rentenkasse bringen könnten.

Erreichen Sie die fünf nötigen Versicherungsjahre noch nicht, haben Sie mehrere Möglichkeiten. Die erste: Sie lassen sich auf Antrag Ihre Arbeitnehmeranteile aus der gesetzlichen Rentenkasse zurückzahlen. Die Arbeitgeberanteile wären damit aber verloren. Deshalb die günstigere Alternative: Sie zahlen so lange freiwillige Beiträge in die Rentenkasse ein, bis Sie die geforderten fünf Versicherungsjahre erfüllen, um Anspruch auf eine Altersrente zu haben.

Beispiel: Nach ihrer Ausbildung bei der Bank hat Jana direkt ihr Jura-Studium begonnen. Im ersten Studienjahr hatte sie nebenbei noch einen Bürojob für sechs Monate. Nach dem Examen ist sie Mitglied im Versorgungswerk der Rechtsanwälte geworden. Durch ihre Ausbildung und den Studentenjob hat Jana dreieinhalb Versicherungsjahre in der gesetzlichen Rentenversicherung gesammelt. Um auf fünf Jahre zu kommen, müsste sie für 18 Monate freiwillige Rentenbeiträge zahlen. Es reicht schon, wenn sie den Mindestbeitrag leistet. Dieser liegt 2022 bei 83,70 Euro monatlich und erhöht sich 2023 voraussichtlich auf 96,72 Euro (18,6 Prozent von 520 Euro).

Startet sie zum Beispiel im Januar 2023 mit den Einzahlungen, müsste sie nach den aktuell geltenden Werten also insgesamt etwa 1741 Euro (18 x 96,72 Euro) aufbringen, um Anspruch auf die gesetzliche Altersrente zu haben. Ob und wann Jana die Beiträge aufbringt, kann sie sich noch überlegen. Sie könnte zum Beispiel noch bis 18 Monate vor dem gewünschten Rentenbeginn warten und dann mit den Beitragszahlungen beginnen. Sie könnte aber auch gleich zahlen und damit in Zukunft steigenden Beiträgen aus dem Weg gehen.

Wenn sie nur den Mindestbeitrag aufbringt, wird ihre gesetzliche Altersrente aber sehr niedrig ausfallen. Angenommen, Jana kommt aus ihrer Ausbildung, ihrem Studentenjob und freiwilligen Beiträgen insgesamt auf 2,9 Entgeltpunkte. Dann steht ihr nach derzeitigem Stand eine Altersrente von gerade einmal etwas mehr als 104 Euro im Monat zu.

66 Je länger die Rente im Alter fließt, desto mehr hat sich die Zahlung der freiwilligen Beiträge gelohnt.

Andererseits: Wenn sie diese Rente für 17 Monate bezieht, hat sie ihre Einzahlung in Höhe von etwa 1740 Euro schon wieder heraus. Je länger die Rente im Alter fließt, desto mehr hat sich die Zahlung der freiwilligen Beiträge für sie gelohnt.

Jana könnte auch länger als 18 Monate freiwillige Rentenbeiträge zahlen oder auch deutlich mehr als den Mindestbeitrag aufbringen: Aktuell sind freiwillige Beiträge bis zu 1311,30 Euro monatlich möglich. Je nach Dauer und Höhe der freiwilligen Beiträge erarbeitet sie sich eventuell eine ansehnliche Zusatzeinnahme als Ergänzung der Rente aus ihrem Versorgungswerk. Wie viel gesetzliche Rente freiwillige Beiträge aktuell bringen, zeigt die Tabelle „So steigt Ihre Rente" auf Seite 166.

Zusätzlicher Vorteil mit Kindern

Noch einfacher wäre es für Jana, an die gesetzliche Altersrente zu kommen, wenn sie irgendwann Mutter wird: Für jedes Kind stehen Jana drei Jahre Kindererziehungszeit auf ihrem Rentenkonto zu (siehe „Wie sich Kinder für die Rente bezahlt machen", S. 37).

Mit der Erziehungszeit für mindestens ein Kind, den Versicherungsjahren als Auszubildende und durch den Studentenjob kommt sie dann auch ohne freiwillige Rentenbeiträge an die geforderten fünf Jahre in der Rentenversicherung und damit an eine Rente. Um alle Zeiten auf ihrem Rentenkonto zu verbuchen, empfiehlt sich ein Verfahren zur Kontenklärung.

→ Sozialabgaben im Alter drücken

Eventuell gibt es noch einen weiteren Vorteil für Freiberuflerinnen wie Jana. Die freiwilligen Rentenbeiträge und der sich daraus ergebende Anspruch auf eine gesetzliche Rente können ihr helfen, im Ruhestand eine Menge Sozialversicherungsbeiträge zu sparen. Auf diesen speziellen Fall gehen wir im Kapitel „Vorsorge-Baustein: Gesetzliche Rente" ab S. 95 ein.

Grundsicherung: Auffangnetz heute und im Ruhestand

Manche Selbstständigen kommen mit ihrem Einkommen mehr schlecht als recht über die Runden. Dann kann der Weg zum Sozialamt hilfreich sein.

Da wegen der Corona-Pandemie in den letzten Jahren etliche Geschäfte schließen mussten, Aufträge ausblieben oder sich langjährige Kunden verabschiedeten, benötigten viele Selbstständige staatliche Hilfe, um über die Runden zu kommen. Sie kamen nicht umhin, beim Jobcenter Arbeitslosengeld II – genauer „Grundsicherung für Arbeitsuchende" – zu beantragen.

Ihre Selbstständigkeit mussten sie für die Unterstützung nicht aufgeben, aber einen genauen Einblick in ihre Einkommens- und Vermögenswerte gewähren. Um die Leistung zu erhalten, war es aber nicht grundsätzlich nötig, vorhandene Ersparnisse, die für den Ruhestand etwa in Verträgen über eine private Renten- oder Riester-Versicherung steckten, aufzulösen.

Auch wenn sich mit der weiteren Entwicklung der Pandemie die Lage für viele erst einmal verbessert hat, bleibt der Weg zum Amt für manche doch als letzter Ausweg, wenn die Selbstständigkeit nicht genug abwirft. Weitere Altersvorsorge dürfte in solch einer Situation ganz weit hintenanstehen.

Grundsicherung im Alter

Selbst wenn Sie aktuell ohne die Unterstützung vom Amt auskommen: Sind Ihre Einnahmen eher gering und reichen gerade so für Ihren Lebensunterhalt, können Sie entsprechend wenig oder kaum fürs Alter vorsorgen. Somit könnte es spätestens im Ruhestand dazu kommen, dass Sie auf Unterstützung vom Staat angewiesen sind.

Dann haben Sie die Möglichkeit, die „Grundsicherung im Alter und bei Erwerbsminderung" zu beantragen. Anspruch darauf haben Personen, die bedürftig sind und

▶ **das 65. Lebensjahr** (seit 2012 stufenweiser Anstieg auf 67) vollendet haben oder

▶ **das 18. Lebensjahr** vollendet haben und unabhängig von der jeweiligen Arbeitsmarktlage aus medizinischen Gründen dauerhaft voll erwerbsgemindert sind.

Die Grundsicherung soll es ermöglichen, unter anderem die Ausgaben für den Lebensunterhalt, für Unterkunft und Heizung sowie für Kranken- und Pflegeversicherung zu decken. Für einzelne Personengruppen, beispielsweise für Menschen mit Behinderung, wird ein Mehrbedarf berücksichtigt.

Finanzen offenlegen

Bevor Sie die Unterstützung erhalten, prüfen die dafür zuständigen Sozialhilfestellen aber genau, welches Einkommen Ihnen und den anderen Mitgliedern Ihres Haushalts zur Verfügung steht. Angerechnet werden etwa Alters- und Witwenrente nach Abzug eines Freibetrags. Vermögen wie Sparguthaben müssen Sie erst verbrauchen, ehe Ihnen Grundsicherung zusteht.

Beziehen Sie neben der gesetzlichen Rente zum Beispiel eine Riester- oder eine Rürup-Rente, wird diese Auszahlung bis zu einem Betrag von 100 Euro im Monat nicht auf die Grundsicherung angerechnet. Liegt die Rente höher, wird der darüberliegende Teil nur anteilig berücksichtigt, wenn das Amt Anspruch und Höhe der Grundsicherung für Sie ermittelt.

Als Bedarfssatz für den Lebensunterhalt erhält das Haushaltsmitglied, das am meisten verdient, 2022 monatlich 449 Euro. Dieser Betrag gilt zur Finanzierung regelmäßiger Ausgaben beispielsweise für Lebensmittel, Kleidung und Reparaturen im Haushalt. Zusätzlich werden die Ausgaben für eine angemessene Unterkunft sowie die gesetzliche Kranken- und Pflegeversicherung übernommen. Sind Sie privat krankenversichert, müssen Sie allerdings eventuell einen Teil der Beiträge selbst aufbringen. Leben Sie mit Ihrem Partner oder Ihrer Partnerin zusammen, gelten für ihn oder sie 2022 monatlich 404 Euro als Regelbedarf.

Eine riskante Wette

Je nach finanzieller und beruflicher Situation mag beim Blick auf Ihre aktuelle Renteninformation folgender Gedanke aufkommen: „Ich werde doch sowieso kaum Rente bekommen. Und wenn ich dann später ohnehin Grundsicherung beantragen muss, kann ich es mit der weiteren Altersvorsorge eigentlich gleich lassen."

Die Überlegung mag im ersten Moment logisch erscheinen, gerade wenn Sie schon etwas älter sind und ziemlich genau kalkulieren können, wie hoch Ihre Rente ausfallen wird. Aber dieser Weg birgt auch Risiken. Bevor Sie sich dazu entschließen, die Altersvorsorge auszuklammern, weil Sie im Ruhestand sowieso mit staatlicher Unterstützung rechnen, lohnt es sich, folgende Punkte und Unwägbarkeiten zu überdenken:

▶ **Ihre Renten** aus privater Vorsorge – wie Rürup, Riester oder privater Rentenversicherung – werden bis zu einer bestimmten Höhe nicht auf die Grundsicherung angerechnet. Haben Sie diesen Rahmen schon ausgeschöpft?

▶ **Wissen Sie genau,** wie Ihre berufliche Zukunft aussehen wird? Vielleicht sind Sie heute Ende 40 und erhalten in fünf oder zehn Jahren ein attraktives Angebot einer Firma. Werden Sie dort angestellt, zahlen Sie automatisch Pflichtbeiträge an die Rentenversicherung und erwirtschaften so einen Rentenanspruch. Sind Sie sicher, dass dieser auch auf Dauer so niedrig sein wird, dass Sie Anspruch auf Grundsicherung hätten? Vielleicht landen Sie letztlich mit Ihrer Rente doch noch knapp über der Einkommensgrenze, sodass Sie keine staatliche Unterstützung erhalten. Dann wäre eine Zusatzrente schön.

▸ **Auch Ihre privaten Verhältnisse** können sich ändern. Vielleicht sind Sie derzeit alleinstehend, doch eventuell finden Sie eine Partnerin oder einen Partner mit etwas mehr Geld? Ziehen Sie zusammen, werden beide Einkommen berücksichtigt, wenn der Anspruch auf Grundsicherung ermittelt wird. Ist Ihr Einkommen als Paar dann geringfügig zu hoch, müssen Sie auf die staatliche Hilfe verzichten. Auch für den Fall wäre es schön gewesen, wenn Sie den Faktor Zeit beim Sparen früher für sich genutzt hätten und auf mehr eigene Altersvorsorge hätten bauen können.

▸ **Was macht die Politik?** Auch das ist ein wichtiger Punkt, der nicht vollständig planbar ist. Es bleibt abzuwarten, was sich zum Beispiel hinsichtlich der Vorsorgepflicht für Selbstständige ergibt, sodass Sie heute nicht wissen, ob das alleinige Spekulieren auf die Grundsicherung auf Dauer sinnvoll ist.

Spielräume ausloten

Nun kommt der dritte Schritt, in dem Sie herausfinden, wie viel Sie überhaupt regelmäßig zur Seite legen können. Für viele Selbstständige ist das eine Rechnung mit mehreren Unbekannten. Immerhin lassen sich einige feste Größen ermitteln, die in Ihre Kalkulation einzubeziehen sind.

Wären Sie angestellt beschäftigt, wüssten Sie, womit Sie jeden Monat rechnen können. Sie hätten ein regelmäßiges Bruttogehalt, von dem Ihr Arbeitgeber zum Beispiel 9,3 Prozent als Rentenbeitrag abziehen würde. Dazu würden Beiträge zur Kranken-, Pflege- und Arbeitslosenversicherung fällig sowie die monatlich zu zahlende Lohnsteuer. Von 3500 Euro Monatsbrutto blieben dann zum Beispiel in Steuerklasse I netto rund 2280 Euro übrig.

Auf Basis dieses Wertes können Angestellte die nächsten Entscheidungen treffen, etwa darüber, wie viel Geld sie in einen zusätzlichen Vertrag für die Altersvorsorge einzahlen oder wie hoch die monatlichen Raten für einen ETF-Sparplan sein können.

Und Selbstständige? Im besten Fall haben auch sie eine gewisse Planungssicherheit auf der Einnahmen- und Ausgabenseite. Aber so konkret sind die einzelnen Rechenfaktoren leider nicht immer.

Schwankendes Einkommen

Es gibt die guten und die weniger guten Auftragsmonate. Es gibt Auftraggeber, die selbst in Zahlungsschwierigkeiten sind, sodass Sie auf Ihr Geld warten müssen. Und natürlich gab es die Pandemie-Monate, in denen Sie womöglich komplett auf ein Einkommen verzichten mussten.

Das sind nur ein paar Beispiele für Unsicherheiten auf der Einnahmenseite. Wenn Sie selbst gesundheitliche Probleme bekommen und mehrere Wochen oder gar Monate ausfallen und deshalb kein Einkommen erzielen, ist das ein weiteres Risiko, das Sie einplanen müssen. Denn anders als Angestellte haben Sie keinen Arbeitgeber, der im Regelfall zumindest für die erste Zeit den Lohn fortzahlt.

Aufgrund dieser Unwägbarkeiten ist es für die weitere Planung Ihrer Altersvorsorge besonders wichtig, dass Sie auf eine gewisse Flexibilität setzen: Suchen Sie nach Vorsorgemöglichkeiten, bei denen Sie flexibel auf unsichere Einkommensphasen reagieren können. Besteht die Möglichkeit, Zahlungen vorübergehend zu senken oder stunden zu lassen? Wie das genau aussehen kann und welche Produkte Ihnen Flexibilität bieten, stellen wir ab S. 91 unter „Anlageform und Angebot finden" vor.

Überblick zu den Ausgaben

Etwas sicherer dürften häufig die Posten sein, mit denen Sie auf der Ausgabenseite rechnen müssen. Immerhin haben Sie hier den Vorteil, dass Ihnen viele Bescheide und Rechnungen vorliegen, mit denen Sie regelmäßig zum Beispiel für den Betrieb, Wohnungsmiete und Versicherungen kalkulieren müssen. Oder Sie haben zumindest einige Erfahrungswerte, sodass Sie in etwa hochrechnen können, welche Ausgaben regelmäßig auf Sie zukommen.

> 66 **Trotz aller Unwägbarkeiten: Verschaffen Sie sich so gut es geht einen Überblick zum finanziellen Spielraum.**

Doch absolute Sicherheit haben Sie auch hier nicht: Unvorhergesehene Ereignisse können plötzlich ein Loch in Ihre betriebliche oder private Finanzplanung reißen – zum Beispiel, wenn der Transporter kaputtgeht, den Sie für Kundenbesuche nutzen, oder wenn die Waschmaschine zu Hause nicht mehr funktioniert.

Trotz aller Unwägbarkeiten: Versuchen Sie sich einen Überblick zu Ihrem finanziellen Spielraum zu verschaffen. Wir stellen Ihnen auf den folgenden Seiten einige Fixpunkte vor, mit denen Sie rechnen können, sollten oder müssen, sodass Sie der Antwort, wie viel Geld Ihnen für Altersvorsorge zur Verfügung steht, ein Stück näher kommen. Abschließend schauen wir die persönlichen Faktoren an, die Ihre Spielräume heute und künftig beeinflussen können.

Finanzcheck: Wie viel bleibt monatlich übrig?

Stellen Sie regelmäßig Ihre Einnahmen und Ausgaben gegenüber. Nur dann können Sie weitere Entscheidungen treffen, etwa wie viel Altersvorsorge Sie sich leisten können.

Sind Sie schon länger selbstständig? Dann haben Sie einen entscheidenden Vorteil gegenüber Gründern: Sie können auf die Ergebnisse und Steuerbescheide der vergangenen Jahre schauen und erhalten zumindest einen groben Überblick, welche Einnahmen Sie aus Ihrer Tätigkeit als Software-Entwicklerin, Journalist oder Physiotherapeutin erzielen können.

Stehen Sie noch am Beginn Ihrer Selbstständigkeit, können Sie nur schätzen, wie viel Sie einnehmen werden. Vielleicht liefern Ihnen Kolleginnen Anhaltspunkte, an denen Sie sich orientieren können. Oder es gibt Beratungsangebote, etwa über Berufsverbände oder die zuständigen Kammern, sodass Sie etwas leichter hochrechnen können, was mit Ihrer Tätigkeit realistisch ist.

Ihren Einnahmen stehen die Ausgaben für Ihre Selbstständigkeit gegenüber: Erst wenn Sie von Ihren Betriebseinnahmen die Ausgaben abziehen, wissen Sie, welches Arbeitseinkommen Sie erzielen.

Arbeitseinkommen ist der Gewinn aus einer selbstständigen Tätigkeit. Zu den Betriebsausgaben zählen etwa die Ausgaben für Pacht, Miete, Personal, Strom, Heizung, Internet und Arbeitsmittel für Büro, Praxis oder Atelier. Ein großer Posten auf der Ausgabenseite sind zudem die Ausgaben für den passenden Versicherungsschutz für Ihre berufliche Tätigkeit (siehe mehr ab S. 81 im Abschnitt „Unverzichtbare Ausgaben").

Weitere Einkünfte berücksichtigen

Selbst wenn Sie wissen, wie hoch Ihr Arbeitseinkommen ausfallen könnte, sind Sie noch nicht am Ende der Rechnung, wie viel Geld Ihnen monatlich für die Altersvorsorge zur Verfügung steht. Wichtig: Haben Sie eventuell weitere Einkünfte, mit denen Sie sicher rechnen können?

Das können zum Beispiel Einkünfte aus Vermietung und Verpachtung sein, wenn Sie Büroräume in Ihrem Haus vermietet haben. Auch Renteneinkünfte können infrage kommen, ebenso Einkünfte aus einer angestellten Beschäftigung.

Wie viel steht zur Verfügung?

Addieren Sie all Ihre Einkünfte und ziehen Sie im nächsten Schritt Ihre regelmäßigen

Ausgaben im Alltag ab. Hier gibt es einige Fixkosten im privaten Bereich, etwa die monatlichen Raten für ein Immobiliendarlehen, Wohnungsmiete und zahlreiche andere private Alltagskosten. Zwei weitere wichtige Posten, die Sie in Ihrer Kalkulation berücksichtigen müssen: die Ausgaben für Ihren persönlichen Versicherungsschutz und die Steuer, die Sie für Ihre gesamten Einkünfte zahlen müssen.

Das Thema Versicherungen für Beruf und Privatleben greifen wir auf den folgenden Seiten ausführlicher auf, da passender Versicherungsschutz eine wichtige Grundlage ist, damit unvorhergesehene Ereignisse nicht Ihre berufliche Existenz und letztlich Ihre Altersvorsorge gefährden.

Mit dem Finanzamt rechnen

Das Thema Steuern für Selbstständige würde problemlos einen ganzen Ratgeber füllen. An dieser Stelle werden wir aber nur einen kurzen Überblick zu steuerlichen Fragen geben und zeigen, dass es sich in den allermeisten Fällen lohnt, eine Expertin oder einen Experten einzuschalten – und das möglichst frühzeitig: Klären Sie etwa vorab, wann Sie welche Anschaffungen tätigen sollten, um damit verbundene Steuervorteile sicher mitnehmen zu können. Besprechen Sie Steuerfragen rund um Miete oder Erwerb von Immobilien und nötige Handwerkerarbeiten, bevor Sie loslegen: Wenn Sie Ihre Möglichkeiten, um Betriebsausgaben geltend zu machen, optimal ausschöpfen, holen Sie die Beratungskosten oft schnell wieder heraus (siehe Checkliste „Von Anfang an steuerlich erfolgreich").

Bei der Steuer zeigt sich eine weitere Schwierigkeit im Vergleich zu Angestellten: Häufig wissen Sie erst eher spät, wie viel Steuer Sie überhaupt zahlen müssen. Viele Selbstständige sind zwar verpflichtet, Steuervorauszahlungen zu leisten, doch ob deren Höhe exakt passt, ist ungewiss. Gut möglich, dass nach einem erfolgreichen Jahr eine empfindliche Nachforderung vom Finanzamt auf Sie zukommt. Oder anders herum: War das Jahr nicht so erfolgreich, können Sie eine attraktive Steuererstattung bekommen, wenn das Finanzamt die Vorauszahlungen zu hoch angesetzt hatte.

Planen Sie diese Schwankungen in Ihre persönliche Budgetplanung mit ein. Das gilt umso mehr in Folge von Corona: Haben Sie während der Pandemie die Möglichkeit genutzt, fällige Steuerzahlungen stunden zu lassen, hieß das natürlich nicht, dass die Zahlungen entfielen, sondern nur, dass sie aufgeschoben wurden. Je nachdem, wo Sie derzeit stehen, kann es sein, dass Sie noch manche Nachzahlung leisten müssen.

Insgesamt können die bisher üblichen Zahlungen und Forderungen des Finanzamts ordentlich durcheinandergewirbelt worden sein. Haben Sie den Überblick verloren, mit welchen Forderungen Sie wann rechnen müssen, empfiehlt es sich, dass Sie sich fachliche Unterstützung holen, um wieder besser planen zu können.

Von Anfang an steuerlich erfolgreich

Zumindest zu Beginn einer Selbstständigkeit und häufig auch später empfiehlt sich der Besuch beim Steuerberater, denn es kommen einige Aufgaben und Entscheidungen auf Sie zu. Die folgende Checkliste nennt Fragen, bei denen sich häufig ein frühzeitiger Expertenrat lohnt:

☐ **Was muss ich alles tun?** Wollen Sie in die Selbstständigkeit starten, führt Sie einer der ersten Wege zum Finanzamt. Dort füllen Sie den „Fragebogen zur steuerlichen Erfassung" aus und bekommen Ihre Steuernummer. Diese müssen Sie auf Rechnungen immer angeben.

☐ **Um welche Steuern muss ich mich kümmern?** Für Sie können drei Steuerarten relevant sein – neben der Einkommensteuer die Umsatzsteuer und eventuell die Gewerbesteuer. Sie sind grundsätzlich dazu verpflichtet, von Ihren Kunden Umsatzsteuer zu erheben und an das Finanzamt weiterzuleiten. Zusammen mit der Einkommensteuererklärung ist eine Umsatzsteuererklärung Pflicht. Gewerbesteuer ist allerdings nur ein Thema, wenn Sie einen Gewerbebetrieb, etwa ein Geschäft oder ein Café, betreiben.

☐ **Kann ich Kleinunternehmer sein?** Das Thema Umsatzsteuer können Sie umgehen, wenn das Finanzamt Sie als „Kleinunternehmer" führt. Das ist möglich, solange Ihr Jahresumsatz nicht über 22 000 Euro liegt. Ist er höher, gelten Sie ab dem folgenden Jahr nicht mehr als Kleinunternehmer und müssen Umsatzsteuer erheben und an das Finanzamt weiterleiten. Liegt Ihr Jahresumsatz sogar über 50 000 Euro, können Sie schon im laufenden Jahr umsatzsteuerpflichtig sein. Die Grenze von 22 000 Euro gilt im ersten Jahr monatsweise, sodass Sie monatlich im Schnitt bis zu 1 833,33 Euro einnehmen dürfen (1/12 von 22 000 Euro). Machen Sie sich erst im September selbstständig, darf der Umsatz höchstens 7 333 Euro (4 Monate mal 1 833,33 Euro) betragen. Ist der Umsatz höher, sind Sie ab dem Folgejahr umsatzsteuerpflichtig.

→

☐ **Soll ich auch als Kleinunternehmer Umsatzsteuer erheben?** Trotz niedriger Umsätze kann es sich für Sie lohnen, dass Sie sich gegen die Befreiung von der Umsatzsteuer entscheiden, zum Beispiel wenn Sie selbst für Ihren Betrieb größere Aufwendungen haben, etwa für technische Geräte und andere Arbeitsmittel. Die dafür bezahlte Vorsteuer dürfen Sie mit der Umsatzsteuer, die Sie einnehmen und weiterleiten müssen, gegenrechnen. Unterm Strich kann Ihnen das Erstattungen bringen.

☐ **Welche Formulare brauche ich für die Steuererklärung?** Anders als Angestellte müssen Sie mit der Einkommensteuererklärung neben dem Hauptvordruck die Anlagen G oder S ausfüllen (je nachdem, ob Sie Gewerbetreibender oder Freiberufler sind) und im Regelfall auch die Anlage EÜR, um Ihren steuerlichen Gewinn zu ermitteln. Welche weiteren Anlagen nötig sind, ist je nach Einzelfall zu prüfen.

☐ **Was kann ich absetzen?** Technische Geräte, Ausgaben für eine Fortbildung, Renovierung neuer Büroräume und einiges mehr können Sie beim Finanzamt als Betriebsausgaben abrechnen und so Ihre Steuerlast senken. Vieles davon können Sie sofort geltend machen, Arbeitsmittel müssen Sie gegebenenfalls über die voraussichtliche Nutzungsdauer abschreiben.

☐ **Was ist bei größeren Investments zu beachten?** Überlegen Sie zum Beispiel, eine Immobilie zu erwerben, in der Sie wohnen und auch arbeiten wollen? Dann lohnt es sich, von Anfang an die Finanzierung von Wohn- und Arbeitsbereich zu trennen. Während Sie beispielsweise die Ausgaben, die für einen Kredit für den beruflichen Bereich notwendig sind, abrechnen können, bringen Ihnen Ausgaben für den privaten Bereich keine Ersparnis.

☐ **Wie kann ich Steuervorteile bei der Altersvorsorge nutzen?** Wenn Sie beispielsweise Beiträge an die gesetzliche Rentenversicherung zahlen oder in einen Rürup-Vertrag investieren, können Sie diese zum Großteil steuerlich geltend machen. Loten Sie aus, in welcher Höhe Zahlungen steuerlich sinnvoll sind.

Unverzichtbare Ausgaben: Versicherungsschutz im Blick

Ob im Betrieb oder im Privatleben: Ihr Versicherungsschutz ist ein wichtiger Block auf der Ausgabenseite. Wir fassen zusammen, um welche Absicherung Sie sich kümmern sollten.

Die Einnahmen aus Ihrer Selbstständigkeit sind nicht überragend? Sie überlegen, wo Sie sparen können oder wie Sie noch mehr finanziellen Spielraum für die Altersvorsorge bekommen können?

So verlockend der Gedanke erscheinen mag: Setzen Sie in diesen Situationen auf keinen Fall dringend notwendigen Versicherungsschutz aufs Spiel, indem Sie zum Beispiel Beitragszahlungen aussetzen, um finanzielle Löcher zu stopfen. Akzeptieren Sie, dass Ihnen das Geld für die Versicherungen nicht für andere Zwecke zur Verfügung steht. Ausgelassene Zahlungen – zum Beispiel zur Haftpflicht- oder Feuerversicherung – können schon bei einer kleinen Unachtsamkeit bedrohliche Folgen haben.

Den Betrieb sichern

Zum einen benötigen Sie Schutz für Ihre berufliche Tätigkeit. Sie müssen sich um die nötige Absicherung kümmern, die Sie etwa als Ladenbesitzerin, Arzt mit eigener Praxis oder Unternehmensberaterin benötigen. Je nach Beruf geht es zum Beispiel vor allem um den Schutz von Gegenständen und Räu-

men, um Rechtsschutz oder auch darum, sich abzusichern, falls Sie Kunden im Zuge Ihrer Tätigkeit schädigen. Und wie können Sie sich schützen für den Fall, dass Sie etwa Ihren Laden nach einem Wasserschaden wochenlang nicht öffnen können oder mit einem Lieferanten über schadhafte Ware streiten müssen?

Vielleicht haben Sie einen direkten Ansprechpartner, dem Sie seit Langem vertrauen, beispielsweise eine Maklerin, über die Sie bisher Versicherungen abgeschlossen haben. Wollen Sie sich aber vorab einen neutralen Überblick verschaffen, welcher Schutz wichtig oder sinnvoll ist, können Sie sich zum Beispiel an unabhängige Versicherungsberater wenden, denen Sie ein Honorar für ihre Tätigkeit zahlen. Die Berater erhalten dafür anders als Versicherungsvermittler keine Provision für einen Vertragsabschluss, haben also kein Interesse daran, Sie zu bestimmten Verträgen zu überreden, weil sie daran verdienen.

Schauen Sie zudem, ob Sie etwa über die Industrie- und Handelskammer oder Ihre Handwerkskammer Informationen bekommen können. Weitere Anlaufstellen können beispielsweise der Gesamtverband der versicherungsnehmenden Wirtschaft e. V. auf gvnw.de und der Bund versicherter Unternehmer e. V. (BvU) auf bund-versicherter-unternehmer.de sein.

Um privaten Schutz kümmern

Auch abseits des beruflichen Alltags benötigen Sie und Ihre Familie Versicherungsschutz. Manches davon ist gesetzlich vorgeschrieben, wie etwa der Schutz der gesetzlichen Rentenversicherung in verschiedenen Berufen, die Krankenversicherung oder die Kfz-Haftpflichtversicherung für Fahrzeughalter. Das Geld, das in diese Pflichtabsicherungen fließt, steht auf keinen Fall für die private Altersvorsorge zur Verfügung.

Dazu gibt es weiteren Schutz, der – wenn auch nicht gesetzlich vorgeschrieben – unbedingt zu empfehlen ist.

Missgeschick im Alltag

Zu den wichtigsten Versicherungen, die Sie für Ihren Alltag haben sollten, gehört die Privathaftpflichtversicherung. Sie sollte in keinem Haushalt fehlen. Sonst kann schon ein kleines Missgeschick teure Folgen haben. Per Gesetz haften Sie für Schäden, die Sie anderen zufügen. Werfen Sie das Smartphone Ihrer Nachbarin aus Versehen auf den Boden, müssen Sie ihr den Schaden erstatten. Im Fall der Reparaturkosten ist das vielleicht ärgerlich für Ihren Geldbeutel, aber noch machbar. Ganz anders sieht es aus, wenn Sie jemanden aus Versehen verletzen, etwa bei einem Fahrradunfall. Dann können deutlich höhere Ausgaben auf Sie zukommen wie Behandlungskosten im Krankenhaus oder Ausgaben für den Verdienstausfall oder eine Rente. Das lässt sich aus eigenen Mitteln kaum stemmen.

Deshalb ist der Abschluss einer Privathaftpflichtversicherung, welche die nötigen Ausgaben für Sie übernimmt, so wichtig. Diesen Schutz benötigen Sie unabhängig davon, ob Sie für Ihre selbstständige Tätigkeit eine Berufs- oder Betriebshaftpflichtversicherung abgeschlossen haben.

Schutz im Krankheitsfall

Der Schutz einer Krankenversicherung ist in Deutschland vorgeschrieben. Selbstständige haben meist die Wahl zwischen der Absicherung über eine gesetzliche Krankenkasse oder über eine Krankenvollversicherung bei einem privaten Versicherer.

Anders als Angestellte, die bis zu einem bestimmten Einkommen zur Mitgliedschaft in einer gesetzlichen Kasse verpflichtet sind, besteht für die meisten Selbstständigen diese Pflicht nicht. Sie können sich aber für die freiwillige Mitgliedschaft in der Kasse entscheiden. Eine Voraussetzung dafür ist, dass Sie bereits vor Ihrer Selbstständigkeit in einer gesetzlichen Kasse versichert waren – in der Regel ununterbrochen in den zwölf Monaten vor Beginn der Selbstständigkeit.

Ihnen bleiben nach der Unternehmensgründung drei Monate, um sich bei einer gesetzlichen Kasse anzumelden. Der Monatsbeitrag richtet sich dann nach Ihrem zu versteuernden Einkommen. Sie zahlen für dieses Einkommen einen von der Bundesregierung vorgegebenen Satz. Derzeit gilt ein allgemeiner Beitragssatz von 14,6 Prozent für alle gesetzlich Krankenversicherten. Dazu erheben die Krankenkassen einkommensabhängige Zusatzbeiträge.

Unter Umständen ist Ihr Beitragssatz aber wiederum um 0,6 Prozent niedriger. Das hängt davon ab, welche Regelung zum Bezug von Krankengeld Sie mit Ihrer Kasse vereinbart haben (siehe „Ersatz für Verdienstausfall", S. 84).

Selbst wenn Sie zum Beispiel zu Beginn Ihrer Selbstständigkeit nur sehr wenig Einkommen erzielen oder sogar Verlust machen, müssen Sie einen Mindestbeitrag für Ihre Krankenversicherung abführen. Derzeit sind das 153,53 Euro im Monat plus den jeweiligen Zusatzbeitrag der eigenen Kasse. Hinzu kommt noch der Beitrag zur Pflegeversicherung (siehe Kasten unten).

Die meisten Selbstständigen zahlen den Kassenbeitrag allein, Mitglieder der Künstlersozialkasse müssen nur die Hälfte aufbringen (siehe „Künstlersozialkasse", S. 60).

Alternativ zur gesetzlichen Krankenversicherung besteht meist die Möglichkeit, dass Sie eine Krankenvollversicherung bei einem privaten Versicherer abschließen. Private Krankenvollversicherer bieten Tarife an, in denen Leistungen aus den Bereichen ambulante Behandlung, Krankenhaus und Zahnarzt gebündelt werden. Als weiterer Baustein kommt dann noch das Krankentagegeld hinzu – also die Vereinbarung darüber, wie viel Geld der Versicherer bei einer längeren Erkrankung der versicherten Person zahlt, um damit einen Verdienstausfall auszugleichen.

Der Versicherungsbeitrag ergibt sich, je nachdem, für welches Maß an Schutz Sie sich entscheiden. Je mehr Leistungen Sie wählen, desto teurer wird es. Der Beitrag richtet sich zudem nach Ihrem Alter und Gesundheitszustand bei Vertragsschluss. Wegen Vorerkrankungen können private Versicherer Interessierte auch ganz ablehnen oder Leistungen vom Versicherungsschutz ausschließen.

Sind Sie gesetzlich krankenversichert, sind Sie automatisch auch in der gesetzlichen Pflegeversicherung. Haben Sie Kinder, gilt 2022 ein Beitragssatz von 3,05 Prozent. Für Kinderlose sind es im Regelfall 3,4 Prozent. Abgesehen von den Mitgliedern der Künstlersozialkasse tragen Sie als Selbstständige auch diesen Beitrag allein.

Bloß nicht kleckern!
Kümmern Sie sich um ausreichenden Versicherungsschutz für sich, Ihre Familie und den Betrieb.

Kasse oder privat?

Wenn Sie ein Angebot für eine günstige private Krankenvollversicherung erhalten – gerade für Jüngere kann der Schutz je nach Einkommen tatsächlich günstiger sein als der einer gesetzlichen Kasse –, mag der Abschluss des privaten Versicherungsvertrags attraktiv erscheinen. Doch überlegen Sie sich diesen Schritt wirklich ganz genau, denn ein Zurück in die gesetzliche Kasse ist kaum möglich. Schauen Sie zum Beispiel, was Ihnen der angebotene private Tarif tatsächlich bietet – ein Mindestmaß an Schutz sollten Sie sich bei Vertragsabschluss sichern. Auf test.de finden Sie mit der Suche nach „private Krankenversicherung" Informationen dazu, was Ihre Versicherung mindestens beinhalten sollte.

Egal, wie leistungsstark Ihr Tarif ist: Planen Sie ein, dass die Beiträge für den privaten Versicherungsschutz im Lauf der Jahre deutlich steigen werden. Anders als bei Kassenpatienten sinken die Beiträge auch nicht, wenn Sie im Rentenalter weniger Einkommen haben. Legen Sie für die zu erwartenden steigenden Beiträge am besten frühzeitig Geld zurück. Auf test.de finden Sie mit der Suche nach „Kasse oder privat" eine umfassende Übersicht, die Ihnen bei der Entscheidung zwischen gesetzlicher und privater Krankenversicherung helfen kann.

Ersatz für Verdienstausfall

Selbstständige müssen beim Thema Krankheit einen weiteren wichtigen Punkt beachten: Fallen sie aus gesundheitlichen Gründen länger aus, sodass sie über Wochen oder vielleicht Monate nicht arbeiten können, verdienen sie im ungünstigsten Fall gar nichts in dieser Zeit. Um sich vor diesem Verdienstausfall zu schützen, können Sie die Zahlung von Krankengeld (gesetzliche Krankenkasse) oder von Krankentagegeld (private Krankenversicherung) vereinbaren.

Sind Sie gesetzlich krankenversichert und wollen Sie ganz aufs Krankengeld verzichten, gilt der ermäßigte Beitragssatz von 14,0 Prozent plus Zusatzbeitrag Ihrer Kasse. Dafür erhalten Sie im Ernstfall aber keinen Ersatz für Verdienstausfall.

Mehr Sicherheit haben Sie mit dem gesetzlichen Krankengeld. Selbstständige, die das wollen, müssen diesen Wunsch ihrer Kasse zunächst schriftlich mitteilen. Dann erhalten sie wie Angestellte den Anspruch auf Krankengeld ab dem 43. Krankheitstag. Dafür zahlen sie den allgemeinen Beitragssatz von 14,6 Prozent plus Zusatzbeitrag. Mitglieder der Künstlersozialkasse haben diesen Krankengeldanspruch automatisch.

Das Krankengeld darf in der Regel höchstens 70 Prozent des Bruttoeinkommens ausmachen. 2022 gilt zudem ein Höchstwert von 112,88 Euro pro Tag.

Können oder wollen Sie im Ernstfall nicht sechs Wochen ohne Einnahmen überbrücken, kann ein Blick auf die von Ihrer Kasse angebotenen Wahltarife lohnen. Über solche Wahltarife können Sie das Krankengeld aufstocken oder vorziehen, sodass Sie zum Beispiel schon ab dem 22. Krankheitstag Geld erhalten. Am besten informieren Sie sich direkt bei Ihrer Kasse zu den genauen Wahltarif-Konditionen. Entscheiden Sie dann, ob Sie diesen Zusatzschutz zum angebotenen Preis abschließen wollen. Oder reichen Ihre Reserven, um zur Not zumindest sechs Wochen ohne Einkommen überbrücken zu können?

Private Versicherer bieten hingegen Krankentagegeldversicherungen an, um sich gegen die finanzielle Lücke durch Verdienstausfall zu wappnen. Je früher die Krankentagegeldzahlung einsetzen soll und je höher der vereinbarte Tagessatz ist, desto höhere Beiträge sind zu zahlen. Außerdem hängt auch hier der Beitrag vom Eintrittsalter und vom Gesundheitszustand ab. Das Krankentagegeld darf aber nicht höher sein als das Einkommen, da Erkrankte per Gesetz nicht an der Krankheit verdienen sollen.

Wenn Arbeiten auf Dauer unmöglich ist

Noch gravierender als eine vorübergehende Krankheit ist es, wenn Sie aufgrund einer schwerwiegenden Erkrankung Ihren Beruf überhaupt nicht mehr ausüben können. Der Schutz der gesetzlichen Rentenversicherung und auch der berufsständischen Versorgungswerke für den Fall der Invalidität hat Schwächen, sodass Selbstständige, wenn möglich, eine private Berufsunfähigkeitsversicherung abschließen sollten.

Das gilt umso mehr, wenn Sie keinerlei gesetzlichen Invaliditätsschutz haben – etwa, weil Sie kein Pflichtmitglied der gesetzlichen Rentenversicherung sind. Die private Berufsunfähigkeitsversicherung tritt ein, wenn Sie auf Dauer nicht mehr zu mindestens 50 Prozent in Ihrem zuletzt ausgeübten Beruf arbeiten können. Bei Selbstständigen prüfen Versicherer vor der Rentenzahlung aber noch, ob eine Umorganisation des Betriebs möglich ist, sodass der Versicherte zumindest in anderer Position weiterarbeiten kann.

Der Schutz ist allerdings nicht billig. Die Beitragshöhe richtet sich unter anderem nach Ihrem Beruf. Hinzu kommt: Je jünger Versicherte beim Vertragsabschluss sind und je gesünder, desto leichter und desto

86

günstiger können sie den Schutz bekommen. Aktuelle Testergebnisse finden Sie online unter test.de/berufsunfaehigkeit.

Für Selbstständige, die keine private Berufsunfähigkeitsversicherung bekommen, kann zum Beispiel eine private Erwerbsunfähigkeitsversicherung eine Alternative sein. Der Schutz ist aber geringer, denn die Versicherung zahlt erst eine Rente, wenn Versicherte in keinem Beruf mehr arbeiten können. Die private Berufsunfähigkeitsversicherung sollte daher Ihre erste Wahl sein.

Unfallschutz als Alternative?

Deutlich günstiger als die Berufsunfähigkeitsversicherung ist eine private Unfallversicherung. Doch sie hat einen entscheidenden Nachteil gegenüber dem Berufsunfähigkeitsschutz: Sie zahlt nur dann, wenn es in Folge eines plötzlich eingetretenen, unvorhersehbaren Ereignisses – eines Unfalls – zu einer dauerhaften körperlichen Beeinträchtigung gekommen ist. Ist dagegen zum Beispiel eine freiberuflich tätige Journalistin aufgrund einer psychischen Erkrankung nicht mehr in der Lage, ihren Beruf auszuüben, bekommt sie kein Geld aus ihrer privaten Unfallversicherung.

Krankheiten sind sehr viel häufiger als Unfälle die Ursache dafür, dass jemand seinen Beruf nicht mehr ausüben kann. Auch deshalb sollte der Berufsunfähigkeitsschutz die erste Wahl sein. Wer diesen Schutz jedoch etwa aufgrund von Vorerkrankungen nicht bekommt oder ihn sich nicht leisten

kann, sollte zumindest den gesetzlichen Schutz für den Fall der Erwerbsminderung aufrechterhalten und kann diesen beispielsweise durch eine private Unfallversicherung ergänzen.

Möglich ist auch, sich über eine Berufsgenossenschaft gegen Unfälle gesetzlich zu versichern. Manche Selbstständigen sind in ihrer Berufsgenossenschaft pflichtversichert – zum Beispiel im Bereich Landwirtschaft oder Gartenbau. Wenn Sie unsicher sind, ob für Sie Versicherungspflicht gilt und welche Berufsgenossenschaft in Ihrem Fall zuständig ist, können Sie sich zum Beispiel über die Seite dguv.de im Internet genauer informieren.

Wenn Sie nicht versicherungspflichtig sind, können Sie sich freiwillig für den Schutz über die für Sie zuständige Berufsgenossenschaft entscheiden. Dann gilt: Haben Sie während der Arbeit oder auf dem Weg dorthin einen Unfall, kommt die Berufsgenossenschaft neben der medizinischen Rehabilitation auch für die berufliche Wiedereingliederung auf, falls Sie Ihre Tätigkeit nicht mehr ausüben können. Bei einer dauerhaften Invalidität von mindestens 20 Prozent zahlt sie eine entsprechende Unfallrente.

Dieser Schutz ist besser als gar keiner. Doch Sie sollten im Hinterkopf behalten, dass die Berufsgenossenschaft nicht zahlt, wenn Ihnen in der Freizeit etwas passiert und Sie beispielsweise bei einer privaten Radtour stürzen. Dagegen machen die private Berufsunfähigkeits- und die Unfallversicherung keinen Unterschied zwischen Beruf und Freizeit.

Im Todesfall Schutz für die Familie
Haben Sie eine Familie, empfiehlt sich eine Risikolebensversicherung . Diese schützt Ihre Angehörigen, damit sie nicht vor dem finanziellen Nichts stehen, falls Sie als Unternehmensgründerin oder als Hauptverdiener der Familie sterben.

Hatten Sie Kredite aufgenommen, ist es umso wichtiger, dass die Familie im Todesfall Geld von der Versicherung bekommt. In vielen Fällen werden auch die Banken eine Absicherung eines Kredites verlangen.

An eine Risikolebensversicherung sollten Sie selbst dann denken, wenn Sie Beiträge an die gesetzliche Rentenversicherung gezahlt haben oder noch zahlen und sich daraus für Ihre Angehörigen ein Anspruch auf gesetzliche Hinterbliebenenrente ergibt. Der Haken: Die gesetzlichen Hinterbliebenenrenten sind mit im Schnitt rund 600 Euro monatlich nicht überragend. Lebten die Partner ohne Trauschein zusammen, gehen die Hinterbliebenen sogar völlig leer aus. Daher sollte die Versicherungssumme bei der Risikolebensversicherung etwa das Drei- bis Fünffache Ihres Jahresbruttoeinkommens ausmachen.

Weiterer Bedarf je nach Lebenssituation
Ob zu den genannten Verträgen weiterer Schutz notwendig oder sinnvoll ist, hängt vor allem von Ihrer persönlichen Lebenssituation ab, zum Beispiel: Leben Sie in Ihrem eigenen Haus, benötigen Sie eine Wohngebäudeversicherung. Eine genauere Einschätzung von Finanztest, wie wichtig oder auch unwichtig verschiedene Verträge sind, finden Sie unter test.de/versicherungscheck. Über die Suche auf test.de können Sie außerdem zu den jeweils aktuellen Testergebnissen gelangen.

Sie stehen am Start Ihrer Selbstständigkeit und wollen sich für den Fall absichern, dass die Geschäfte nicht gut laufen? In den ersten drei Monaten nach Aufnahme Ihrer selbstständigen Tätigkeit können Sie sich freiwillig in der gesetzlichen Arbeitslosenversicherung absichern. Der Monatsbeitrag liegt bei knapp 80 Euro. Wenn Sie der Schutz interessiert, erkundigen Sie sich bei der Arbeitsagentur vor Ort zu den Voraussetzungen, die für den Bezug von Arbeitslosengeld erfüllt sein müssen. Entscheiden Sie erst dann, ob der Schutz für Sie infrage kommt.

Persönliche Faktoren bestimmen weiteres Vorgehen

Neben den finanziellen Möglichkeiten bestimmen einige individuelle Kriterien wie Alter, familiäre Situation und Risikobereitschaft, wie groß Ihr Spielraum für die weitere Vorsorge ist.

Bevor Sie abschließende Entscheidungen darüber treffen, wie viel Geld Sie bei Ihren aktuellen finanziellen Möglichkeiten in welche Geldanlagen für die Altersvorsorge stecken, wagen Sie einen Blick nach vorn: Wie werden sich diese finanziellen Spielräume voraussichtlich entwickeln? Werden Sie immer in der aktuellen Größenordnung bleiben, oder könnte es entscheidende Änderungen geben?

Manche dieser Änderungen sind natürlich nicht planbar, wie etwa die Corona-Zeit gezeigt hat. Unvorhergesehene Ereignisse wie eine solche Pandemie oder auch eigene gesundheitliche Probleme können den finanziellen Spielraum deutlich und eventuell dauerhaft verändern.

Mit manchen Veränderungen beim Budget können Sie besser kalkulieren, zum Beispiel wenn Sie in absehbarer Zeit eine Familie gründen und nach der Geburt Ihres Kindes beruflich kürzertreten wollen. Dass Sie während einer solchen Phase voraussichtlich weniger Einkommen haben werden als sonst, sollten Sie für Ihre weitere Vorsorge-Planung berücksichtigen.

Aktuelle familiäre Situation

Auch die derzeitige familiäre Situation beeinflusst Ihren finanziellen Spielraum: Wenn Sie verheiratet sind und Ihre Partnerin zum Beispiel als Angestellte oder Beamtin ein stabiles Einkommen hat, haben Sie einen deutlich sichereren Hintergrund für Ihre Vorsorgeentscheidungen als etwa als alleinerziehender Vater, der nur in Teilzeit selbstständig berufstätig ist und allein für sich und seine Kinder sorgt.

Ein anderer Aspekt: Könnte es möglicherweise passieren, dass Sie in absehbarer Zeit etwas erben oder größere Werte übertragen bekommen? Wenn Sie beispielsweise schon mit Ihren Eltern darüber gesprochen haben, dass sie Ihnen das Familieneigenheim übertragen wollen, dürfte sich Ihr finanzieller Spielraum künftig deutlich erweitern.

Wiederum anders kalkulieren müssen Sie, wenn Sie erst noch den eigenen Kauf oder Bau einer Immobilie planen. Sie haben zum Beispiel den großen Traum, innerhalb der nächsten fünf Jahre ins Eigenheim außerhalb der Stadt zu ziehen? Dieser Wunsch beeinflusst auf jeden Fall, wie Sie Ihr Geld in der nächsten Zeit anlegen sollten. Das erste Ziel ist dann, möglichst viel Eigenkapital für den Traum vom Haus anzusparen. Je mehr eigenes Geld Sie mitbringen, desto weniger müssen Sie von der Bank leihen. Das ist in Zeiten, in denen die Darlehenszinsen nach oben gehen, besonders wichtig. Jeder Euro, der für das Projekt Eigenheim zurückgelegt wird, steht nicht für langfristige Altersvorsorge-Vorhaben zur Verfügung (siehe „Vorsorge-Baustein: Immobilie", S. 118).

Neben dem Eigenheim können weitere kurzfristige Sparziele dafür sorgen, dass Sie weniger Geld fürs Alter anlegen können: Ist es denkbar, dass Sie Ihrer Tochter ein Auslandsjahr finanzieren oder sich selbst eine vorübergehende berufliche Auszeit gönnen werden? Auch dafür benötigen Sie ein Finanzpolster, das nicht in langfristige Vorsorgeverträge fließen sollte.

Welcher Typ sind Sie?

Abschließend bleiben Ihre persönlichen Eigenschaften, die bei Ihrer weiteren Vorsorge-Planung zu berücksichtigen sind. Ein sehr wichtiger Aspekt dabei: Welches Risiko sind Sie bereit einzugehen?

Hätten Sie am liebsten Ihre gesamten Ersparnisse kurzfristig sicher verfügbar oder können Sie noch ruhig schlafen, wenn zumindest ein Teil Ihres Geldes mit etwas mehr Risiko angelegt ist, etwa in ETF?

Die persönliche Risikobereitschaft beeinflusst zum Beispiel die Wahl Ihrer Vorsorge- und Geldanlageprodukte, aber auch, wie viel Geld Sie wie sicher anlegen wollen und wie viel Sie griffbereit auf Giro- oder Tagesgeldkonto behalten möchten.

Welche Anlageprodukte sich in welcher Situation besonders eignen und was die jeweiligen Vor- und Nachteile sind, erfahren Sie im nächsten Schritt. Wenn wir Ihnen die wichtigsten Vorsorge-Bausteine und mögliche Ergänzungen vorstellen, gehen wir auch auf Aspekte wie Pfändungsschutz und Schutz vor Inflation ein.

→ Ihre Chance: Zuerst Kredite tilgen

Bevor Sie Geld irgendwo neu anlegen, achten Sie darauf, was aus aktuellen Verbindlichkeiten werden kann: Vielleicht haben Sie schon Kredite, die zu tilgen sind, beispielsweise das Immobiliendarlehen oder den Kredit für ein neues Auto? In dem Fall gilt: Ist Geld übrig, nutzen Sie es soweit möglich zunächst dafür, um die Kredite abzuzahlen. Es gibt kaum eine bessere Rendite als die getilgter Kredite. Prüfen Sie, ob etwa eine kostenfreie Sondertilgung möglich ist. Dann sind die Schulden schneller abgezahlt, und Sie müssen insgesamt weniger Zinsen zahlen.

Anlageform und Angebot finden

Die Auswahl an Geldanlage- und Vorsorge-möglichkeiten ist enorm, sodass Sie den vier-ten Schritt – die Suche nach dem passenden Angebot – möglichst gut vorbereiten sollten: Informieren Sie sich über die Vor- und Nach-teile der einzelnen Produkte.

Ein kurzer Blick zurück: Sie haben sich den Überblick zu Ihren bisher er-worbenen Vorsorge-Ansprüchen verschafft. Sie wissen, ob Sie zu den Selbstständigen ge-hören, die zur Altersvorsorge verpflichtet sind, und wie viel Sie dafür aufbringen müssen. Außerdem haben Sie überschla-gen, dass Sie jeden Monat zum Beispiel 300 oder 500 Euro auf eigene Faust für später zur Seite legen können.

Jetzt steht die nächste entscheidende Aufgabe an: sich im breiten Angebot an Vorsorgealternativen zurechtzufinden und für Sie passende Lösungen herauszusuchen. Damit Sie Ihre Auswahl treffen können, präsentieren wir Ihnen in diesem Kapitel zunächst „Bausteine für die Altersvorsorge", die Finanztest für Selbstständige empfiehlt, mit ihren wichtigsten Eigenschaften sowie Vor- und Nachteilen. Wir haben sie schon zu Beginn des Ratgebers kurz genannt (siehe Grafik S. 19). Weitere Produkte, mit denen Sie Ihre Vorsorge ergänzen können, folgen ab S. 124.

Sicherheit, Rendite, Flexibilität

Stellen Sie sich darauf ein, dass Sie unter den vorgestellten Vorsorgealternativen keinen Alleskönner finden, der beispielsweise traumhafte Renditen bringt, trotz allem sicher ist und bei dem Sie auch noch jederzeit flexibel Einzahlungen verändern oder vorzeitig Geld abziehen können. So ein Rundum-sorglos-Produkt gibt es nicht.

Wenn Sie besonderen Wert auf Sicherheit legen, müssen Sie Abstriche bei den Renditeaussichten machen. Wollen Sie bei Ihrer Vorsorge flexibel bleiben, geht das eventuell wiederum zu Lasten der Sicherheit oder der Renditeaussichten.

Beispiel Rürup-Rente: Sie können Beiträge in eine klassische Rürup-Rentenversicherung einzahlen und sich so für später eine sichere Rente erarbeiten. Allerdings ist ein solcher Vertrag eher unflexibel – es ist nur eine Rentenzahlung möglich, keine größere Kapitalentnahme zu Rentenbeginn und keine vorzeitige Entnahme. Ein Anbieterwechsel ist auch nur schwer möglich. Und die Renditeaussichten wären beispielsweise mit einer Rürup-Fondspolice oder einem reinen Fondssparplan deutlich besser – allerdings ist das Verlustrisiko größer. Das Beispiel zeigt, wie Sicherheit, Rendite und Flexibilität miteinander verknüpft sind und sich gegenseitig beeinflussen.

Anlegen in Zeiten hoher Inflation

Ein anderes Thema, das vermutlich auch Sie umtreiben wird, sind die derzeitigen und künftig zu erwartenden Preissteigerungen: Welche Form der Altersvorsorge oder Geldanlage eignet sich, um auf die Inflation reagieren zu können?

Wichtig gerade jetzt: Ohne ein gewisses Risiko bei der Geldanlage ist kein nennenswerter Vermögensaufbau möglich. Wenn Sie Ihr Geld unverzinst oder zu einem mageren Zinssatz auf einem Giro- oder Tagesgeldkonto liegen lassen, verliert es letztlich an Wert. Eher können Sie in Sachwerte investieren – mit dem Nachteil, dass Sie Preisschwankungen in Kauf nehmen müssen. Im Gegensatz zu Zinsanlagen begründen Sachwerte echtes Eigentum. Ob Aktien, Immobilien, Gold und andere Edelmetalle, Kunstwerke oder Sammelgegenstände: Sie

---

Auch die betriebliche Altersvorsorge kann im Einzelfall ein Thema sein, etwa wenn Sie bisher als Angestellte über den Betrieb vorgesorgt haben oder für Gesellschafter-Geschäftsführer. Sprechen Sie mit Ihrem Steuerberater oder einem auf die betriebliche Altersversorgung spezialisierten Berater, um die Möglichkeiten prüfen.

haben etwas „Handfestes". Ganz so einfach ist es natürlich nicht: Besonders Kunst und Sammelgegenstände sind allenfalls etwas für Menschen, die sich damit auskennen. Sonst ist das Verlustrisiko viel zu hoch. Ein Verlustrisiko besteht zwar auch bei Aktieninvestments, aber hier lässt es sich deutlich besser begrenzen, indem Sie etwa ETF auf einen Aktienindex kaufen. ETF eignen sich gut für den Einstieg in die private Vorsorge, gerade auch in Zeiten hoher Inflation (siehe „Vorsorge-Baustein: Aktien-ETF", S. 102).

Wer davor zurückschreckt und stattdessen über eine Immobilie nachdenkt, sollte im Hinterkopf haben, dass auch bei Haus oder Grundstück heute nicht sicher ist, wie sich der Wert auf Dauer entwickeln wird. Preiseinbrüche sind auch hier möglich.

Auch andere Formen des (Mit-)Eigentums werden gern als Inflationsschutz angepriesen. Finanztest empfiehlt sie aber nicht. So gehen Sie beispielsweise mit geschlossenen Beteiligungen etwa an Windparks oder Schiffscontainern unkalkulierbare Risiken ein. Sie müssen sich für viele Jahre festlegen – mit ungewissem Ausgang.

Sie haben gehört, dass Bitcoins vor Inflation schützen sollen? Vorsicht: Kryptowährungen wie Bitcoin, Ether und Co. sind äußerst spekulativ. Sie haben mit Sachwerten nichts gemein. Selbst wenn Bitcoin und andere Kryptowerte wieder im Kurs steigen, können sie Anlegern nicht bieten, was bei hoher Inflation dringend gefragt ist: ein Mindestmaß an Verlässlichkeit.

Was passiert bei Insolvenz?

Sollten Sie mit Ihrer Selbstständigkeit scheitern, ist Geld, das Sie fest für die Altersvorsorge angelegt haben, nur dann vor Pfändung geschützt, wenn einige Voraussetzungen erfüllt sind. Eine ist, dass das Geld erst mit Eintritt des Rentenfalls beziehungsweise nicht vor dem 60. Lebensjahr oder bei Berufsunfähigkeit ausschließlich als lebenslange Rente ausgezahlt werden darf.

Konkret heißt dies zum Beispiel: Beiträge, die Sie bisher an die gesetzliche Rentenversicherung oder in einen Rürup-Vertrag gezahlt haben, sind vor dem Zugriff der Gläubiger geschützt. Bei anderen Vorsorgeverträgen ist einzeln zu prüfen, ob Pfändungsschutz besteht, sagt Michael Weinhold, stellvertretender Sprecher der Arbeitsgemeinschaft Schuldnerberatung der Verbände (siehe Interview: „Insolvenzschutz nur für lebenslange Leistungen", S. 94).

Sollten die Voraussetzungen nicht voll erfüllt sein, besteht noch die Möglichkeit, den Vertrag in einen pfändungsgeschützten Rentenvertrag umwandeln zu lassen.

Wenn Pfändungsschutz besteht, gilt er bis zu einer bestimmten Höhe: Selbstständige ab 18 dürfen pro Lebensjahr 6 000 Euro pfändungssicher ansparen, ab dem 27. Geburtstag 7 000 Euro im Jahr. Demnach können zum Beispiel für eine 57-Jährige bis zu 270 000 Euro pfändungssicher angelegt sein. Geld, das auf Sparkonten oder in Wertpapieren steckt, ist hier aber außen vor und fällt im Regelfall in die Insolvenzmasse.

„Insolvenzschutz nur für lebenslange Leistungen"

Michael Weinhold, stellvertretender Sprecher der Arbeitsgemeinschaft Schuldnerberatung der Verbände, sagt, bei Insolvenz müsse jeder Vorsorgevertrag einzeln angeschaut werden: Gilt hier Pfändungsschutz oder nicht?

Herr Weinhold, ein Gastronom ist finanziell am Ende. Er hat vor 20 Jahren eine Kapitallebensversicherung für seine Altersvorsorge abgeschlossen, in die er seither einzahlt. Ist das Geld bei Insolvenz sicher vor dem Zugriff der Gläubiger?

Nein, nicht wenn die Versicherung eine Kapitalauszahlung für den Erlebensfall vorsieht. Der Gesetzgeber sieht unter anderem vor, dass nur solche Leistungen pfändungssicher sein können, die lebenslang und frühestens ab 60 Jahren ausgezahlt werden. Wer einen Vertrag hat, der diese Voraussetzungen nicht erfüllt, kann vom Versicherer eine Umwandlung verlangen, um den Vertrag pfändungssicher zu machen. Aber hier muss genau geschaut werden, bis wann diese Umwandlung möglich ist. Es dürfen dadurch keine Rechte von Dritten verletzt werden.

Pfändungsschutz gilt also bei lebenslanger Auszahlung der Leistung – somit stehen Kunden mit klassischer privater Rentenversicherung sicher da?

Hier muss jeder einzelne Vertrag angeschaut werden. Steht in den Vertragsbedingungen irgendwo, dass eine Kapitalauszahlung möglich ist, besteht kein Pfändungsschutz. Nur wenn eine reine Rentenzahlung möglich ist, kommen Gläubiger nicht an das Geld im Vertrag heran – es sei denn, die dort erreichten Ersparnisse übersteigen die Pfändungsfreigrenze, die sich je nach Alter ergibt. Im Höchstfall sind derzeit bis zu 340 000 Euro geschützt.

Wie steht es mit anderen Verträgen – etwa der Rürup-Rente?

Dieses Produkt ist so ausgestaltet, dass die Sparer selbst nicht vor Rentenbeginn auf ihr Geld zugreifen können, eine vorzeitige Kündigung oder eine Kapitalauszahlung ist nicht möglich. Dementsprechend ist das Geld wie im Übrigen auch die Beiträge, die im Berufsleben an die gesetzliche Rentenversicherung gezahlt werden, im Insolvenzfall vor dem Zugriff der Gläubiger geschützt. Nach Rentenbeginn können aber die monatlichen Auszahlungen gepfändet werden, wenn mit einer oder mehreren Renten die Pfändungsfreigrenze von aktuell etwa 1340 Euro monatlich überschritten wird.

Was müssen Selbstständige einplanen, die für ihre Absicherung im Alter nicht auf Renten setzen, sondern beispielsweise in Wertpapiere oder Immobilien investiert haben?

Aktien, Sparkonten, Häuser oder auch Kunstgegenstände fallen im Regelfall in die Insolvenzmasse. Genau deshalb ist es durchaus sinnvoll, bei der Altersvorsorge nicht nur auf solche Anlagen zu setzen, sondern einen Teil in die klassische Vorsorge in Form einer Rente zu stecken, um im Insolvenzfall zumindest eine gewisse Absicherung für den Ruhestand zu behalten.

Vorsorge-Baustein: Gesetzliche Rente

Zahlungen an die gesetzliche Rentenkasse kommen für viele Selbstständige infrage – um bisher erworbene Leistungsansprüche zu erhöhen oder sich überhaupt eine Rente zu sichern.

Noch vor zehn Jahren hätten vermutlich viele Selbstständige verwundert den Kopf geschüttelt: Freiwillig Beiträge an die gesetzliche Rentenversicherung zahlen, obwohl ihnen private Versicherer und Banken ein breites Produktangebot für die Altersvorsorge bieten?

Tatsächlich ist die gesetzliche Rentenversicherung für viele Selbstständige ein wichtiger Baustein für die Altersvorsorge. Das gilt nicht nur, wenn sie per Gesetz verpflichtet sind, weiterhin Rentenbeiträge zu zahlen (siehe „Vorsorgepflicht prüfen", S. 45), sondern auch für freiwillige Vorsorgeaktivitäten. Im folgenden Abschnitt fassen wir zusammen, was Ihnen künftige Zahlungen an die Rentenkasse bringen können. Hier stellen wir zum einen den Spielraum für Pflichtversicherte vor, zum anderen den für alle anderen Selbstständigen.

Für Pflichtversicherte: Ab 50 mehr einzahlen, als Sie müssen

Sie arbeiten selbstständig ohne Angestellten in der Krankenpflege oder führen Ihre eigene Hebammenpraxis? Dann sind Sie per Gesetz versicherungspflichtig in der gesetzlichen Rentenversicherung und zahlen jeden Monat Pflichtbeiträge. Diese Beiträge können Sie nicht umgehen, aber Sie haben

Vorsorge-Steckbrief

Zahlungen an die gesetzliche Rentenversicherung eignen sich für Selbstständige als Basisvorsorge, um eine höhere oder überhaupt erst eine verlässliche lebenslange Einnahme im Ruhestand zu erhalten.

Vorteile: Sichere Investition, die im Alter wenig Mühe macht, Steuervorteil in der Einzahlphase, keine Kapitalmarktrisiken. Die Rente wird an die Entwicklung der Löhne angepasst, daher besteht ein gewisser Inflationsschutz. Die gesetzliche Rentenversicherung bietet mehr als „nur" Altersrente, etwa Schutz für den Fall einer Erwerbsminderung.

Nachteile: Kein Zugriff vor Beginn des Ruhestands, Rendite hängt stark davon ab, wie lange Sie leben, und ist schwer einzuschätzen.

Die Besten im Test gibt es nicht. Auf Seite 166 zeigen wir, wie viel Altersrente Ihre Beiträge bringen. Für weitere Beträge können Sie den Rentenanspruch mit dem kostenlosen Finanztest-Rechner ermitteln. Sie finden ihn auf test.de, Suche nach „freiwillige Rentenbeiträge".

immerhin ein gewisses Maß an Flexibilität, weil Sie entscheiden können, ob Sie den Regelbeitrag von knapp 612 Euro im Monat zahlen wollen oder einen einkommensgerechten Beitrag (siehe „Versicherungpflicht in der Rentenversicherung", S. 50). Später ergibt sich dann auf der Basis dieser Beitragszahlungen die Höhe Ihrer Rente.

Ab dem Alter von 50 Jahren haben Sie über diese Pflichtbeiträge hinaus die Möglichkeit, freiwillige Sonderzahlungen an die Rentenkasse zu leisten. Um das Prinzip dieser Sonderzahlungen zu erklären, ist ein kleiner Umweg nötig.

Erlaubt sind diese Zahlungen, um Abschläge für einen vorzeitigen Rentenbeginn auszugleichen. Hintergrund: Wenn Sie vorzeitig, zum Beispiel bereits mit dem 63. Geburtstag, Ihre Rente beziehen wollen, müssen Sie Abschläge von Ihrer Altersrente einplanen. Für jeden Monat des vorzeitigen Rentenbeginns werden Ihnen 0,3 Prozent von bis dato erworbenen Rentenansprüchen abgezogen – bis zu 14,4 Prozent.

Diese Abschläge dürfen Sie ab einem Alter von 50 mit Sonderzahlungen an die Rentenkasse ausgleichen.

Im ersten Schritt beantragen Sie, dass die Rentenkasse für Sie ermittelt, welche Ausgleichszahlungen möglich und nötig sind, um die kompletten Abschläge zu vermeiden. Danach entscheiden Sie, ob und wie viel Sie davon aus freien Stücken einzahlen wollen, um sich später eine höhere Rente zu sichern.

Der Clou bei der ganzen Sache ist übrigens, dass Sie trotz dieser Sonderzahlungen immer noch frei entscheiden können, wann Sie tatsächlich in Rente gehen: Sie können sich vorzeitig mit 63 in in den Ruhestand verabschieden, aber Sie können auch entscheiden, beispielsweise bis zum Erreichen der vom Gesetzgeber vorgesehenen Altersgrenze weiterzuarbeiten. Dann wird das extra eingezahlte Geld gar nicht benötigt, um die Abschläge auszugleichen, sondern Ihre Sonderzahlungen sorgen letztlich dafür, dass Sie ab Erreichen des Rentenalters monatlich mehr Geld bekommen.

Ohne Vorsorgepflicht mehr Freiraum

Gehören Sie nicht zu den Selbstständigen, die verpflichtet sind, Rentenbeiträge zu zahlen, können Sie trotzdem freiwillig etwas für die Rente tun. Sie haben folgende Möglichkeiten:

- ▸ Sie können von sich aus einen **Antrag auf Pflichtversicherung** stellen.
- ▸ Sie können sich für die **freiwillige Versicherung** entscheiden und freiwillige Beiträge einzahlen.

Wenn Sie auf Antrag in die Pflichtversicherung gehen, müssen Sie jeden Monat Beiträge zahlen – entweder den Regelbeitrag oder einen einkommensabhängigen Beitrag. Die Beitragspflicht sollten Sie im Hinterkopf haben, denn es ist nicht möglich, zum Beispiel vorübergehend Beitragszahlungen ausfallen zu lassen.

Die Pflichtversicherung auf Antrag gilt, solange Sie Ihre selbstständige Tätigkeit ausüben. Ob sie für Sie infrage kommt, hängt von Ihrer persönlichen Situation ab: Der Antrag auf Pflichtversicherung ist zum Beispiel sinnvoll, um Ihren Schutz für den Fall von Erwerbsminderung aufrechtzuerhalten (siehe „Unter der Lupe: Der Erwerbsminderungsschutz", S. 39). Aber Achtung: Lassen Sie sich vor dem Antrag auf jeden Fall von Fachleuten beraten, welche Vorteile Ihnen die Pflichtversicherung tatsächlich bringt. Beachten Sie zudem die Antragsfrist: Sie können den Antrag nur innerhalb von fünf Jahren nach Aufnahme Ihrer selbstständigen Tätigkeit stellen.

Mit freiwilligen Beiträgen weiter punkten

Alternativ können Sie freiwillige Beiträge an die Rentenversicherung zahlen. Mit dieser freiwilligen Versicherung profitieren Sie auf Dauer nicht mehr von allen, aber zumindest von einem Teil der Leistungen der gesetzlichen Rentenversicherung, und Sie sind finanziell flexibler.

Bei den Leistungen gilt unter anderem: Freiwillige Beiträge zählen voll mit, wenn im Ruhestand die Höhe Ihrer eigenen Altersrente ermittelt wird. Sie selbst sichern sich also mit Ihren Zahlungen eine höhere sichere Einnahme im Ruhestand. Sollten Sie sterben, können auch Ihr Ehe- oder Lebenspartner und Ihre Kinder eine höhere Hinterbliebenenrente erhalten. Außerdem werden die

Versicherungszeiten, in denen Sie freiwillige Beiträge zahlen, angerechnet, wenn der Versicherungsträger prüft, ob Sie die Voraussetzungen erfüllen, um vorzeitig mit 63 in Rente gehen zu können.

Freiwillige Beiträge reichen dagegen im Regelfall nicht aus, um auf Dauer den Anspruch auf eine Erwerbsminderungsrente aufrechtzuerhalten. Auch für andere Vorteile, etwa bei den Kinderberücksichtigungszeiten, reichen die freiwilligen Beiträge nicht aus.

Dafür haben Sie bei den freiwilligen Beiträgen deutlich mehr Spielraum, was den Zahlungszeitraum und die Höhe der Zahlungen angeht: Sie müssen nicht während Ihrer gesamten Berufslaufbahn einzahlen, sondern können sich zum Beispiel für verschiedene Phasen unterschiedlich entscheiden. Bei der Beitragshöhe können Sie 2022 zwischen Beträgen von 83,70 und 1311,30 Euro pro Monat wählen und die Beiträge auch variieren.

Das bringen die Beitragszahlungen

Ungefähr in der Mitte zwischen dem Höchst- und dem Mindestbeitrag liegt der sogenannte Regelbeitrag, den viele pflichtversicherte Selbstständige zahlen. Er liegt im Jahr 2022 bei 611,94 Euro im Monat – 7343,28 Euro im Jahr. Seine Höhe passt der Gesetzgeber jedes Jahr an. Wenn Sie genau diesen Beitrag an die Rentenkasse zahlen, erwerben Sie im Laufe eines Beitragsjahres etwa einen Entgeltpunkt für Ihr Renten-

konto. Die so gesammelten Punkte werden bei Rentenbeginn mithilfe des „aktuellen Rentenwerts" in Geld umgerechnet (siehe „Unter der Lupe: Die Altersrente", S. 34).

Entscheiden Sie sich dafür, bringen Ihnen diese zwölf Monate Regelbeitrag im Jahr 2022 für den Ruhestand nach derzeit geltenden Werten 36,56 Euro mehr Altersrente. Zahlen Sie 2022 den freiwilligen Höchstbeitrag von 15 735,60 Euro an die Rentenkasse (12 x 1 311,30 Euro), bringt Ihnen das im Alter 78,33 Euro mehr Rente. Wählen Sie dagegen den Mindestbeitrag, erhöht sich Ihr Rentenanspruch nur um etwa 5 Euro (siehe Tabelle „So steigt Ihre Rente", S. 166).

→ 2022 attraktives Beitragsjahr

Ihre Zahlungen an die Rentenkasse lohnen sich 2022 sogar noch etwas mehr als in anderen Jahren. Vereinfacht gesagt ist ein Grund dafür, dass infolge der Corona-Pandemie das „Durchschnittseinkommen" niedriger angesetzt wurde. Dadurch reichen im Vergleich zum Vorjahr niedrigere Einzahlungen aus, um einen Entgeltpunkt für das eigene Rentenkonto zu erwerben. Freiwillige Beiträge für 2022 dürfen Sie bis Ende März 2023 nachzahlen. Nutzen Sie das Beratungsangebot der gesetzlichen Rentenversicherung bei Fragen zu den Zahlungen.

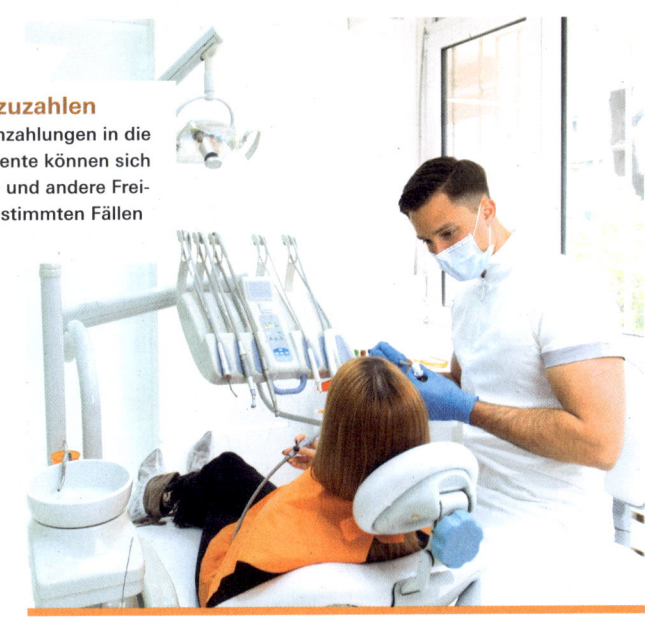

Freiwillig zuzahlen
Freiwillige Einzahlungen in die gesetzliche Rente können sich für Zahnärzte und andere Freiberufler in bestimmten Fällen lohnen.

Überhaupt erst einen Rentenanspruch sichern

Je nach Lebenslauf kann es sein, dass Ihnen die freiwilligen Rentenbeiträge überhaupt erst einen Rentenanspruch bringen. Das gilt zum Beispiel, wenn Sie vor Ihrer Selbstständigkeit nie oder nur kurz in die Rentenversicherung eingezahlt haben. Kommen Sie bisher nicht auf fünf Jahre Versicherungszeit, erhalten Sie noch keine Rente. Diese Lücke können Sie mit freiwilligen Beiträgen für den fehlenden Zeitraum schließen:

Beispiel: Zahnarzt Jan hat in der Wartezeit auf seinen Studienplatz drei Jahre als Rettungssanitäter gearbeitet. Er hat in dieser Zeit etwa 2,8 Entgeltpunkte gesammelt. Ihm fehlen noch zwei Beitragsjahre, um eine gesetzliche Rente zu bekommen. Deshalb zahlt er ab 2023 für 24 Monate jeweils den Mindestbeitrag ein. Wenn es 2023 beim derzeitigen Beitragssatz von 18,6 Prozent bleibt, wären das 96,72 Euro im Monat (18,6 Prozent von 520 Euro). Er müsste insgesamt rund 2 321 Euro aufbringen. Zusammen mit den vorhandenen Entgeltpunkten aus dem Sanitäter-Job kommt er nach derzeitigen Werten im Alter auf etwa 105 Euro Monatsrente. Er müsste diese Rente nicht einmal zwei Jahre lang beziehen, um die eingezahlten 2 321 Euro wieder herauszuholen.

Mit freiwilligen Beiträgen Sozialabgaben im Alter drücken

Darüber hinaus bietet der Anspruch auf eine Altersrente Freiberuflern wie Zahnarzt Jan, der regelmäßig in sein berufsständisches Versorgungswerk einzahlt, eventuell einen weiteren Vorteil: Wenn Sie neben Ihrer Rente aus dem Versorgungswerk eine gesetzliche Altersrente beziehen, können Sie im Ruhestand womöglich eine Menge Sozialversicherungsbeiträge sparen. Die Erklärung, die sich dahinter verbirgt, erfordert erneut einen kleinen Umweg, denn entscheidend ist, wie Sie im Alter krankenversichert sind.

Wenn Sie heute und auch zum Ende Ihres Berufslebens nicht privat krankenversichert sind, sondern in einer gesetzlichen Krankenkasse, bleiben Sie es im Ruhestand. Entweder sind sie pflichtversichert oder freiwillig versichert.

„Freiwillig" klingt erst einmal gut, doch bei genauem Hinsehen, zeigt sich, dass die Pflichtversicherung für viele Ruheständler günstiger ist. Rentner, die im Ruhestand freiwillig gesetzlich krankenversichert sind, müssen für mehr Einkommensarten Beiträge zur gesetzlichen Kranken- und Pflegeversicherung zahlen als pflichtversicherte Rentnerinnen und Rentner. Freiwillig Versicherte zahlen im Ruhestand zum Beispiel für Miet- und Kapitaleinkünfte sowie für Auszahlungen aus einer Rürup-Rente Beiträge – Pflichtversicherte müssen das nicht.

Und genau aufgrund dieser Regelung können die freiwilligen Beiträge, die Sie im Berufsleben an die gesetzliche Rentenversicherung zahlen, im Ruhestand so wertvoll werden. Denn wenn Sie im Ruhestand neben der Rente aus dem Versorgungswerk eine gesetzliche Rente beziehen, werden Sie automatisch pflichtversichert in der gesetzlichen Krankenversicherung der Rentner.

Haben Sie hingegen nur die Rente aus dem Versorgungswerk, kommt die Pflichtversicherung nicht infrage, sondern nur die freiwillige Versicherung in der gesetzlichen Krankenkasse.

Wenn Sie davon ausgehen, im Alter solche weiteren Einkünfte zu erzielen, lohnt es sich also umso mehr, freiwillige Rentenbeiträge zu leisten und den Anspruch auf eine Altersrente zu erwerben und damit Sozialabgaben zu sparen.

Ihr Vorteil: Sie müssen sich im Berufsleben nicht gleich entscheiden, sondern können bis wenige Jahre vor dem gewünschten Ruhestand warten. Um im Beispiel von Zahnarzt Jan zu bleiben: Will er im Alter von 67 Jahren eine gesetzliche Regelaltersrente beziehen, könnte er auch noch bis 24 Monate vor diesem Termin warten und dann mit den monatlichen Zahlungen starten.

Großes Plus dank Steuerersparnis

Entscheiden Sie sich für Beitragszahlungen an die Rentenkasse, kann das Ihre Steuerbelastung deutlich drücken. Denn Sie können Ihre Zahlungen zu einem Großteil als Sonderausgaben in der Steuererklärung geltend machen. 2022 erkennt das Finanzamt Vorsorgebeiträge bis 25 639 Euro an und berücksichtigt 94 Prozent davon – bis zu 24 101 Euro – als Sonderausgaben:

Beispiel: Maria hat sich im IT-Bereich selbstständig gemacht und arbeitet für zahlreiche Unternehmen. Sie konnte in den ersten Jahren als Selbstständige einige namhafte Kunden gewinnen und erzielt 2022 einen Jahresgewinn von 100 000 Euro. Die junge Frau ist alleinstehend und zahlt 2022 den Höchstbeitrag von 15 735,60 Euro an die Rentenkasse. Sie ist freiwillig gesetzlich krankenversichert. Durch die Rentenbeiträge muss Maria anstatt 28 098 Euro Einkommensteuer und 1325,89 Euro Solidaritätszuschlag nur 21885 Euro Einkommensteuer und 586,55 Euro Soli zahlen. Ihre Steuerersparnis liegt also insgesamt bei 6952,34 Euro. Letztlich musste sie nicht 15735,60 Euro Rentenbeitrag selbst aufbringen, sondern nur 8783,26 Euro. Rund 44 Prozent ihrer Vorsorgebeiträge hat sie sich dank der gesparten Steuern zurückgeholt.

Durch die Zahlung des Höchstbeitrags sichert sich Maria nach derzeitigem Stand übrigens etwa 78,33 Euro mehr monatliche Altersrente.

66 Durch eine Gesetzesänderung können Sie ab 2023 mit Ihren Vorsorgebeiträgen noch mehr Steuern sparen.

Der Steuervorteil ist umso größer, je höher Ihr Einkommen und damit auch Ihr Steuersatz ist. Aber auch bei niedrigerem Gewinn und niedrigeren Beiträgen ist eine enorme Steuererleichterung möglich:

Beispiel: Nehmen wir an, Maria erzielt 2022 keine 100 000 Euro Gewinn, sondern 50 000 Euro. Sie zahlt den Regelbeitrag von insgesamt 7343,28 Euro an die Rentenkasse (12 x 611,94). Dann spart sie dank ihrer Rentenbeiträge 2289 Euro Steuern. Das sind rund 31 Prozent der eingezahlten Rentenbeiträge. Ihr eigener effektiver Jahresbeitrag liegt damit nur noch bei 5054 Euro.

Durch die in 2022 geleisteten Beiträge würde sich ihr Rentenanspruch um 36,56 Euro erhöhen.

Steuerspargrenze im Blick

Die Bundesregierung plant, dass Ihre Vorsorgebeiträge schon ab 2023 – und nicht wie ursprünglich vorgesehen erst ab 2025 – voll und nicht mehr nur anteilig als Sonderausgaben zählen sollen. Somit können Sie künftig mit Ihren Rentenbeiträgen noch mehr Steuern sparen.

Selbstständige, die anders als IT-Expertin Maria noch andere Vorsorgebeiträge zahlen, etwa an ein berufsständisches Versorgungswerk, sollten im Blick behalten, dass die vom Finanzamt anerkannte Obergrenze von knapp 26 000 Euro in Summe gilt. Ist etwa ein Großteil dieses Wertes schon durch die Beiträge an das Versorgungswerk ausgeschöpft, bleibt weniger Spielraum für freiwillige Beiträge an die Rentenkasse. Das gilt übrigens auch für Beitragszahlungen in einen Rürup-Vertrag (mehr dazu ab S. 111 unter „Vorsorge-Baustein: Rürup-Rente").

Beispiel: Zahnarzt Jan macht einen Jahresgewinn von 150 000 Euro. An sein Versorgungswerk zahlt er 2022 15735,60 Euro. Zusätzlich überweist er 9903 Euro als freiwillige Beiträge an die Rentenkasse. Damit schöpft er den Förderhöchstbetrag aus. Die freiwilligen Rentenbeiträge bringen ihm eine Steuerersparnis von 4125 Euro im Jahr 2022 und nach den aktuell geltenden Werten 49,30 Euro mehr gesetzliche Altersrente.

Vorsorge-Baustein: Aktien-ETF

Wollen Sie auf lange Sicht etwas aus Ihrem Geld machen, kommen Sie an Börseninvestments kaum vorbei. Als bequeme Anlage eignen sich börsengehandelte Indexfonds (ETF).

Sie wünschen sich mehr als die sicheren Zinsen, die die Banken Ihnen derzeit beispielsweise für Tages- und Festgeld bieten? Außerdem wünschen Sie sich Flexibilität, sodass Sie etwa in Monaten mit wenig Einkommen Vorsorgezahlungen einfach mal aussetzen können oder, wenn es gut läuft, mehr anlegen als sonst?

Dann können börsengehandelte Indexfonds – „Exchange Traded Funds" oder kurz ETF – ein wichtiger Baustein für Ihre Altersvorsorge sein. Vorausgesetzt, Sie können mit dem Risiko leben, das mit Geschäften an den Börsen und auch mit dem Kauf von ETF verbunden ist. Mit Aktien sind immer Verluste möglich. Doch diese Risiken lassen sich begrenzen und abfedern. Was dafür zu beachten ist, wie Sie passende ETF für Ihre Vorsorge finden und wie Sie Ihre Anlageziele nachhaltig gestalten können, fassen wir auf den folgenden Seiten zusammen.

Fonds, Aktien und andere Wertpapiere – mit all dem haben Sie sich in der Vergangenheit kaum beschäftigt? Dann nutzen Sie die folgende Übersicht für einen Einstieg in die Börsengeschäfte. Haben Sie dagegen schon längst in ETF oder Aktien investiert, können Sie die folgenden Passagen überspringen.

Steigen Sie aber möglichst wieder ein, wenn wir ab Seite 106 vorstellen, wie Sie die passenden Fonds für Ihre Vorsorge finden.

Für Neulinge: Fonds und ETF

In einen Fonds fließt Geld von zahlreichen Anlegerinnen und Anlegern, das dann wiederum in verschiedene Geldanlagen investiert wird. Bei Aktienfonds fließen die Anlegergelder überwiegend in Aktien verschiedener Unternehmen. Investiert der Fonds das Geld hingegen in Anleihen, auch Renten genannt, handelt es sich um einen Rentenfonds. Erwirbt der Fonds sowohl Aktien als auch Anleihen, ist von einem Mischfonds die Rede. Darüber hinaus gibt es beispielsweise noch offene Immobilienfonds. Sie investieren das Geld der Anleger etwa in Bürogebäude, Hotels oder Shoppingcenter.

Vor allem mit Fonds, bei denen Kundengelder in Aktien fließen, stehen die Chancen sehr gut, auf lange Sicht eine ordentliche Rendite zu erzielen. Auf lange Sicht heißt, der Anlagehorizont sollte bei mindestens zehn, besser 15 Jahren liegen. Diese Voraussetzung ist mehr als erfüllt, wenn Sie jetzt zum Beispiel Anfang oder Mitte 30 sind und bis zum Rentenbeginn Geld anlegen wollen.

Fonds unterscheiden sich aber nicht nur anhand der Anlagen, in die das Geld der Anlegerinnen und Anleger fließt: Wichtig ist zudem die Unterscheidung in aktiv gemanagte Fonds und in Indexfonds.

Bei aktiv gemanagten Fonds wählt das Fondsmanagement aktiv die Anlagen aus, in die das Kundengeld fließt. Von den Auswahlentscheidungen des Managements hängt es also maßgeblich ab, ob der Fonds gut läuft oder nicht.

Das ist bei den Indexfonds beziehungsweise ETF anders: Sie bilden einen Index ab. Bekannte Indizes sind zum Beispiel der Dax, der die Wertentwicklung der 40 größten Aktiengesellschaften am deutschen Markt darstellt, oder der weltweite Index MSCI World, der über 1 600 Firmen aus den Industrienationen beinhaltet. Ein Fonds, der sich auf einen solchen Index bezieht, entwickelt sich wie die Aktien im Index.

Für mehr Sicherheit eine breite Streuung wählen

Als Teil Ihrer langfristigen Vorsorgestrategie eignen sich die ETF besonders gut. Sie machen Ihnen eher wenig Mühe und kosten zudem weniger jährliche Verwaltungsgebühren als ein aktiv gemanagter Fonds. Zudem liefern sie zuverlässiger gute Ergebnisse. Allerdings gilt auch für die ETF, dass sich nicht jeder gleich gut eignet, um auf lange Sicht erfolgreich zu sein. Planen Sie ein, dass es keine absolute Sicherheit gibt – es kann zu Verlusten kommen.

Vorsorge-Steckbrief

Weltweite Aktien-ETF eignen sich als Baustein für die langfristige Altersvorsorge in Kombination mit einem Sicherheitspuffer, etwa über die gesetzliche Rentenversicherung oder sichere Zinsanlagen.

Vorteile: Flexible Vorsorge, da Zahlungen in einen Sparplan wenn nötig ausgesetzt werden können und Ersparnisse jederzeit verfügbar sind, hohe Renditechancen, als Sachwerte bieten Aktien-ETF einen gewissen Inflationsschutz.

Nachteile: Verluste sind möglich, kein Pfändungsschutz.

Die Besten im Test: Unter den ETF eignen sich Fonds auf einen weltweiten Aktienindex am besten für die Altersvorsorge. Die Welt-Aktien-ETF, die mit „1. Wahl" ausgezeichnet sind, sowie die nachhaltigen Welt-ETF, die sich als Basisanlage eignen, finden Sie im Überblick auf S. 170 und 171. Die aktuellen Daten zu ETF und aktiven Fonds finden Sie unter test.de/fonds. Finanztest bewertet sie jeden Monat neu.

Am geringsten ist das Risiko, wenn Sie einen Aktienfonds wählen, der das Geld der Anleger breit über verschiedene Branchen, Regionen und Länder streut, also beispielsweise einen Fonds auf einen weltweiten Index wie den MSCI World. Deutlich größer ist das Risiko mit einem Fonds, der ausschließlich in Aktien deutscher Unternehmen oder in Unternehmen eines anderen Landes wie die USA oder Großbritannien investiert oder sich auf einzelne Branchen wie Chemie oder Automobile konzentriert. Je begrenzter die Ausrichtung eines Fonds ist, desto höher ist in der Regel das Risiko.

Trotz breiter Streuung gilt aber: Je nach Entwicklung an den Börsen sind auch mit Anteilen an einem Fonds auf einen weltweiten Index Verluste möglich. Geht es an den Börsen bergab, können die Anteile an Ihrem ETF an Wert verlieren. Das bleibt aber erst einmal ohne Folgen für Sie – solange Sie die Anteile trotzdem behalten und nicht zu Geld machen. Ungünstig wäre es, wenn Sie sie genau während eines solchen Tiefs abstoßen müssen, weil Sie kurzfristig dringend Geld benötigen. Planen Sie deshalb am besten so, dass Sie das in Fonds investierte Geld nicht zu einem festen Termin benötigen, sondern ausreichend Zeit haben, um ein eventuelles Börsentief auszusitzen.

Sie können sich weiter absichern, indem Sie nicht alles in Aktien-ETF investieren, sondern die Investition mit sicheren Geldanlagen, etwa in Tages- oder Festgeld, kombinieren und so das Risiko abfedern.

Erste Schritte für den Einstieg

Der Einstieg in das ETF-Investment ist nicht schwierig. Sie müssen nur wenige Vorbereitungen treffen: Sie benötigen ein Depot, für regelmäßige Einzahlungen benötigen Sie einen Sparplan, und vor allem benötigen Sie geeignete Fonds.

Ein Depot, in dem Sie Ihre Fonds und andere Wertpapiere verwahren, können Sie bei Ihrer Hausbank eröffnen. Allerdings bieten noch nicht alle Filialbanken ETF-Sparpläne an. Oftmals wird es deutlich günstiger sein, ein Depot bei einer Direktbank im Internet einzurichten. Die Kosten unterscheiden sich zum Teil erheblich. Es lohnt sich deshalb, vorab die Kosten verschiedener Angebote zu vergleichen: Finanztest hat bei Depotvergleichen für verschiedene Musterdepots Kostenunterschiede von mehreren Hundert Euro festgestellt.

Eine Alternative kann ein Depot bei einem Smartphone-Broker wie Finanzen.net Zero, Justtrade, Scalable Capital oder Trade Republic sein. Vor allem für jüngere Leute, die mit wenig Geld mit dem Vermögensaufbau loslegen wollen, eignen sich die Broker, bei denen Kauf und Verkauf von Wertpapieren preiswert überwiegend per Smartphone abgewickelt werden.

Wenn Sie ein Depot bei einer Filialbank eröffnen wollen, können Sie zusammen mit Ihrer Kundenbetreuerin die Unterlagen dafür ausfüllen. Bei einer Direktbank oder bei einem Smartphone-Broker laden Sie den Eröffnungsantrag von deren Internet-

seite herunter und füllen ihn aus. Als Neu-
kunde müssen Sie sich legitimieren. Das
ging früher nur mit dem sogenannten Post-
ident-Verfahren in einer Postfiliale durch
Vorlage eines Personalausweises oder Rei-
sepasses. Inzwischen ist das Videoident-
Verfahren üblich. Dabei legitimiert man
sich in einem Callcenter-Dialog über die
Kamera des Computers oder Smartphones.

Danach dauert es meist einige Tage, bis
Sie Ihr Depot nutzen können. Auch bei
Smartphone-Brokern und Direktbanken
müssen Sie warten, bis sich Ihr Anbieter bei
Ihnen meldet. Meist schickt Ihnen die Bank
in einem Extraschreiben per Post eine Pin,
mit der Sie Ihr Depot freischalten. Sie ver-
wenden dann ein Passwort, das Sie am Anfang festlegen. Dann können Sie loslegen.

▶ **Eine Übersicht** über die günstigsten Depots erhalten Sie auf Seite 167. Den jüngsten Depotkostenvergleich finden Sie unter
test.de/depotkosten.

Mit einem Sparplan fürs Alter vorsorgen

Vielleicht haben Sie nach einem größeren
Projekt eine bestimmte Summe übrig, die
Sie voraussichtlich in den nächsten Jahren
nicht benötigen und als Grundstock für Ihre
Altersvorsorge in ETF anlegen wollen. Dann
können Sie dieses Geld in einen oder mehrere ETF investieren.

Wenn Sie ETF dauerhaft als Baustein der
Altersvorsorge nutzen möchten, ist es sinnvoll, dass Sie mithilfe eines Sparplans in regelmäßigen Abständen Geld investieren.
Bei den meisten Banken können Sie mit
Sparraten von 10 oder 25 Euro monatlich
lossparen, in Einzelfällen sogar mit 1 Euro.
Finanztest empfiehlt monatliches Sparen,
doch bei vielen Anbietern können Sie auch
andere Zeitabstände wählen, zum Beispiel
dass vierteljährlich eine Sparrate fließt.

Die 10 oder 25 Euro monatlich sind ein
Anfang, aber für die Absicherung im Alter
nicht genug. Aus monatlich 25 Euro werden

nach 30 Jahren selbst bei einer Rendite von durchschnittlich 6 Prozent pro Jahr nicht einmal 25 000 Euro. Würden Sie 30 Jahre lang monatlich 100 Euro aufbringen, könnten Sie immerhin auf knapp 98 000 Euro kommen, bei Monatsraten von 200 Euro auf rund 196 000 Euro – sofern sich die Aktienmärkte in Zukunft ähnlich entwickeln wie in der Vergangenheit. Steuerliche Aspekte sind bei dieser Berechnung nicht berücksichtigt.

Für Einsteigerinnen und Einsteiger, die keine Berührungsängste mit Direktbanken oder Smartphone-Brokern haben, sind online geführte ETF-Sparpläne die beste Wahl. Einige Anbieter bieten sogar kostenlose ETF-Sparpläne. Dann fließt der Sparbetrag ohne Abzüge in den gewählten Fonds.

Bei der Auswahl von Depotbank und Sparplan orientieren Sie sich am besten an den zu erwartenden Gesamtkosten: Wie viel Prozent der von Ihnen angelegten Summe müssen Sie jährlich für Depot und Sparplan zahlen? Finanztest untersucht auch die Kosten für Sparpläne regelmäßig.

▶ **Eine Übersicht** der Ergebnisse der Finanztest-Untersuchung zu den günstigsten Sparplananbietern erhalten Sie im Hilfeteil auf den Seiten 168/169. Unter test.de/ETF-Sparplan finden Sie zusätzlich einen kostenlosen Rechner, mit dem Sie ermitteln können, was je nach Sparplan innerhalb einer bestimmten Laufzeit abhängig von der Entwicklung an den Aktienbörsen zu erreichen ist.

Den passenden Fonds finden

Die größte Herausforderung dürfte die Wahl des passenden Fonds sein. Schließlich gibt es auch bei ETF ein vielfältiges Angebot, in dem sich längst nicht jeder für die Altersvorsorge eignet. Um Ihnen die Auswahl zu erleichtern, bewertet Finanztest regelmäßig mehr als 20 000 Fonds – sowohl aktiv gemanagte Fonds als auch ETF. Die Fonds werden monatlich verglichen. Natürlich weiß niemand, wie sich ein Fonds in Zukunft entwickeln wird, aber die Bewertung gibt Ihnen einen Eindruck vom bisherigen Anlageerfolg. Eine Auswahl der besten ETF, die Finanztest als „1. Wahl" empfiehlt, haben wir im Hilfeteil auf der Seite 170 für Sie zusammengestellt. Wer es sich einfach machen möchte, kann einen dieser ETF wählen. Die so bewerteten Welt-ETF sind alle gleichwertig. Das heißt, es ist im Grunde egal, welchen davon Sie nehmen.

Wer tiefer einsteigen möchte, bekommt unter test.de/fonds Einblick in die Finanztest-Datenbank. Wenn Sie sich daran orientieren wollen, wählen Sie auch hier für die Altersvorsorge am besten einen Aktien-Welt-ETF, der die Bewertung „1. Wahl" erhalten hat, etwa auf den Index MSCI World.

ETF-Anteile können Sie über die Börse kaufen, das funktioniert bei jeder Bank. Wenn Sie allerdings keine Einmalanlage tätigen, sondern einen Sparplan abschließen wollen, stellt sich die Frage, welche ETF bei Ihrer Bank sparplanfähig sind. ETF mit dem 1.-Wahl-Prädikat sind gewissermaßen „dauerhaft gut": Sie entwickeln sich so wie der breite Markt. Anders ist es bei aktiv gemanagten Fonds. Achten Sie hier auf die Finanztestbewertung des Anlageerfolgs in Punkten. Fünf Punkte sind die Bestnote. Aktiv gemanagte Fonds können vor allem für diejenigen eine Option sein, die streng nachhaltig anlegen wollen. Denn unter den ETF gibt es bislang keinen, der die Bestnote in puncto Nachhaltigkeit erzielt hat. Mehr zu den besten nachhaltigen Fonds und zur Finanztest-Nachhaltigkeitsbewertung finden Sie auf der folgenden Seite.

Für Anleger, die Interesse an einer besonders bequemen Geldanlage haben, hat Finanztest die sogenannten Pantoffel-Portfolios entwickelt. Dabei handelt es sich um konkrete Depotvorschläge, bei denen Sie Rendite- und Sicherheitsbaustein miteinander kombinieren. Für Einsteiger und alle, die auf eine möglichst sichere Anlage setzen wollen, eignet sich der sogenannte Welt-Pantoffel. Er kombiniert einen weltweiten Aktien-ETF wahlweise mit Tages- oder Festgeld als Sicherheitsbaustein. Das Besondere an diesem Konzept: Anleger suchen sich einen zu ihnen passenden Mix aus Aktien-ETF und Zinsanlagen aus – und passen diesen regelmäßig an. Sind die Aktien gestiegen, schichten sie in Zinsanlagen um – und umgekehrt. Dieses antizyklische Umschichten ist Teil des Erfolgsrezepts.

Wünschen Sie sich ein ausgewogenes Portfolio, investieren Sie jeweils gleich viel Geld in den Aktien-ETF und in Zinsanlagen,

Unser Pantoffel-Portfolio

Aufbau. Die Pantoffel-Portfolios sind bequem und eignen sich gut für Einsteigerinnen und Einsteiger. Sie bestehen nur aus zwei Teilen: renditestarken Aktienfonds und sicheren Zinsanlagen. Der Rendite-baustein wird mit Aktien-Indexfonds (ETF) bestückt, die einen breit angelegten Börsenindex abbilden. Für den Sicherheitsbaustein kommt derzeit Tages- oder Festgeld infrage.

Mischung. Je nach Risikobereitschaft und Alter können Sie die Portfolio-Teile unterschiedlich gewichten. Finanztest unterscheidet die folgenden drei Pantoffel-Varianten:

 Defensive Variante für Vorsichtige: 25 Prozent Aktien-ETF und 75 Prozent Zinsanlagen

 Ausgewogene Variante, für die meisten geeignet: je 50 Prozent Aktien-ETF und Zinsanlagen

 Offensive Variante für Risikobereite und junge Leute, die fürs Alter sparen: 75 Prozent Aktien-ETF und 25 Prozent Zinsanlagen

wie beispielsweise Tagesgeldkonten. Können und wollen Sie sich ein höheres Risiko leisten, wäre eine Aufteilung in 75 Prozent Aktien-ETF und 25 Prozent Zinsanlagen denkbar. Ist Ihnen das Risiko zu groß, könnten Sie auch eine sichere Variante mit 25 Prozent ETF und 75 Prozent Zinsanlage wählen.

Ausführliche Informationen dazu haben wir unter test.de/pantoffelmethode für Sie zusammengestellt.

Erfolgreich und nachhaltig anlegen

Sie können sich vorstellen, in Fonds zu investieren, scheuen aber davor zurück, zum Beispiel weil Sie nicht jedes Unternehmen unterstützen wollen – sei es im Hinblick auf fehlenden Klima- und Umweltschutz, Waffenproduktion oder den Einsatz von Kinderarbeit? Wenn Sie solchen Firmen bei Ihrem Investment aus dem Weg gehen wollen, finden Sie aktuell am Markt zahlreiche Fonds, die auf ökologischen, sozialen und ethischen Kriterien basieren. Die Auswahl ist zwar deutlich geringer als bei herkömmlichen Fonds, doch die Untersuchungen

von Finanztest zeigen, dass es mittlerweile zahlreiche aktiv gemanagte Fonds und inzwischen auch immer mehr nachhaltige ETF gibt, mit denen Sie ein nachhaltiges Depot und auch das Pantoffel-Portfolio bestücken können.

Und eine weitere gute Nachricht: Wenn Sie auf Nachhaltigkeit setzen, heißt das nicht automatisch, dass Sie mit schlechteren Renditen rechnen müssen als bei anderen Fonds. Die Fondsspezialisten von Finanztest haben den herkömmlichen Weltaktienindex MSCI World mit seinem nachhaltig orientierten Pendant MSCI World SRI verglichen. Die Abkürzung SRI steht für Socially Responsible Investing, also eine sozialverträgliche, verantwortungsvolle Kapitalanlage. Dieser Vergleich hat gezeigt, dass der Nachhaltigkeitsindex in den letzten Jahren sogar ein klein wenig besser lief als der „klassische" MSCI World.

Um Ihnen die Fondsauswahl zu erleichtern und die Möglichkeit zu bieten, einen Fonds zu finden, der Ihren Ansprüchen hinsichtlich Nachhaltigkeit gerecht wird, hat

Haben Sie schon Erfahrungen mit Fonds und wollen Sie in spezielle Regionen oder Branchen investieren, finden Sie unter den Pantoffel-Portfolios weitere Depotvorschläge um den Rendite- und Sicherheitsbaustein zu ergänzen, etwa mit Schwellenländerfonds. Detaillierte Informationen finden Sie zum Beispiel unter test.de/pantoffelmethode sowie im Ratgeber „Die Finanztest-Strategie", erhältlich unter test.de/shop.

Perspektive: Zukunft
Fonds ja, aber bitte nicht jeden: Es gibt immer mehr Angebote, mit denen Sie nachhaltig und erfolgreich vorsorgen können.

Finanztest in die Fondsbewertungen den Aspekt Nachhaltigkeit mit aufgenommen.

Diese Bewertung basiert zur Hälfte auf der Frage, welche Ausschlusskriterien der Fonds hat: ob beispielsweise der Betrieb von Kohlekraftwerken, von Atomkraftwerken oder von genetisch veränderten Organismen in der Landwirtschaft ausgeschlossen ist. Weitere Faktoren fließen in die Bewertung ein, etwa welche Auswahlstrategien der Fondsanbieter verfolgt, wie streng er bei der Auswahl der Aktien vorgeht oder ob er einen Nachhaltigkeitsbeirat mit unabhängigen Experten einsetzt.

Eine Übersicht zu den besten ETF, die aktuell auch in puncto Nachhaltigkeit am besten abschneiden, zeigt die Tabelle auf S. 171. Wenn Sie auf die Fonds-Datenbank von Finanztest zurückgreifen, finden Sie in der Gesamtbewertung der Fonds Hinweise dazu, wie nachhaltig der entsprechende Fonds ist (test.de/nachhaltige-fonds-bewertung). Dort können Sie auch nachschauen, ob ein Fonds bestimmte Kriterien — wie etwa den Ausschluss von Atomkraft – erfüllt.

→ Nachhaltiger Pantoffel

Um Ihr Pantoffel-Portfolio vollkommen nachhaltig zu bestücken, können Sie sich beim Sicherheitsbaustein für ein Tages- oder Festgeldkonto bei einer nachhaltigen Bank entscheiden. Finanztest vergleicht laufend auch ethisch-ökologische Zinsangebote und zeigt, nach welchen Prinzipien nachhaltige Banken handeln. Eine Übersicht zu den Angeboten dieser Banken finden Sie unter test.de/nachhaltige-zinsen.

Große Flexibilität

Wenn Sie sich für Fonds oder ETF als Baustein Ihrer Altersvorsorge entscheiden, haben Sie den großen Vorteil, flexibel reagieren zu können. Sollte es vorübergehend bei Ihnen finanziell eng werden, zum Beispiel weil ein Großauftrag weggebrochen ist, können Sie die Raten für Ihren Sparplan für einen bestimmten Zeitraum aussetzen oder absenken.

Sie sind sogar so flexibel, dass Sie zur Not täglich Ihre Anteile verkaufen und über Ihr Geld verfügen könnten. Sinnvoll ist allerdings, das Geld, das der Absicherung im Alter dient, auch wirklich bis zum Ruhestand oder bis kurz davor in Ruhe zu lassen. Es wäre ungünstig, wenn Sie Ihre Fondsanteile nur deshalb verkaufen müssten, weil Sie beispielsweise die Kosten für einen Wasserschaden im Laden sonst nicht stemmen könnten. Besser ist, wenn Sie in so einer Situation zunächst auf ein kurzfristig verfügbares Notfallpolster zurückgreifen können, etwa auf einem Tagesgeldkonto. Ist dieser Sicherheitspuffer zum Beispiel infolge der Pandemie geschrumpft oder komplett aufgebraucht, wäre das erste Sparziel, dieses Polster wieder aufzubauen, um das in Fonds ruhende Vermögen nicht gleich antasten zu müssen, wenn es finanzielle Probleme gibt.

Kein Insolvenzschutz

Wenn es beruflich nicht gut läuft, Ihre Selbstständigkeit sogar vor dem Aus steht, hat das ETF- oder Fonds-Investment allerdings gegenüber anderen Vorsorgebausteinen wie der gesetzlichen Rente oder auch einem Rürup-Vertrag einen Nachteil: Ihre Ersparnisse sind im Fall einer Insolvenz im Regelfall nicht vor dem Zugriff der Gläubiger geschützt. Auch deshalb empfiehlt Schuldnerberater Michael Weinhold, bei der Vorsorge nicht nur auf solche Anlagen zu setzen, sondern einen Teil in die klassische Vorsorge in Form einer Rente zu stecken, um im Insolvenzfall zumindest eine gewisse finanzielle Absicherung zu behalten (siehe Interview S. 94).

Im Alter das Geld verbrauchen

In eine solche Schieflage werden Sie hoffentlich nicht kommen. Wenn Sie die nötigen Mittel haben, um regelmäßig Geld in einen Fondssparplan zu investieren, können Sie auf diesem Weg bis zum Ruhestand ein ansehnliches Vermögen erwirtschaften (siehe auch Tabelle „So viel wird aus monatlich 250 Euro", S. 13). Dieses können Sie dann schrittweise verbrauchen – Sie entnehmen also regelmäßig eine bestimmte Summe, quasi als besondere Form der Zusatzrente.

Auch das funktioniert mit der Pantoffel-Methode – Finanztest nennt dieses Entnahme-Konzept deshalb „Pantoffel-Rente". Dabei kombinieren Sie weiterhin einen ETF auf einen weltweiten Index wie den MSCI World mit sicherem Tagesgeld. Wie das aussehen kann, stellen wir zum Ende dieses Ratgebers im „Ausblick für alle: Wenn der Ruhestand näher rückt", S. 160, vor.

Vorsorge-Baustein: Rürup-Rente

Steuervorteil in der Ansparphase, regelmäßige Einnahme im Alter. Diese Vorteile hat die Rürup-Rente, aber sie eignet sich längst nicht für alle Selbstständigen gleich gut.

Die Basis-Rente oder Rürup-Rente, benannt nach dem deutschen Wirtschafts- und Sozialexperten Bert Rürup, wurde 2005 in erster Linie als Vorsorge-Möglichkeit für Selbstständige eingeführt. Sie erhielten damit die Chance, mit staatlicher Unterstützung größere Summen für den Ruhestand anzulegen, weil sie die anderen beiden Formen der staatlich geförderten Altersvorsorge, die Riester- und die Betriebsrente, oft nicht in Anspruch nehmen können. Das ursprüngliche Ziel, insbesondere für Selbstständige eine Rentenlücke zu schließen, bedeutet jedoch nicht, dass auch nur sie in den Genuss der Förderung kommen können. Auch Beamte und Angestellte können sie nutzen.

Rürup-Verträge gibt es als Versicherung und als Fondssparplan, wobei die Versicherungsverträge deutlich in der Überzahl sind. Die Versicherer bieten Rürup-Verträge als klassische Rentenversicherung, als fondsgebundene Rentenversicherung und als Mischprodukte an, bei denen ein Teil der Beiträge in sichere Anlagen und ein Teil in Fonds fließt.

Die Auswahl an Rürup-Fondssparplänen ist gering. Anfang 2022 gab es nur drei Anbieter. Bei zwei von ihnen war vorgegeben, in welche Fonds das Geld der Anleger fließt, bei einem Anbieter haben Sparer die Möglichkeit, in frei wählbare ETF, also Indexfonds, zu investieren.

So funktioniert die Rürup-Rente

Für alle Varianten der Rürup-Rente gilt, dass Sie mit Ihren Beiträgen Steuern sparen können. Sie dürfen die Beiträge bis zu einer sich jährlich ändernden Grenze in der Steuererklärung abrechnen. Einen Großteil davon wird das Finanzamt dann als Sonderausgaben berücksichtigen. Dadurch fällt Ihr zu versteuerndes Einkommen niedriger aus, und Sie müssen weniger Steuern zahlen.

In konkreten Zahlen bedeutet das: Sie dürfen 2022 bis zu 25 639 Euro an Vorsorgebeiträgen steuerlich geltend machen, 94 Prozent davon – maximal 24 101 Euro – berücksichtigt das Finanzamt als Sonderausgaben. Für Ehepaare, die zusammen zur Steuer veranlagt werden, sind die Werte doppelt so hoch.

Vorsorge-Steckbrief

Die Rürup-Rentenversicherung eignet sich als Basis-Vorsorge für Selbstständige mit einem eher hohen Einkommen und entsprechend hohem Steuersatz. Sicherheitsbewusste wählen einen klassischen Vertrag. Kennen Sie sich mit Fonds aus, kann eine fondsgebundene Versicherung infrage kommen.

Vorteile: enormer Steuervorteil in der Ansparphase möglich, Versicherung bietet sichere regelmäßige Einnahme im Ruhestand.

Nachteile: unflexible Vorsorge, Auflösung des Vertrags nicht möglich.

Die Besten im Test: Als Finanztest im Herbst 2021 die Angebote für klassische Rürup-Rentenversicherungen untersucht hat, schnitt das Angebot der HanseMerkur mit „gut" und damit am besten ab. Unter den fondsgebundenen Rürup-Rentenversicherungen schnitt die Europa mit „gut" am besten ab. Alle Ergebnisse finden Sie unter test.de/ruerup. Mehr zu Fonds-Angeboten lesen Sie, wenn Sie auf test.de nach „Rürup-Fondssparplan mit ETF" suchen.

Attraktiv für Gutverdiener

Wenn Sie gar keine Beiträge an die gesetzliche Rentenversicherung oder an ein berufsständisches Versorgungswerk zahlen, könnten Sie bis zu der genannten Höchstgrenze Rürup-Beiträge steuerlich geltend machen. Zahlen Sie hingegen andere Vorsorgebeiträge, etwa an die Rentenkasse, können Sie insgesamt bis zu 25 639 Euro an Beiträgen beim Finanzamt abrechnen.

Beispiel: Michèle führt ein kleines Restaurant und zahlt im Laufe des Jahres 12 000 Euro Rürup-Beiträge. Davon berücksichtigt das Finanzamt in der Steuererklärung für das Jahr 2022 11 280 Euro (94 Prozent von 12 000) als Sonderausgaben. Bei einem persönlichen Grenzsteuersatz von 35 Prozent bringen die Vorsorgebeiträge Michèle damit eine Steuerersparnis von 3 948 Euro. Letztlich musste sie also nicht 12 000 Euro für ihre Vorsorge aufbringen, sondern dank der genannten Steuerersparnis nur 8 052 Euro (12 000 – 3 948 Euro).

Der Steuervorteil fällt also umso größer aus, je höher das eigene Einkommen und damit der eigene Steuersatz sind. Das kann gerade für Gutverdiener die Rendite eines Rürup-Vertrags ordentlich aufpeppen.

Wenn Sie insgesamt einen niedrigen Steuersatz haben, sparen Sie mithilfe der Rürup-Beiträge weniger Steuern. Nehmen wir das Beispiel von Gastronomin Michèle: Hätte sie weniger Einkommen erzielt, zum Beispiel 25 000 Euro im Jahr und damit einen Grenzsteuersatz von rund 28 Prozent, läge ihre Steuerersparnis nicht bei 3948 Euro, sondern nur bei etwa 3160 Euro im Jahr 2022.

Ab 2023 sollen übrigens auch die Rürup-Beiträge nicht mehr nur zum Großteil, sondern zu 100 Prozent als Sonderausgaben beim Finanzamt zählen. Dadurch wird der Steuervorteil eines Rürup-Vertrags wie auch der Vorteil für Zahlungen an die gesetzliche Rentenversicherung noch etwas attraktiver. Eigentlich war der Sonderausgabenabzug zu 100 Prozent erst für 2025 vorgesehen, wird aber vorgezogen.

Im Alter steuerpflichtig

Den Steuervorteil während der Ansparphase müssen Rürup-Rentner im Alter bezahlen, denn die Rente, die dann auf ihr Konto fließt, ist steuerpflichtig – entweder komplett oder zumindest zu einem Großteil.

Hier gelten genau die Bedingungen, die auch für die gesetzliche Rente gelten: Bisher ist es so, dass der steuerpflichtige Anteil der Rente bis zum Jahr 2040 für jeden neuen Rentnerjahrgang jeweils um 1 Prozent im Jahr steigt. Demnach sind beispielsweise für Neurentner im Jahr 2022 82 Prozent der Rürup- oder der gesetzlichen Rente steuerpflichtig, für Neurentner 2023 wären es schon 83 Prozent.

Für die Zukunft ist jedoch geplant, dass der steuerpflichtige Anteil jeweils nur um 0,5 Prozent pro Jahr steigt. Das führt dazu, dass die Renten erst viele Jahre später komplett steuerpflichtig sind.

Vor- und Nachteile von Rürup

Der mögliche große Steuervorteil in der Ansparphase ist der entscheidende Pluspunkt der Rürup-Rente. Im Vergleich zum Riester-Vertrag bietet Rürup zudem den Vorteil, dass größere Summen gefördert eingezahlt werden können und die Sparerinnen und Sparer eine größere Wahlfreiheit haben. So können Rürup-Sparer auf eine Garantie verzichten und zum Beispiel nur mit Aktienfonds für das Alter sparen. Dieser Verzicht auf die Garantie ist bei Riester nicht möglich.

Ein weiterer Vorteil, der vor allem für Selbstständige relevant ist: Bekommen Sie finanzielle Probleme und müssen in einer Krise Arbeitslosengeld 2 beantragen, wird der Rürup-Vertrag nicht als Vermögen angerechnet. Geld in einem Wertpapierdepot müssten Sie meist erst aufbrauchen, bevor Zahlungen fließen.

Für das Geld, das in einem Rürup-Vertrag für die Altersvorsorge steckt, gilt zudem ein Insolvenzschutz. Das bedeutet, dass dieses Geld, das fest für das Alter geblockt ist, Ihnen bliebe und die Gläubiger keinen Zugriff darauf hätten. Im Fall der Insolvenz ist das eine wichtige Sicherheit, aber im Alltag kann das auch zum Nachteil werden. Denn ein großer Minuspunkt bei Rürup-Verträgen ist die fehlende Flexibilität. Sparer und Sparerinnen kommen während der Ansparphase nicht mehr an ihr Geld, auch dann nicht, wenn sie es dringend bräuchten. Auflösen lässt sich der Vertrag nicht.

Gut lachen?
Je höher Ihr Einkommen und persönlicher Steuersatz sind, desto attraktiver ist ein Rürup-Vertrag für Sie.

Deshalb ist es hilfreich und wichtig, wenn Sie vor Abschluss eines Rürup-Vertrags ziemlich sicher wissen, welche Beiträge Sie dauerhaft aufbringen können und dass Sie die vereinbarten Raten auch durchhalten können. Denn die Kosten, die mit dem Abschluss des Vertrags verbunden sind, beziehen sich auf die geplanten Raten bis zum Rentenbeginn. Müssen die Raten heruntergesetzt werden, wird der Vertrag schnell zu einem schlechten Geschäft.

Ein Rentenbeginn ist frühestens ab 62 Jahren möglich, bei vor 2012 abgeschlossenen Verträgen schon mit 60 Jahren. Im Rentenalter erhalten Sie Ihr angespartes Vermögen ausschließlich als monatliche Rente. Anders als etwa bei Riester ist es nicht möglich, einen Teil der Ersparnisse auf einen Schlag auszahlen zu lassen. Im Vergleich zur Riester-Rente hat die Rürup-Vorsorge zudem den Nachteil, dass es keine Beitragsgarantie gibt. Das bedeutet, dass Sie mit einem Rürup-Vertrag auch Verlust machen

können. Wollen Sie Ihre Angehörigen über den Rürup-Vertrag mit absichern für den Fall, dass Sie sterben, können Sie diese Hinterbliebenenabsicherung nur als Extraleistung im Vertrag mit abschließen – mit Extra-Kosten. Der Rürup-Vertrag an sich ist nicht vererbbar und auf eine andere Person übertragbar.

Klassische Rürup-Rentenversicherung: Darauf kommt es an
Die allermeisten Rürup-Verträge sind Rentenversicherungen. Unter den Rürup-Verträgen bietet Ihnen ein klassisches Produkt, bei dem der Versicherer Ihnen eine bestimmte Rente garantiert, die größte Planungssicherheit. Ihre Beiträge fließen dann überwiegend in sichere Geldanlagen. Das Problem dabei: Die Rentenzusagen der Versicherer sinken seit Jahren. Die garantierte Verzinsung liegt im Jahr 2022 per Gesetz gerade noch bei 0,25 Prozent. 2021 waren es noch 0,9 Prozent. Zum Vergleich: Als die

Rürup-Rente 2005 eingeführt wurde, lag der Garantiezins noch bei 2,75 Prozent. Seither ist er stetig gesunken. Dieser niedrige Zinssatz – höhere Garantien dürften Ihnen die Versicherer gar nicht bieten – sorgt dafür, dass es sehr lange dauern wird, bis Sie Ihre eingezahlten Beiträge als Rente wieder herausgeholt haben.

66 Holen Sie sich vor Vertragsabschluss mehrere Angebote ein und vergleichen Sie diese anhand der garantierten Renten.

Die Renten können über den garantierten Wert hinausgehen, denn die Versicherer müssen ihre Kunden an den Überschüssen beteiligen, die sie am Kapitalmarkt erzielen. Diese Überschüsse sind allerdings nicht garantiert.

Als Finanztest die Angebote für klassische Rürup-Rentenversicherung im Herbst 2021 zuletzt untersucht hat, zeigte sich, dass es Versicherer gibt, die gut mit den Beiträgen ihrer Kunden wirtschaften und die deshalb einiges auf deren garantierte Renten draufpacken konnten. Der Anlageerfolg floss mit in die Gesamtbewertung der untersuchten Tarife ein, und hier schnitten die Versicherer zwischen „sehr gut" und „mangelhaft" ab.

An der Spitze lag die HanseMerkur, die als Einzige die Gesamtnote „Gut" erhielt. Doch es bleibt die Einschränkung: Ob ein Versicherer dauerhaft gut für Kunden anlegt und Überschüsse an sie weitergeben kann, ist ungewiss.

Neben dem Anlageerfolg gibt es weitere Kriterien, die die Qualität einer Rürup-Rentenversicherung ausmachen, etwa die Flexibilität. Insgesamt ist die Rürup-Rentenversicherung ein sehr unflexibles Produkt, weil es beispielsweise nicht möglich ist, einen Vertrag aufzulösen, wenn es finanziell eng wird. Umso wichtiger ist es dann, wenn der Versicherer dennoch zumindest einen gewissen Gestaltungsraum bietet. Können Sie Ihre Beiträge aufgrund schwankender Einnahmen nicht regelmäßig zahlen, haben Sie bei einigen Anbietern die Möglichkeit, dass Ihnen die Beitragszahlungen zinslos gestundet werden. Das verschafft Ihnen etwas Luft, wenn Sie eine berufliche Durststrecke überbrücken müssen.

Aber auch der gegenteilige Fall ist denkbar: Haben Sie sich am Markt etabliert und möchten Sie nun mehr für Ihre Rente sparen als bei Vertragsabschluss zunächst gedacht? Dann können Sie mit dem Versicherer vereinbaren, dass Sie regelmäßig oder auch ausnahmsweise mehr einzahlen. Das war bei allen Anbietern, die Finanztest im Herbst 2021 untersucht hat, möglich – allerdings zu unterschiedlich hohen Kosten. Hier lohnt es sich, wenn Sie sich vorab über die jeweiligen Möglichkeiten informieren.

Den passenden Vertrag finden

Wenn Sie trotz aller Bedenken zu dem Schluss gekommen sind, dass eine Rürup-Rente die passende Vorsorge für Sie ist, und Sie sich für die klassische Variante entschieden haben, empfiehlt es sich, mehrere Angebote einzuholen und diese anhand der garantierten Renten zu vergleichen.

Ist Ihnen die Flexibilität sehr wichtig, klären Sie zudem, welche Freiräume Sie etwa bei der Beitragsgestaltung haben und was Sie eine Veränderung der Beitragshöhe kosten würde.

Beachten Sie außerdem, dass auch andere Extra-Leistungen zusätzliche Kosten verursachen. Wenn Sie etwa eine Beitragsrückgewähr vereinbaren wollen für den Fall, dass Sie in der Ansparphase sterben, schmälert das die Altersrente etwas. Sie können mit der Rürup-Rentenversicherung zusätzlich einen Hinterbliebenen- und einen Berufsunfähigkeitsschutz vereinbaren. Darauf sollten Sie jedoch eher verzichten und stattdessen separate Versicherungen abschließen, etwa eine Risikolebensversicherung zur Absicherung Ihrer Familie für den Fall, dass Ihnen etwas zustoßen sollte.

Klären Sie vor Abschluss einer Rürup-Rentenversicherung außerdem, ob ein Anbieterwechsel in der Ansparphase möglich wäre. Nur dann können Sie, wenn Sie unzufrieden sind, den Versicherer wechseln. Allerdings sind mit einem solchen Wechsel immer Kosten verbunden, sodass Sie sich einen Wechsel gut überlegen sollten.

Eine Alternative zum Anbieterwechsel kann es in dem Fall sein, den bestehenden Vertrag beitragsfrei zu stellen. Das bedeutet, Sie zahlen nicht weiter ein. Allerdings gilt auch hier: Je nach Angebot und Vertragsbedingungen kann eine Beitragsfreistellung enorme finanzielle Folgen haben. Vor Vertragsabschluss sollten Sie sich deshalb beim Anbieter auch darüber informieren, welche Auswirkungen eine Beitragsfreistellung hätte und wie hoch Ihre Rente in so einem Fall noch wäre. Es kann vorkommen, dass das bis zur Freistellung angesparte Geld nicht für eine Rente ausreicht. Die Beiträge sind dann entweder komplett verloren, oder Sie erhalten zwar Ihr Geld zurück, müssen die Steuervorteile aber zurückzahlen.

Mit Rürup-Fondspolice mehr herausholen?

Auf den Vorteil der Planungssicherheit verzichten Sie, wenn Sie sich nicht für eine klassische Rürup-Rentenversicherung entscheiden, sondern für eine fondsgebundene Police. Die Versicherer geben Ihnen das Versprechen, Ihnen aus dem angesparten Vermögen im Alter eine Rente zu zahlen. Wie hoch diese ausfällt, legen sie aber erst zu Rentenbeginn fest. Vorher nennen sie nur Mindest-Rentenfaktoren, die angeben, wie viel Rente es für 10 000 Euro Fondsvermögen gibt.

Dennoch kann die fondsgebundene Versicherung eine Vorsorge-Alternative für Sie sein, wenn Sie sich bereits mit Fondsanlagen auskennen und Ihnen das damit verbundene Risiko bewusst ist. Dann haben Sie mit der Fondspolice die Möglichkeit, die Investition an den Aktienmärkten mit dem Rürup-Schutz zu kombinieren und dadurch bessere Renditen zu erzielen als mit dem klassischen Rürup-Vertrag.

Die jüngste Finanztest-Untersuchung im Herbst 2021 hat jedoch gezeigt, dass mit dem Abschluss einer fondsgebundenen Rürup-Rentenversicherung enorme Kosten verbunden sind: Zu viel Geld aus den Beiträgen landet beim Versicherer und nicht in den Fonds der Sparer, lautete zu dem Zeitpunkt das Urteil der Tester. Nur bei einem Anbieter, der Europa, bewerteten sie die Kostenstruktur mit „gut".

Im Vergleich zur klassischen Rürup-Rentenversicherung macht die fondsgebundene Police etwas mehr Arbeit, denn hier steuern Sie Ihre Geldanlage selbst. Für das Fondsinvestment eignen sich am ehesten ETF (Indexfonds). Wählen Sie am besten einen ETF auf den Index MSCI World, in dem rund 1 600 Aktien aus der ganzen Welt vertreten sind. Alternativ können Sie sich für aktiv gemanagte Fonds entscheiden, doch dann müssen Sie regelmäßig prüfen, ob die Fonds noch gut laufen, und sie, wenn nötig, umschichten.

Weitere Informationen und Hilfestellungen zur Auswahl der passenden Fonds finden Sie im Kapitel „Vorsorge-Baustein: Aktien-ETF" ab S. 102 sowie über die Fonds-Datenbank unter test.de/fonds.

→ Mischprodukte eher meiden

Von Seiten der Versicherer gibt es weitere Rürup-Angebote: Mischformen, bei denen ein Teil der Beiträge in sichere und ein Teil in renditestärkere Anlagen fließt. Das mag im ersten Moment attraktiv klingen – Sicherheit und Renditechancen in einem –, doch davon sollten Sie besser absehen. Mit dem Vertragsabschluss sind oft hohe Kosten verbunden, und die Produkte sind eher intransparent.

Rürup-Fondssparpläne

Bei Rürup-Fondssparplänen gibt es anders als bei der fondsgebundenen Rentenversicherung keinen Versicherungsmantel in der Ansparphase. Erst zu Rentenbeginn kommt dann ein Versicherer ins Spiel, über den Ihnen Ihre erwirtschafteten Ersparnisse als lebenslange Rente ausgezahlt werden.

Das Angebot an Rürup-Fondssparplänen ist jedoch gering, wie eine Übersicht Anfang 2022 zeigte: Damals gab es sie nur von DWS, Deka und Raisin Pension. Von diesen drei erlaubt es allein Raisin Pension, dass Sie Ihr Geld in frei wählbare ETF investieren, was Finanztest bei Fonds-Sparplänen empfiehlt. Das kann sich als Alternative zur Fonds-Police lohnen, wenn Sie Wert auf eine möglichst breite Fondsauswahl legen. Verglichen mit den besten Fondspolicen schneidet das Angebot aber bei Kosten und garantiertem Rentenfaktor etwas schlechter ab.

Vorsorge-Baustein: Immobilie

Die Entscheidung für ein Eigenheim zum Wohnen und eventuell auch zum Arbeiten kann finanzielle Gründe haben. Doch oft werden eher persönliche Wünsche den Ausschlag geben.

Für viele Familien ist es eine Idealvorstellung: ein eigenes Haus, dazu ein kleiner oder auch größerer Garten, in dem sich die Kinder austoben können, vielleicht etwas außerhalb der Großstadt, sodass das Leben weniger trubelig und laut ist.

Bis Anfang 2022 gab es für die Immobilien-Interessenten einen großen Vorteil: Die Zinsen für Kredite zur Finanzierung von Haus oder Eigentumswohnung waren niedrig, sodass sich der Traum vom Eigenheim trotz zum Teil deutlich gestiegener Immobilienpreise häufig noch verwirklichen ließ. Im Verlauf des Jahres 2022 haben nun aber auch die Zinsen deutlich angezogen, sodass die Entscheidung für den Vorsorge-Baustein Immobilie besonders gut überlegt und kalkuliert werden muss.

Neben den gestiegenen Grundstücks- und Immobilienpreisen sorgen Rohstoffknappheit und Preissteigerungen etwa für Holz und andere Baumaterialien zudem für eine erhebliche finanzielle Belastung für alle, die bauen wollen.

Andererseits: Mit einem Eigenheim haben Sie einen Wert auf Ihrer Habenseite, der Ihnen auf lange Sicht einen großen finanziellen Vorteil bringen kann. Das zeigt sich zum Beispiel beim Blick auf die Mietersparnis: Als Eigentümer sparen Sie die Miete, die Sie für eine vergleichbare Wohnung heute und in Zukunft zahlen müssten. Da die Mieten langfristig nach allen Erfahrungen steigen, ist ein wachsender Ertrag programmiert. Steigen die Mieten zum Beispiel um durchschnittlich 1,5 Prozent pro Jahr, wächst eine ersparte Monatsmiete von anfänglich 800 Euro nach 25 Jahren auf 1161 Euro. Bei einer durchschnittlichen Mietsteigerung von 3 Prozent sparen Sie nach 25 Jahren monatlich sogar 1675 Euro.

Die Mietersparnis fällt noch größer aus, wenn Sie das Eigenheim auch beruflich nutzen und sich beispielsweise die Miete für separate Büroräume sparen können.

Ein weiteres Plus für Sie: Wenn Sie Ihre Immobilie zu einem angemessenen Preis kaufen und gut in Schuss halten, können Sie häufig damit rechnen, dass der reale Wert des Eigenheims auf Dauer erhalten bleibt. Sollten Sie doch verkaufen wollen, stehen die Chancen vielerorts gut, dass Sie für die Immobilie mehr bekommen, als Sie selbst gezahlt haben.

Einen dritten Vorteil können Sie ebenfalls einplanen: Die Mietersparnis und eine mögliche Wertsteigerung erhalten Sie steuerfrei, während Sie etwa für Kapitalerträge und Renten aus Vorsorgeverträgen Steuern einplanen müssen. Auch deshalb kann sich das Projekt Eigenheim finanziell lohnen.

Der Weg zum Eigenheim

Vom Immobilienwunsch bis zum Einzug in Ihr Eigenheim kann es ein weiter Weg sein. Bevor Sie loslegen, sollten Sie zum Beispiel klären, ob wichtige persönliche Faktoren passen, etwa ob die fehlende Flexibilität zum Problem werden könnte. Können Sie zum Beispiel davon ausgehen, dass in den nächsten Jahren kein Umzug zu erwarten ist, oder könnte es passieren, dass etwa Ihre Partnerin in eine andere Stadt versetzt wird? Die Empfehlung lautet, nur zu kaufen oder zu bauen, wenn Sie wirklich davon ausgehen, mindestens in den nächsten zehn Jahren in der Immobilie zu wohnen. Denn mit dem Immobilienerwerb sind hohe Nebenkosten wie Grunderwerbsteuer und Notargebühren verbunden. Diese sind zu hoch für eine kurze Übergangslösung.

Außerdem geht es für Sie darum, das Objekt zu finden, das zu Ihren finanziellen Möglichkeiten und Wünschen passt. Die aktuellen Immobilienpreise sind eine Hürde, aber auch andere Faktoren sollten Sie in den Blick nehmen: Wie gut sind die Verkehrsanbindung und die sonstige Infrastruktur? Gibt es in vertretbarer Entfernung Kindergärten, Schulen oder Ärzte? Und: In welchem Zustand ist die Immobilie?

HÄTTEN SIE'S GEWUSST?

Teures Pflaster:
In Berlin, München und Hamburg sind im zweiten Quartal 2022 die Preise für Wohnimmobilien um mehr als 11 Prozent am deutlichsten im Vergleich zum Vorjahreszeitraum gestiegen. Es folgen Köln und Düsseldorf.

Plus 10 Prozent:
Deutschlandweit wurde im selben Zeitraum ein Preisanstieg von über 10 Prozent für Wohnimmobilien verzeichnet.

Kleinerer Anstieg:
Auch die Mieten zogen im Vergleich zum Vorjahreszeitraum an: Um 4,4 Prozent stiegen die Neuvertragsmieten im zweiten Quartal 2022.

Quelle: Verband deutscher Pfandbriefbanken

Vorsorge-Steckbrief

Die eigene Immobilie eignet sich für alle mit dem Wunsch nach eigenen vier Wänden zum Wohnen und eventuell zum Arbeiten, wenn sie ihn finanzieren können und bereit sind, sich längerfristig zu binden.

Vorteile: Persönliche Vorlieben werden umgesetzt, finanzielle Vorteile etwa aufgrund von Mietersparnis. Als Sachwert bietet eine Immobilie einen gewissen Inflationsschutz.

Nachteile: Fehlende Flexibilität und Mobilität, hoher finanzieller und organisatorischer Aufwand.

Die Besten im Test: Auf test.de/immobilienkredit finden Sie einen monatlich aktualisierten Zinsvergleich. Zudem bietet Finanztest unter test.de/thema/rechnerts-baufi/ Gratisrechner an, mit denen Sie unter anderem berechnen können, ob Mieten oder Kaufen günstiger ist.

Der nächste entscheidende Schritt ist, den Eigenheimwunsch tatsächlich zu finanzieren. Die allermeisten Immobilienkäufer und -käuferinnen, egal ob angestellt oder selbstständig, werden nicht umhinkommen, sich dafür eine Menge Geld von der Bank zu leihen. Selbstständige müssen sich eventuell darauf einstellen, dass sie ihren Kredit nicht so einfach bekommen wie Angestellte oder dass die Bank von ihnen einen etwas höheren Zinssatz verlangt. Umso wichtiger ist es, sich bei mehreren Banken Angebote einzuholen und diese zu vergleichen. Die Hypothekenzinsvergleiche von Finanztest zeigen regelmäßig Zinsunterschiede von mehreren Zehntausend Euro.

Überlegen Sie gut, wie viel Kredit Sie sich auf Dauer leisten können. Welche monatlichen Raten können Sie stemmen? Achten Sie darauf, dass die Anfangstilgung nicht zu niedrig ist. Vereinbaren Sie hier mindestens 2 oder besser noch 3 Prozent. Ist der Satz niedriger, müssen Sie zwar jeden Monat weniger Geld aufbringen, aber dafür schmilzt Ihre Restschuld zu langsam, sodass sich die Laufzeit Ihres Darlehens sehr lange hinzieht. Kalkulieren Sie am besten so, dass Sie spätestens mit Beginn des Ruhestands schuldenfrei sind. Zumindest sollten die Schulden bis dahin so weit getilgt sein, dass Sie die Kreditraten auch im Ruhestand noch problemlos zahlen können.

Grundsätzlich ist es hilfreich, wenn Sie möglichst viel Eigenkapital mitbringen, denn dann müssen Sie weniger Geld leihen und bekommen den Kredit günstiger und zahlen weniger Zinsen. Es ist empfehlenswert, wenn Sie zumindest 10, besser 20 Prozent der Baukosten oder des Kaufpreises als Eigenkapital haben und zusätzliche Nebenkosten wie Grunderwerbsteuer und Notargebühren aus vorhandenen Mitteln zahlen können. Fehlt Ihnen dieses Eigenkapital aktuell noch, sodass Sie den Kauf oder Bau doch erst einmal noch verschieben? Dann nutzen Sie die nächsten Jahre, um Eigenkapital anzusparen. Dafür eignen sich zum Beispiel sichere Anlagen wie Festgeld oder auch Bausparverträge. Je nach Anlagehorizont kommen dagegen ETF oder andere Wertpapiere aufgrund des Risikos, dass Sie das Geld vielleicht gerade in einem Börsentief für den Immobilienerwerb benötigen, eher nicht infrage.

Wohnen und Arbeiten – am besten mit Steuerrat

Wollen Sie Ihre Immobilie privat und beruflich nutzen, empfiehlt es sich unbedingt, möglichst frühzeitig Kontakt zu einem Steuerexperten oder einer Expertin aufzunehmen, um die steuerlichen Möglichkeiten auszuloten, die etwa mit Kauf, Sanierung oder Renovierung verbunden sind.

Wenn Sie diese Schritte frühzeitig planen und mit Expertenhilfe den beruflichen und den privaten Bereich möglichst deutlich voneinander trennen, können Sie eine Menge Steuern sparen.

Beispiel: Juliane ist Architektin und plant, außerhalb der Stadt ein Haus zu kaufen, in dem sie wohnen und arbeiten will. Das Haus kostet 500 000 Euro, dazu kommen die Nebenkosten wie Grunderwerbsteuer und Maklergebühren. Die Nebenkosten sowie rund 200 000 Euro stehen ihr aus eigenen Ersparnissen und einer Erbschaft zur Verfügung, 300 000 Euro sollen per Kredit finanziert werden.

Angenommen, Juliane macht sich keine großen Gedanken, kauft das Haus einfach so und zieht keine klaren Grenzen zwischen dem Privat- und dem Arbeitsbereich. Dann verschenkt sie einen enormen Steuervorteil. Denn die Ausgaben für einen Kredit, den sie für ihre berufliche Tätigkeit aufnehmen muss, kann sie als Verluste aus selbstständiger Tätigkeit beim Finanzamt geltend

---

Haben Sie oder Ihr Partner einen Riester-Vertrag, können Sie das dort angesparte Vermögen ebenfalls als Eigenkapital für Ihre Immobilie nutzen. Möglich ist etwa, das Geld aus einer Riester-Rentenversicherung zu entnehmen und als Eigenkapital oder für eine Sondertilgung Ihres Darlehens einzusetzen. Die Entnahme müssen Sie bei der Zentralen Zulagenstelle für Altersvorsorge (ZfA) beantragen. Informationen zu weiteren Fördermitteln lesen Sie auf test.de/thema/eigenheimfoerderung.

Kurze Wege

Wohnen und arbeiten Sie im Eigenheim, sparen Sie nicht nur viel Zeit für Arbeitswege, sondern meist auch eine Menge Mietkosten.

machen und so ihre Steuerlast deutlich senken. Ein Kredit für eine Privatwohnung bringt ihr dagegen keinen Steuervorteil.

Diese steuerliche Grundlage kann Juliane für sich nutzen: Es ist sinnvoll, wenn schon im Kaufvertrag der Kaufpreis getrennt benannt wird, der auf den beruflichen und der auf den privaten Teil entfällt. In ihrem Fall könnten das zum Beispiel 200 000 Euro für die Büroräume und 300 000 Euro für den Wohnbereich sein. Nun ist es für Juliane steuerlich am günstigsten, wenn sie ihr Eigenkapital in Höhe von 200 000 Euro komplett für den Wohnbereich nutzt. Dann müsste sie für diesen Teil nur noch 100 000 Euro Kredit aufnehmen. Den Kaufpreis für ihr Architekturbüro muss sie zwar ganz per Kredit finanzieren, doch die Kosten dafür kann sie voll steuerlich geltend machen.

Am besten richtet sie zwei Konten ein, von denen die Darlehen bedient werden. Auch die Auszahlungen durch die Bank sollten getrennt erfolgen, damit es gelingt, die Darlehen wirtschaftlich zuzuordnen und Arbeits- und Privatbereich sauber voneinander zu trennen.

Immobilie zum Vermieten

Ein frühzeitiger Besuch beim Steuerberater empfiehlt sich übrigens auch, wenn Sie planen, eine Immobilie zu erwerben, um diese zu vermieten. Als Vermieter können Sie diverse Steuervorteile nutzen: Sie können zum Beispiel Ausgaben für Kauf, Finanzierung und Instandhaltung als Werbungskosten geltend machen. Suchen Sie am besten bereits dann einen Steuerprofi auf, wenn die Vermietungspläne konkreter werden, um die Steuervorteile, die Ihnen zustehen, tatsächlich auch nutzen zu können.

In Zeiten von Inflation mag der Gedanke an eine vermietete Immobilie und damit einen festen Wert verlockend sein. Diese Entscheidung sollten Sie gut vorbereiten und überlegen, ob Sie etwa die organisatorischen Aufgaben als Vermieter neben Ihrer Selbstständigkeit stemmen können. Dazu gehören zum Beispiel die Suche nach einem passenden Objekt, Instandsetzung und Instandhaltung, Mietersuche, Nebenkostenabrechnungen – all das sind Aufgaben, die erst einmal bewältigt werden müssen und Zeit kosten. Ein weiterer Nachteil ist, dass eine vermietete Immobilie eher unflexibel ist: Was, wenn Sie als Selbstständige doch in finanzielle Schwierigkeiten kommen? Es drohen Verluste, wenn Sie Ihre Immobilie kurzfristig verkaufen müssen, weil Sie Geld benötigen. Stecken Sie daher nicht Ihr gesamtes Geld in ein Objekt zum Vermieten, denn damit würden Sie ein großes Klumpenrisiko eingehen.

Wenn Sie all das nicht schreckt und Sie ein passendes Objekt finden, stellen Sie auch hier sicher, dass die Finanzierung steht. Sie sollten über genügend Eigenkapital verfügen – mindestens 20 Prozent des Kaufpreises plus Nebenkosten. Die Nettomiete für Ihre Immobilie – das ist die Kaltmiete abzüglich der Betriebskosten – sollte mindestens so hoch sein, dass sie die laufenden Darlehenszinsen und die Instandhaltungs- und Verwaltungskosten deckt. Noch besser wäre es, wenn die Nettomiete auch für die Tilgung des Darlehens reicht.

Anschlussfinanzierung im Blick

Sie sind schon weiter und haben den Immobilienerwerb längst hinter sich? Auch dann empfiehlt es sich, die Finanzfragen im Blick zu behalten, zum Beispiel, wenn in absehbarer Zeit die Zinsbindung für Ihren Immobilienkredit ausläuft. Dann sollten Sie sich um die passende Anschlussfinanzierung kümmern. Einen Termin, den Sie dafür im Auge behalten sollten, ist zehn Jahre nach Auszahlung des Immobiliendarlehens. Es kann sein, dass Sie bei Vertragsabschluss sowieso nur eine Zinsbindung für eben diese zehn Jahre vereinbart haben. Oder Sie haben eine längere Bindung vereinbart, doch nach zehn Jahren haben Sie ein Kündigungsrecht, um vorzeitig in einen günstigen Anschlusskredit umzusteigen. Die Kündigungsfrist beträgt dabei sechs Monate.

Rund um diesen Zeitpunkt – gerne schon einige Jahre vorher – sollten Sie die Entwicklung an den Zinsmärkten im Auge behalten: Im Laufe der letzten Monate sind die Zinsen bereits deutlich angestiegen, und noch ist nicht absehbar, wie lange das so weitergeht. Um nach Auslaufen der Zinsbindung nicht mit einem deutlich höheren Zinssatz belastet zu werden, kann es sinnvoll sein, ein sogenanntes Forward-Darlehen abzuschließen. Damit können Sie sich schon jetzt für die Zeit nach Ablauf der ersten Zinsbindung gute Kreditkonditionen sichern.

Solche Darlehen lassen sich mit einem Vorlauf von bis zu fünf Jahren abschließen. Allerdings verlangen die Banken dafür einen Zinsaufschlag. Das ist quasi der Preis dafür, dass Sie sich gegen steigende Zinsen absichern können. Überlegen Sie je nach Entwicklung auf den Zinsmärkten, ob das für Sie infrage kommt – sind Sie bereit, den Zinsaufschlag zu zahlen, weil das auf Dauer für Sie günstiger sein könnte?

▶ **Auch bei den** Bedingungen für Forward-Darlehen ist viel in Bewegung geraten. Am besten schauen Sie online nach den aktuellsten Konditionen auf test.de.

Weitere Vorsorgeangebote im Überblick

Ob ein Tagesgeldkonto als Puffer für ETF-Investments oder ein Riester-Vertrag für junge Eltern: Es gibt für Selbstständige einige ergänzende Möglichkeiten – mit Vor- und Nachteilen.

Neben diesen vier Vorsorge-Bausteinen werden Ihnen Banken und Versicherer viele weitere Produkte für die langfristige Altersvorsorge oder auch für eine kurz- bis mittelfristige Geldanlage anbieten. In diesem Ratgeber gehen wir nur auf die wichtigsten Produkte im Bereich Versicherungen, sichere Sparprodukte und Anlageformen mit etwas mehr Risiko ein, die je nach Einzelfall als Ergänzung für Ihre persönliche Vorsorge-Strategie infrage kommen können. Wollen Sie etwas über andere Produkte erfahren – etwa über Zertifikate und Optionsscheine –, finden Sie beispielsweise im „Handbuch Geldanlage" der Stiftung Warentest detaillierte Informationen. Interessieren Sie sich für Bitcoins, finden Sie im Ratgeber „Alles über Bitcoin, Ethereum und Co."einen Überblick. Sämtliche Ratgeber können Sie auf test.de/shop bestellen.

Angebote der Versicherer

Unter den Bausteinen für die Altersvorsorge haben wir die gesetzliche Rentenversicherung und die Rürup-Rente genannt, aber nicht die private Rentenversicherung ohne staatliche Förderung. Der Grund: Sie kann zwar in bestimmten Situationen als Vorsorge-Alternative infrage kommen, doch die Versicherungen haben in der Vergangenheit stark an Attraktivität verloren.

Bei einer privaten Rentenversicherung zahlen Sie regelmäßig einen festen Beitrag an den Versicherer, und er sichert Ihnen dafür eine lebenslange Rente zu. Anders als bei einer Rürup-Rente können Sie die Beiträge in der Ansparphase nicht als Sonderausgaben geltend machen – Sie erzielen also im Berufsleben keinen Steuervorteil.

Je nach Art des Vertrags fließt Ihr Geld überwiegend in sichere Geldanlagen (klassische private Rentenversicherung) oder auch in Investmentfonds (fondsgebundene Rentenversicherung).

Kunden, die sich für eine klassische Versicherung entscheiden, haben eine ziemlich hohe Planungssicherheit: Sie wissen bei Vertragsabschluss genau, mit welcher privaten Rente sie im Ruhestand sicher rechnen können. Der Haken dabei ist aber, dass die garantierten Rentenhöhen längst nicht mehr so attraktiv sind, wie Sie es einmal waren. Denn die garantierte Verzinsung, die die Versicherer Ihnen bei einer klassischen privaten Rentenversicherung höchstens zahlen dürfen, ist Anfang 2022 noch einmal deutlich von 0,9 auf 0,25 Prozent gesunken. Zum Vergleich: 2002, also vor 20 Jahren, lag sie noch bei 3,25 Prozent, vor 10 Jahren immerhin noch bei 1,75 Prozent.

Mittlerweile sind die meisten Versicherer sogar dazu übergegangen, dass sie den Kunden nur noch Verträge ohne garantierte Verzinsung offerieren. Dafür bieten sie an, die Versicherten stärker an ihren Überschüssen zu beteiligen. Die Höhe dieser Überschüsse ist aber nicht garantiert.

Ein organisatorischer Nachteil kommt hinzu, denn eine private Rentenversicherung ist eher unflexibel. Können oder wollen Sie die vereinbarten Beiträge nicht mehr aufbringen und wollen Sie den Vertrag kündigen, machen Sie in aller Regel Verlust. Eine Alternative könnte sein, dass Sie den Vertrag beitragsfrei stellen. Dann müssen Sie nichts mehr einzahlen, bekommen aber erst zum Ende der Laufzeit Ihr Geld.

Die fehlende Flexibilität gilt auch für fondsgebundene Versicherungen. Hier besteht allerdings die Chance auf etwas höhere Renditen – dafür steigt aber auch das Risiko. Denn wenn ein Teil der investierten Versicherungsbeiträge in Investmentfonds fließt, besteht das Risiko von Verlusten. Dadurch kann es Ihnen passieren, dass Sie am Ende der Vertragslaufzeit weniger herausbekommen, als Sie eingezahlt haben.

Vorsorge-Steckbrief

Private Rentenversicherungen eignen sich im Einzelfall für sicherheitsbewusste Selbstständige, um im Alter auf eine sichere Zusatzrente zugreifen zu können. In jungen Jahren sollten Sie den Vertragsabschluss aber meiden und auf flexiblere Vorsorge-Produkte setzen.

Vorteile: Planungssicherheit bei klassischen privaten Rentenversicherungen, im Vergleich zu Renten aus anderen Vorsorgeverträgen im Ruhestand steuerlich günstiger.

Nachteile: Mäßige Verzinsung, wenig Flexibilität, hohe Vertragsabschlusskosten, kein Steuervorteil in der Ansparphase.

Die Besten im Test: Finanztest hat zuletzt im Herbst 2020 fondsgebundene Rentenversicherungen untersucht. Drei Policen – von CosmosDirekt, Nürnberger und LV 1871 – erhielten das Qualitätsurteil Gut. Klassische private Rentenversicherungen wurden seit der Absenkung des Garantiezinses Anfang 2022 nicht mehr verglichen. Schauen Sie auf test.de mit der Suche nach „private Rente" nach neuen Testergebnissen.

Letztlich sind private Rentenversicherungen für die Altersvorsorge in jungen Jahren meist keine gute Lösung. Gerade wenn Sie finanziell flexibel bleiben wollen – etwa weil Sie nicht abschätzen können, wie viel Sie bei schwankenden Einnahmen an Beiträgen aufbringen können –, empfiehlt es sich im Regelfall nicht, dass Sie sich an solche lang laufenden Verträge binden, die zudem keine überragenden Renditen bieten.

Sofortrente: eventuell kurz vor Rentenbeginn

Sind Sie schon älter, und der Ruhestand ist nicht mehr allzu weit entfernt, können die Angebote der privaten Versicherer eventuell noch interessant werden. Denn neben der Rentenversicherungsvariante, bei der Sie regelmäßig Beiträge über viele Jahre zahlen, gibt es auch Verträge über eine private Sofortrente. Hier zahlen Sie auf einen Schlag eine größere Summe an den Versicherer, und er zahlt Ihnen daraus eine regelmäßige Rente aus. Das kann für Sie eine Option sein, wenn Sie zum Beispiel aus dem Verkauf von Betriebsinventar oder aus anderen Ersparnissen eine größere Summe zur Verfügung haben. Dann können Sie sich dafür quasi eine private Rente gegen Einmalbeitrag kaufen.

Stellen Sie bei Ihrem persönlichen Finanzcheck fest, dass Ihnen eigentlich für den Ruhestand noch eine sichere Zusatzeinnahme fehlt, um sämtliche Ausgaben im Alltag sicher zu stemmen, können Sie sich mit dem Abschluss des Versicherungsvertrags die nötige Planungssicherheit verschaffen. Beachten Sie aber auch hier die genannten Nachteile wie die magere Verzinsung. Wichtig ist daher, dass Sie nicht mehr Geld als nötig in die private Rentenversicherung stecken. Rechnen Sie sich vorab genau aus, welche Zusatzrente Sie sich wünschen, und investieren Sie nur die dafür notwendige Summe. Haben Sie weitere Mittel zur Verfügung, zahlen Sie das Geld besser in flexiblere Anlagen ein.

Was wird aus einer vorhandenen Kapitallebensversicherung?

Haben Sie in früheren Jahren – als der Garantie-Zins noch höher war – eine Kapitallebensversicherung abgeschlossen und erwarten Sie zu Ruhestandsbeginn oder schon vorher eine größere Auszahlung? Dann halten Sie diesen Vertrag möglichst bis zum Ende der Laufzeit durch. Stellen Sie fest, dass Sie die monatlichen Beiträge nicht mehr stemmen können, wäre eine Möglichkeit, den Vertrag beitragsfrei zu stellen. Dann müssen Sie nicht mehr einzahlen. Die Auszahlung am Ende der Laufzeit wird zwar niedriger ausfallen als bei Vertragsabschluss gedacht, aber die bisher erreichten Ersparnisse bleiben Ihnen zumindest erhalten.

Wenn dringend Geld benötigt wird, gehen viele Kunden mit einer Kapitallebensversicherung aber häufig einen anderen Weg: Sie kündigen ihren Vertrag und erhalten daraufhin vom Versicherer den sogenannten Rückkaufswert ausgezahlt. Damit haben sie zwar wieder finanzielle Mittel zur Verfügung – aber in aller Regel einen Verlust gemacht.

Eine Alternative kann in der Situation sein, dass Sie versuchen, Ihre Police auf dem sogenannten Zweitmarkt zu verkaufen. Ein Verkauf der Police hat den gleichen Effekt wie eine Kündigung: Der Vertrag endet, Kunden bekommen auf einen Schlag eine größere Summe ausgezahlt. Und diese Summe ist eventuell sogar deutlich höher als der Rückkaufswert, den Sie bei einer Kündigung erhalten hätten.

Die Aufkäufer Ihrer Police bieten mehr, weil sie die Lebensversicherung selbst weiterführen und so den Teil des Gewinns einstreichen, der nur ausgezahlt wird, wenn der Vertrag bis zum Ende durchgehalten wird. Einen Teil davon geben sie an die Kunden weiter, die ihre Policen verkaufen.

Finanztest hat sich die Angebote der Policen-Aufkäufer im Frühjahr 2022 genauer angesehen und für sechs Firmen unter anderem zusammengestellt, unter welchen Voraussetzungen sie eine Police übernehmen (siehe unter test.de/lv-zweitmarkt). Falls Sie Ihre Police verkaufen wollen, fragen Sie bei den genannten Firmen per E-Mail nach einem Angebot. Entscheiden Sie sich für das höchste. So können Sie auf einen Schlag eine größere Summe erhalten als den Rückkaufswert. Ein Vergleich der Angebote ist nicht schwer, der Markt ist relativ überschaubar. .

Eine weitere Alternative zur Kündigung kann sein, dass Sie versuchen, bei Ihrem Versicherer ein Policendarlehen zu vereinbaren. Versicherer gewähren meist ein Darlehen bis zur Höhe des Rückkaufswerts. Es muss spätestens bei Ablauf des Vertrags zurückgezahlt werden. Dies hat jedoch einen Haken: Der Zins des Darlehens ist viel höher als der Zins für Ihren Sparbeitrag der Versicherung. Auch Zweitmarktfirmen bieten Darlehen an.

Um kurzfristig ein finanzielles Loch zu stopfen, können Sie auch mit dem Versicherer klären, ob er Ihnen die bisher fest gutgeschriebenen Überschüsse vor Vertragsablauf auszahlt. Dies ist jedoch nicht bei allen Versicherern möglich.

Es gibt also einige Alternativen zur Kündigung einer Kapitallebensversicherung. Prüfen Sie, was davon infrage kommt, wenn Sie einen Engpass haben. Gerade wenn Ihre Police die Voraussetzungen erfüllt, um aufgekauft zu werden, besteht die Möglichkeit, mehr rauszuholen als bei einer schnellen Kündigung.

Riester-Vertrag: für manche eine Chance

Besonders in Zeiten magerer Zinsen ist es hilfreich, wenn Sie der Staat – ähnlich wie bei der Rürup-Rente – bei der Altersvorsorge unterstützt. Ein mögliches Vorsorge-Produkt, an das Sie hier vermutlich nicht als Erstes denken, das aber vielleicht für Sie infrage kommt, ist die Riester-Rente.

Sie steht heftig in der Kritik, und es gibt immer wieder Forderungen, sie abzuschaffen. Die Riester-Rente sei zu bürokratisch, wenig effizient und unflexibel, so einige der Kritikpunkte.

Finanztest teilt viele der Einwände. Trotzdem kann ein Riester-Vertrag auch für manche Selbstständige eine interessante Ergänzung für die Altersvorsorge sein, wenn sie Anspruch auf die staatliche Förderung haben: Dank der staatlichen Unterstützung kann sie sich zum Beispiel für Selbstständige mit Kindern lohnen, denn der Staat belohnt die Sparenden mit direkten finanziellen Zulagen und gewährt eventuell zusätzlich einen Steuervorteil.

→ Riester-Zukunft noch offen

Was auf Dauer aus der Riester-Rente wird, bleibt abzuwarten. Die Bundesregierung hat im Koalitionsvertrag von 2021 geschrieben, dass sie das bisherige System der privaten Altersvorsorge grundlegend reformieren wird. Demnach soll das Angebot eines öffentlich verantworteten Fonds mit einem effektiven und kostengünstigen Angebot mit Abwahlmöglichkeit geprüft werden, und man werde die gesetzliche Anerkennung privater Anlageprodukte mit höheren Renditen als Riester prüfen. Für laufende Riester-Verträge gelte aber ein Bestandsschutz.

So funktioniert die Förderung für Selbstständige

Im ersten Schritt gilt es zu prüfen, ob Freiberufler oder Gewerbetreibende überhaupt einen Anspruch auf die Förderung haben. Wenn Sie selbstständig sind und Pflichtbeiträge an die gesetzliche Rentenversicherung zahlen, haben Sie einen direkten, also unmittelbaren, Anspruch auf die Förderung.

Für Mitglieder in einem berufsständischen Versorgungswerk gilt das nicht. Sie und alle anderen, die keinen direkten Anspruch auf die Riester-Förderung haben, können trotzdem noch von der staatlichen Unterstützung profitieren: wenn Sie verheiratet sind, Ihr Partner oder Ihre Partnerin förderberechtigt ist und selbst einen Riester-Vertrag abgeschlossen hat. Dann haben Sie über den Partner einen mittelbaren Förderanspruch.

Allen Riester-Sparern stehen bis zu 175 Euro Grundzulage im Jahr zu. Für Kinder, die seit 2008 geboren wurden, erhält ein Elternteil pro Jahr bis zu 300 Euro Kinderzulage, für ältere Kinder sind es bis zu 185 Euro im Jahr. Die vollen Zulagen erhalten Sie, wenn aus eigenen Beiträgen und Zulagen mindestens 4 Prozent des Arbeitseinkommens aus dem Vorjahr in den Riester-Vertrag fließen. Mindestens 60 Euro Eigenbeitrag im Jahr sind aber Pflicht.

Ein zusätzlicher Steuervorteil ist möglich, weil das Finanzamt eigene Vorsorgebeiträge und die staatlichen Zulagen bis zu einer bestimmten Grenze als Sonderausgaben in der Steuererklärung anerkennt. Hier ist zu unterscheiden, ob Sie einen unmittelbaren oder einen mittelbaren Anspruch auf die staatliche Förderung haben.

Wenn Sie selbst rentenversicherungspflichtig und damit unmittelbar förderberechtigt sind, können Sie bis zu 2100 Euro im Jahr als Sonderausgaben geltend machen. Sind Sie verheiratet und hat Ihr Partner ebenfalls einen direkten Förderanspruch, sind es zusammen bis zu 4200 Euro im Jahr. Haben Sie dagegen nur über Ihren Ehepartner Anspruch auf die Förderung, können Sie als Paar zusammen bis zu 2160 Euro im Jahr an Riester-Beiträgen als Sonderausgaben geltend machen.

Wenn Sie Ihre Riester-Beiträge in der Steuererklärung angeben, ermittelt das Finanzamt im ersten Schritt den Steuervorteil, der sich daraus ergibt. Davon wird der Anspruch auf die staatlichen Zulagen abgezogen. Den Unterschiedsbetrag schreibt das Finanzamt Ihnen gut.

Vor allem Familien profitieren bei dieser Riester-Förderung von den direkten Zulagen, so etwa im folgenden Beispiel:

Beispiel: Grafik-Designerin Katharina erzielte 2021 ein Arbeitseinkommen von 26 000 Euro. Die Mutter von zwei 5- und 7-jährigen Töchtern hat als Mitglied der Künstlersozialkasse einen direkten Anspruch auf die Riester-Förderung. Um für sich und ihre zwei Töchter für 2022 die vollen Zulagen zu bekommen – zusammen immerhin 775 Euro –, müssen in diesem

Vorsorge-Steckbrief

Riester-Verträge eignen sich als Ergänzung der Altersvorsorge, wenn die staatliche Unterstützung hoch ausfällt, etwa für Eltern.

Vorteile: direkte staatliche Zulagen und eventuell ein Steuervorteil, sichere Vorsorge.

Nachteile: je nach Art des Vertrags hohe Abschlusskosten, wenige Angebote für Neukunden.

Die Besten im Test: Unter test.de/riester finden Sie alle Informationen und die jeweils aktuellsten Testergebnisse zu den einzelnen Riester-Varianten.

Jahr insgesamt 1040 Euro in ihren Riester-Vertrag fließen. Sie selbst müsste dann nur 265 Euro Beitrag selbst einzahlen – umgerechnet etwas mehr als 22 Euro im Monat. Überragend wird ihre Auszahlung bei solch niedrigen Beiträgen zwar nicht ausfallen, aber immerhin bekommt sie 775 Euro im Jahr vom Staat, solange Sie Anspruch auf Kindergeld für ihre Kinder hat. Das sind zunächst einmal noch 11 Jahre, bis ihre ältere Tochter Emma 18 ist, und eventuell noch länger, je nachdem, wann Emmas erste Ausbildung abgeschlossen ist.

Nur noch wenige Angebote

Wenn Sie sich etwa als Mutter oder Vater nun überlegen, dass ein Riester-Vertrag attraktiv wäre, stellt sich die nächste Hürde: Sie müssen ein passendes Angebot finden. Und das ist derzeit gar nicht mehr so einfach. Denn das Riester-Angebot für Neukunden ist im Vergleich zu früher deutlich geschrumpft. Über viele Jahre gab es ein breites Angebot an Riester-Rentenversicherungen – klassisch oder als Fondspolice – sowie an Fonds- und Banksparplänen.

Bei all diesen Angeboten war klar, dass zu Rentenbeginn sämtliche Beiträge und Zulagen garantiert sein würden. Vor mehreren Jahren kamen dann noch Wohn-Riester-Verträge hinzu, etwa in Form von geförderten Immobilien-Darlehen oder Bausparplänen. Die Bilanz Anfang 2022 sah dann allerdings so aus: Im Januar ermittelte Finanztest, dass es für Neukunden nur noch einen Fondssparplan-Anbieter, keinen Anbieter für einen Banksparplan, 6 Anbieter für Wohn-Riester und 35 Versicherer gab, die Riester-Tarife anbieten.

Was wird aus bestehendem Riester-Vertrag?

Haben Sie einen Riester-Vertrag und Sie überlegen zu kündigen, weil Sie unzufrieden sind? Bevor Sie kündigen, klären Sie, wie viel Geld Ihnen dann überhaupt bleibt. Denn wenn Sie Ihr Erspartes vorzeitig zurückhaben wollen, bekommen Sie nicht die volle angesparte Summe ausgezahlt. Zunächst muss der Anbieter Ihr Altersvorsorgevermögen feststellen und davon die gutgeschriebenen Zulagen und erhaltenen Steuerermäßigungen abziehen und an die zentrale Zulagenstelle zurückzahlen. Nur der Rest wird ausgezahlt. Eine Alternative zur Kündigung wäre, den Vertrag beitragsfrei zu stellen. Dann erhalten Sie Ihr Geld zwar noch nicht zurück, sondern erst bei Rentenbeginn, aber immerhin vermeiden Sie die fälligen Beitragszahlungen.

Tagesgeld als Sicherheitspuffer

Sie wollen langfristige Vertragsbindungen wie bei einer privaten Rentenversicherung oder einem Riester-Vertrag vermeiden und sich lieber mit Ihren Anlagen die größtmögliche Flexibilität sichern? Diese bietet Ihnen das Tagesgeldkonto. Das Konto allein ist zwar keine geeignete Möglichkeit der Altersvorsorge, als Ergänzung Ihrer Vorsorgestrategie ist es jedoch umso wichtiger. Denn das Geld auf dem Tagesgeldkonto ist für kurzfristige Notfälle auf die Schnelle verfügbar, sodass Sie nicht an langlaufende Vorsorgeverträge herangehen oder Fondsanteile verkaufen müssen, wenn eine größere Autoreparatur ansteht oder das Geld aus einem Großauftrag zu spät gezahlt wird. Bei vorübergehenden Engpässen können Sie quasi täglich über das Tagesgeld verfügen. Deshalb empfiehlt es sich, dass Sie auf dem Konto ein Notfallpolster etwa in Höhe des Dreifachen Ihrer Monatseinnahmen liegen haben.

Außerdem empfehlen wir Tagesgeld, wenn Sie sich für die Pantoffel-Portfolios, also die von Finanztest entwickelte Anlagestrategie entscheiden, bei der Sie Aktien-ETF als Rendite-Baustein mit einer sicheren Geldanlage kombinieren, um das Risiko der Fonds abzupuffern (siehe „Vorsorge-Baustein: Aktien-ETF", S. 102).

Haben Sie bisher kein Tagesgeldkonto, werden Sie bei Ihrer Filialbank meist kein Konto bekommen, bei dem es besonders attraktive Zinsen für Ihr Geld gibt. Etwas besser sind die Aussichten, wenn Sie sich für ein Onlinekonto entscheiden, meist bei ausländischen Direktbanken.

Unter test.de/zinsen finden Sie regelmäßig aktualisierte Übersichten zu den besten Angeboten für Tages- und Festgeld sowie für Sparbriefe. Schauen Sie am besten vor Eröffnung eines Kontos nach den aktuellen Konditionen, da in den Zinsmarkt im Laufe des Jahres 2022 eine Menge Bewegung gekommen ist.

In diese Produktübersicht werden übrigens nur Angebote von Geldinstituten aufgenommen, bei denen eine ausreichende Einlagensicherung gewährleistet ist für den Fall, dass die Bank pleitegeht. So berücksichtigen die Tester zum Beispiel nur Banken aus EU-Staaten, deren Einlagensicherung sich in Krisen bewährt hat oder nach den Erfahrungen der Vergangenheit für eine größere Krise gerüstet scheint. Eine Sicherung von 100 000 Euro Spargeld pro Kundin oder Kunde ist das Minimum.

Vorsorge-Steckbrief

Das Tagesgeldkonto eignet sich als Ergänzung Ihrer Vorsorgestrategie, etwa als Risikopuffer für ein ETF-Investment und als sicheres Polster für Notfälle.

Vorteile: sichere Geldanlage, hohe Flexibilität durch tägliche Verfügbarkeit des Geldes.

Nachteile: niedrige Verzinsung.

Die Besten im Test: Finanztest vergleicht Tagesgeldkonten regelmäßig. Die Ergebnisse sind eine Momentaufnahme. Sie finden sie gegen eine geringe Gebühr unter test.de/zinsen. Hier sind auch „dauerhaft gute" Konten genannt, die jeweils in den vergangenen 24 Monaten zu den besten 20 Angeboten zählten.

In der Vergangenheit verlangten viele Banken sogar Zinsen dafür, wenn Sie dort Geld parken wollten. Bei Redaktionsschluss für diesen Ratgeber zeichnete sich aber ab, dass diese Zeit der Verwahrentgelte zu Ende gehen dürfte – im Juli 2022 hatte sich die Europäische Zentralbank erstmals wieder zu einer deutlichen Erhöhung des Leitzinses entschlossen.

Festgeldkonto und andere längerfristige Sparanlagen

Sie bekommen etwas mehr Zinsen, wenn Sie Ihr Geld nicht auf einem Tagesgeldkonto, sondern auf einem Festgeldkonto zwischenlagern. Dann ist das Geld ebenso sicher angelegt, aber Sie haben keinen täglichen Zugriff auf Ihr Erspartes. Beim Festgeld wird vorab mit der Bank vereinbart, zu welchem Zinssatz Sie Ihr Geld anlegen und für wie lange – zum Beispiel für ein halbes Jahr, ein Jahr oder auch drei Jahre.

Vor Ende der vereinbarten Laufzeit kommen Sie nicht an Ihr Geld. Wenn Sie das nicht stört, weil Sie Geld auf einem Tagesgeldkonto haben, auf das Sie im Notfall zugreifen können, kann auch das Festgeldkonto als Sicherheitsbaustein dienen, um etwa ein ETF-Investment abzusichern.

Um auch mit Festgeldkonten einigermaßen flexibel zu bleiben, können Sie Ihr Geld auf mehrere Konten so verteilen, dass alle paar Monate oder jedes Jahr eine Auszahlung fällig wird. Steht eine Auszahlung an, können Sie jeweils entscheiden, wie viel Sie von der frei werdenden Summe kurzfristig benötigen und wie viel Sie direkt wieder anlegen möchten.

Sinnvoll ist, dass Sie im Blick behalten, wann das Festgeld jeweils wieder frei wird. Prüfen Sie schon bei Abschluss unbedingt, ob und wann Sie kündigen müssen. Verpassen Sie den Zeitpunkt, kann es Ihnen passieren, dass die Bank das Geld gleich wieder neu anlegt – zu den dann gültigen Konditio-

nen. Womöglich ist der Zins dann niedriger als vorher, und Sie kommen für eine längere Zeit nicht an Ihre Ersparnisse.

Wollen Sie mittelfristig mit der Laufzeit von einigen Jahren eine größere Summe sicher bei der Bank anlegen, ist dies über sogenannte Sparbriefe möglich. Je nach Laufzeit vereinbaren Sie mit der Bank einen vorab festgelegten Zinssatz. Dabei kann es sein, dass die Zinsen jährlich ausgeschüttet werden oder auch dass Zins und Zinseszinsen erst am Ende der gesamten Vertragslaufzeit ausgezahlt werden. Wie bei allen sicheren Sparprodukten bleibt abzuwarten, wie sich das Zinsniveau weiter entwickelt. Zuletzt sah es hier für die Sparer wieder besser aus als in den Jahren zuvor, die Tendenz bei den Zinsen ging nach oben. Auch hier gilt: Schauen Sie vor Ihrer Entscheidung nach aktuell attraktiven Angeboten, etwa unter test.de/zinsen.

Kaum noch Banksparpläne

Für Anleger auf der Suche nach einer längerfristigen sicheren Geldanlage, bei der sie regelmäßig etwas anlegen können, waren über eine lange Zeit Banksparpläne eine sehr beliebte Möglichkeit. Doch das Angebot hat sich in den vergangenen Jahren deutlich reduziert.

Es gibt Sparpläne mit festem und mit variablem Zins und solche mit und ohne vorzeitige Kündigungsmöglichkeit. Wenn Sie sich für einen Sparplan interessieren, sollten Sie die weitere Zinsentwicklung und die Berichterstattung darüber im Blick behalten, ehe Sie einen langlaufenden Sparplan abschließen. Sinnvoll ist, wenn Sie sich nicht zu lange binden und damit besser auf aktuelle Entwicklungen am Zinsmarkt reagieren können.

Aktien und Co. – Weitere Wertpapiere als Chance?

Wollen Sie auf lange Sicht mehr herausholen als mit den sicheren Zinsangeboten der Banken, kommen Sie – wie schon beim Baustein ETF vorgestellt – nicht an Wertpapieren vorbei. Die ETF auf einen weltweiten Aktienindex haben wir als möglichen wichtigen Baustein für Ihre Altersvorsorge herausgestellt. Andere Wertpapiere eignen sich hingegen höchstens als Ergänzung Ihrer Anlagestrategie. Beispiel Aktien: Investieren Sie nicht in einen Fonds, sondern direkt in ein bestimmtes Unternehmen, ist Ihr Verlustrisiko deutlich größer. Denn während Ihr Geld beim Fonds auf viele Unternehmen verteilt wird, sind Sie als Aktionär

Geht es Ihnen um sichere Zinsanlagen, könnten die sogenannten Bundeswertpapiere eine weitere Alternative sein, zum Beispiel Bundesanleihen. Wenn Sie diese kaufen, geben Sie dem Staat quasi einen Kredit und erhalten dafür Zinsen. Die Nominalrenditen von Bundesanleihen, die lange bei null oder sogar darunter lagen, liegen mittlerweile wieder über null, zumindest für Laufzeiten, die länger als ein Jahr sind.

direkt am Erfolg oder Misserfolg des jeweiligen Unternehmens beteiligt. Mit dem Aktienkauf beteiligen Sie sich am Eigenkapital des Unternehmens und werden zum Mitunternehmer. Sie profitieren direkt vom Erfolg des Unternehmens und haben Anspruch auf eine jährliche Gewinnausschüttung in Form der Dividende. Deren Höhe richtet sich danach, wie gut das Unternehmen gewirtschaftet hat und welche Erträge es erzielt hat. Je besser die Aktiengesellschaft dasteht, desto höher ist auch die Nachfrage nach deren Aktien und umso mehr können Sie beim Verkauf Ihrer Aktien an Gewinn erzielen.

Dafür müssen Sie aber im Gegenzug in Kauf nehmen, dass Ihre Unternehmensanteile genauso an Wert verlieren können. Ist der Konzern nicht so erfolgreich wie erhofft, werden weniger Anleger die Aktien nachfragen. Wenn Sie in so einer Situation Ihre Aktien verkaufen wollen oder müssen, bekommen Sie eventuell deutlich weniger für Ihre Papiere, als Sie selbst dafür bezahlt haben.

Dieses Risiko, das mit dem Kauf einzelner Aktien verbunden ist, sollten Sie immer im Hinterkopf haben, wenn Sie sich für den Kauf interessieren. Investieren Sie hier möglichst nur Geld, das Sie auf lange Sicht nicht zwingend brauchen werden.

Mit einem Fondsinvestment, bei dem das Geld in viel mehr Aktiengesellschaften fließt, lässt sich dieses Verlustrisiko reduzieren, weil erfolgreiche Unternehmen das Minus der anderen ausgleichen können.

Anleihen und Rentenfonds

Andere Wertpapiere, die an den Börsen gehandelt werden, sind die sogenannten Anleihen, die auch als Renten bezeichnet werden. Anleihen werden unter anderem von Staaten und großen Konzernen herausgegeben, die auf diese Weise zusätzliches Kapital einsammeln wollen.

Wenn Sie sich für den Kauf von Anleihen entscheiden, geben Sie dem Herausgeber des Papiers einen Kredit. Dafür erhalten Sie Zinsen, die Ihnen am Ende der vereinbarten

---

ℹ **Gleichzeitig in Aktien und in Anleihen investieren?** Das klappt mit Mischfonds. Hier entscheidet das Fondsmanagement je nach Ausrichtung des Fonds oder der Situation auf den Kapitalmärkten, wie es Aktien, Zinspapiere und Währungen kombiniert. Durch diese Kombination erscheint ein Mischfonds zwar bequem, doch Untersuchungen von Finanztest haben ergeben, dass es in der Vergangenheit auf lange Sicht rentabler war, Aktien- und Anleiheinvestment in separaten Fonds anzugehen.

Laufzeit wieder ausgezahlt werden. Sie können zwar einzelne Anleihen oder Renten kaufen, doch im Normalfall kommt eher die Investition in einen Rentenfonds infrage, sodass das Geld vieler Anleger gleich in mehrere Anleihen fließt. Auch diese Fonds können aktiv gemanagt sein, oder Sie wählen einen Rentenindexfonds.

Es gibt Anleihen, die als absolut sicher gelten. Dazu gehören zum Beispiel die auf Seite 133 genannten Bundesanleihen, die die Bundesrepublik Deutschland herausgibt, um zusätzliches Geld einzunehmen. Bundesanleihen gibt es mit Laufzeiten bis zu 30 Jahren, allerdings sind die Renditen derzeit recht niedrig.

Andere typische und als sicher geltende Anleihen sind die sogenannten Pfandbriefe. Hierbei handelt es sich um festverzinsliche Wertpapiere, die durch Pfandrechte abgesichert sind. Sie stehen Bundesanleihen beim Punkt Sicherheit nur wenig nach und werden ebenfalls an der Börse gehandelt. Allerdings werden sie nicht in dem gleichen Umfang gehandelt wie die Bundesanleihen. Wenn Sie die Anleihen sowieso bis zum Ende der Laufzeit behalten wollen, ist das kein Problem. Doch wenn Sie vorzeitig verkaufen, könnte es schwieriger werden, die Papiere abgeben zu können.

Mit den Anleihen anderer Staaten oder von Unternehmen und entsprechenden Rentenfonds können Sie eine deutlich höhere Rendite erzielen als mit den Papieren des Bundes. Allerdings gehen Sie mit dem Kauf wiederum ein deutlich höheres Risiko ein. Denn zum einen könnte es ja passieren, dass etwa das Unternehmen, dem Sie den „Kredit" gegeben haben, pleitegeht und seinen Rückzahlungsverpflichtungen samt Zinsen nicht mehr nachkommen kann. Zum anderen können die Anleihen und Fondsanteile im Lauf der Zeit an Wert verlieren: Wenn die Zinssätze am Kapitalmarkt steigen, verlieren die Anleihen, die zum vorher niedrigeren Zinssatz gekauft wurden, an Wert – eben weil es durch den Zinsanstieg attraktivere Anleihen gibt. Wollen oder müssen Sie in der Situation eine Anleihe oder Rentenfondsanteile vorzeitig verkaufen, kann sich ein Verlust für Sie ergeben.

Wenn Sie in Rentenfonds investieren wollen, entscheiden Sie sich am ehesten für Rentenfonds Euro. Bei diesen Fonds fließt das Geld nur in Anleihen, die auf Euro lauten, oder sie sichern Fremdwährungsanleihen gegenüber dem Euro ab. Sie vermeiden damit als Anleger Währungsrisiken, die sich beispielsweise bei Anleihen auf US-Dollar ergeben könnten.

Auch bei Rentenfonds ist es möglich, einen Sparplan abzuschließen und somit regelmäßig Geld einzuzahlen.

▶ **Bei der Auswahl** der passenden Fonds können Ihnen die Bewertungen von Finanztest helfen. Sie finden auch zu Rentenfonds die monatlich aktualisierten Daten unter test.de/fonds.

Die passende Strategie

Sie haben es fast geschafft! Denn jetzt kommt der fünfte und letzte Schritt: Sie kombinieren die vorgestellten Vorsorge-Bausteine und Produkte so, dass sie zu Ihrer beruflichen und persönlichen Situation passen. Wie das geht, zeigen wir anhand von fünf fiktiven Beispielen.

Am Ende des Weges zu Ihrer Vorsorgestrategie geht es nun darum, aufbauend auf den bisherigen Informationen die Bausteine passend miteinander zu kombinieren. Dafür spielen zahlreiche Faktoren eine Rolle, angefangen bei der Frage, was in Sachen Altersvorsorge nötig ist, aber vor allem auch was finanziell überhaupt für Sie möglich ist.

Ein weiterer wichtiger Faktor ist Ihr Alter. Wer zum Beispiel Anfang oder Mitte 30 ist, hat bis zum Ruhestand noch deutlich mehr Zeit als etwa ein 60-Jähriger. Eine junge Dol-

metscherin, die noch mehr als 30 Jahre fürs Alter sparen kann, könnte also bei ihrer Investition auf lange Sicht mit ETF eine ansehnliche Rendite erwirtschaften. Ihre Kollegin, die in fünf oder sieben Jahren bei Rentenbeginn sicher auf ihre Ersparnisse zurückgreifen will, sollte beim Anlagerisiko dagegen etwas vorsichtiger sein. Andererseits hat die junge Dolmetscherin vielleicht noch wichtige Veränderungen wie die Gründung einer Familie vor sich. Mit anderen Worten: Für sie empfiehlt es sich, bei ihrer Entscheidung über die weitere Vorsorge auf

Flexibilität zu setzen, um mögliche Einkommenseinbußen während der Elternzeit abfedern zu können. Die ältere Übersetzerin hat dagegen mehr Planungssicherheit und kann für sich prüfen, ob sie zum Beispiel noch eine sichere Zusatzeinnahme im Ruhestand benötigen wird.

Neben dem Alter ist der Anlagehorizont wichtig. Geht es Ihnen allein um die Altersvorsorge oder liegen auf dem Weg dorthin weitere Sparziele, die Sie zunächst verwirklichen möchten oder müssen? Wenn Sie zum Beispiel von einem Eigenheim träumen, sollten Sie Ihre weitere Geldanlage zunächst vor allem danach ausrichten und etwa langlaufende Vorsorgeverträge vorerst meiden.

Ein weiteres Kriterium ist die persönliche Risikobereitschaft: Sind Sie eher gelassen, oder können Sie nicht mehr ruhig schlafen, wenn ein Teil Ihres Geldes in Anlagen steckt, die etwas Risiko mit sich bringen? Allein diese unterschiedlichen Faktoren, die in die weiteren Vorsorgeentscheidungen hineinspielen können, zeigen deutlich: Die eine optimale Strategie für die Altersvorsorge kann es nicht geben. Sie muss zu Ihrer persönlichen Situation passen. Dazu kommen die unterschiedlichen Vorgaben, die hinsichtlich der Vorsorgepflicht zu beachten sind.

Wir wollen dieser Vielfalt mithilfe von einigen fiktiven Beispielen gerecht werden: Wir stellen für Selbstständige in verschiedenen Lebens- und Arbeitssituationen vor, wie die Vorsorge aussehen kann:

▶ **Anna,** 32 Jahre alt und gerade erst selbstständig als Unternehmensberaterin. Sie hat erste Rentenansprüche erworben und ist nun völlig frei in ihren Entscheidungen zur Altersvorsorge.

▶ **Carsten,** Anfang 40 und Handwerksmeister, ist bisher versicherungspflichtig in der Rentenversicherung und überlegt nun, wie er weiter vorsorgt.

▶ **Sebastian,** 35 Jahre alt und als Journalist Mitglied in der Künstlersozialkasse. Er ist unsicher, wie es beruflich und privat auf Dauer weitergeht.

▶ **Franziska,** Ende 30, Ärztin mit eigener Praxis. Sie ist Mitglied im berufsständischen Versorgungswerk und auf Dauer Hauptverdienerin der Familie.

▶ **Valentina,** 52 Jahre alt und alleinerziehend, hat sich nebenberuflich selbstständig gemacht.

An jedem Beispiel gehen wir die Schritte durch, die wir in den vorherigen Kapiteln beschrieben haben, um am Ende zu zeigen, wie eine Strategie für die weitere Vorsorge aussehen könnte. Wahrscheinlich werden Sie sich nicht ganz genau in einer der genannten Situationen wiederfinden – Beruf, Alter, familiäre oder finanzielle Situation können variieren. Daher geben wir bei jedem Beispiel Zusatz-Tipps, was unter „veränderten Umständen" möglich ist.

In der Checkliste „Wichtig für alle" zeigen wir vorab, welche Fehler Sie bei Ihrer weiteren Vorsorge vermeiden sollten.

Checkliste

Wichtig für alle: Fehler vermeiden

Unabhängig von den persönlichen Voraussetzungen gibt es einige Fehler, die Sie in jedem Alter und bei jeder Risikobereitschaft vermeiden sollten:

☐ **Zu lange warten:** Auch wenn mit dem Start in die Selbstständigkeit viele Fragen drängen: Verlassen Sie sich nicht nur auf die bisher erreichten Rentenansprüche, sondern gehen Sie das Thema Altersvorsorge von Beginn an gezielt an. Je länger Sie warten, desto mehr verschenken Sie den Vorteil des Zinseszinseffektes.

☐ **Den Risikoschutz unterschätzen:** Viele Selbstständige kommen ohne den Schutz gesetzlicher Sozialversicherungen aus und können in vielen Punkten frei entscheiden. Doch dann sollten sie unbedingt dafür sorgen, dass die private Vorsorge gerade für den Schutz der Angehörigen und für den eigenen Schutz vor Berufsunfähigkeit und Krankheit ausreicht.

☐ **Alles auf eine Karte setzen:** Nur auf Wertpapiere setzen ist zu riskant. Nur Versicherungsverträge abzuschließen kostet Flexibilität. Wer nur die Sparangebote der Banken nutzt, verschenkt Renditechancen. Kombinieren Sie für die Altersvorsorge deshalb, wenn möglich, Produkte aus mehreren Sparten.

☐ **Auf traumhafte Renditeversprechen reinfallen:** Vertrauen Sie für Ihre Altersvorsorge nicht auf versprochene Traumrenditen! Für Gutverdiener, die es sich leisten können, kann etwa eine Unternehmensbeteiligung an geschlossenen Fonds als Beimischung für die Geldanlage reizvoll sein. Als Altersvorsorge ist sie nicht geeignet!

☐ **Die Altersvorsorge als Kreditsicherheit hinterlegen:** Zwar ist es möglich, beispielsweise eine Kapitallebensversicherung zu beleihen oder den Vertrag als Sicherheit für einen Kredit an die Bank abzutreten. Doch geben Sie nicht Ihre komplette Altersvorsorge preis. Gestalten Sie sie möglichst insolvenzsicher, sonst stehen Sie im Alter womöglich mit leeren Händen da.

Frei in der Altersvorsorge

Ob Unternehmens- oder Ernährungsberaterin, Einzelhändlerin, Café-Betreiber oder technische Übersetzerin: In vielen Berufen können Selbstständige ihre Altersvorsorge frei gestalten.

Die 32-jährige Anna hat sich gerade als Unternehmensberaterin selbstständig gemacht und unterstützt vor allem kleine und mittlere Unternehmen im Bereich Personalentwicklung. Vor der Selbstständigkeit hat sie Betriebswirtschaftslehre studiert und knapp sieben Jahre angestellt in der Personalabteilung eines Maschinenbau-Unternehmens gearbeitet. Nebenbei hat sie Fortbildungen besucht, um ihren lange bestehenden Traum von der Selbstständigkeit noch besser vorzubereiten.

Anna hat einen Freund, mit dem sie auf Dauer zusammenleben möchte. Das künftige gemeinsame Zuhause soll das Haus ihrer Eltern werden, in dem bereits Wohnung und Arbeitsräume eingerichtet wurden.

Schritt 1: Stand der bisherigen Vorsorge ermitteln

In den Jahren als Angestellte hat Beraterin Anna Pflichtbeiträge an die Rentenversicherung gezahlt. Da sie in dieser Zeit überdurchschnittlich verdient hat, kommt sie bisher auf zehn Entgeltpunkte auf ihrem Renten-konto (siehe „Unter der Lupe: Die Altersren-te", S. 34). Das würde ihr nach derzeitigem Stand etwa 360 Euro Monatsrente bringen.

Bisher hat sie keine weiteren Verträge für die Altersvorsorge abgeschlossen, da sie Geld für die geplante Selbstständigkeit zu-rückhalten wollte. Sie hat jeden Euro, den sie übrig hatte, auf Tages- und Festgeldkon-ten angelegt und wenn nötig darauf zuge-griffen. Ein Großteil der Ersparnisse ist mitt-lerweile verbraucht, weil sie sich die Ausga-ben für den Umbau des Elternhauses mit ihren Eltern geteilt hat. Auch die Ausgaben für Homepage, Logo und erste Werbemaß-nahmen haben das Polster reduziert. Für Notfälle hat sie aber immer noch ungefähr 10 000 Euro auf einem Tagesgeldkonto.

Schritt 2: Vorsorgepflicht prüfen

Durch ihre Selbstständigkeit als Beraterin ist Anna nicht mehr versicherungspflichtig in der gesetzlichen Rentenversicherung, sodass sie frei überlegen kann, wie sie ihre Altersvorsorge angehen will. Ganz glücklich ist sie darüber nicht. Die Sicherheit, die die Rentenversicherung ihr bisher geboten hat, gefiel ihr gut.

Schritt 3: Spielräume ausloten

Bei ihren monatlichen Einnahmen ist Anna noch ziemlich unsicher, aber die Aussichten sind nicht schlecht: Über einen Geschäfts-partner ihrer alten Firma hat sie erste Auf-träge bekommen, auch frühere Kommilito-nen haben sich gemeldet. Für die nächste Zeit rechnet sie im Schnitt mit einem monatlichen Arbeitseinkommen von etwa 3 000 Euro – Tendenz steigend. Sie geht da-von aus, dass sie in der nächsten Zeit etwa 600 bis 700 Euro im Monat für die Alters-vorsorge zurücklegen kann.

Schritt 4: Anlagen auswählen

Mit der Immobilie, die Anna von ihren Eltern übernehmen kann, nutzt sie bereits einen Vorsorgebaustein. Ein weiterer Vor-sorgebaustein ist für sie die gesetzliche Rente. Hier kann sie sich entweder für die Pflichtversicherung auf Antrag entschei-den, was ihr einige Vorteile bringt, etwa den Schutz für den Fall einer Erwerbsminde-rung sowie den Anspruch auf Kinder-berücksichtigungszeiten, wenn sie und ihr Freund eine Familie gründen. Der Antrag ist innerhalb der ersten fünf Jahre ihrer Selbst-ständigkeit möglich.

Ist ihr die Bindung zu starr, wären freiwil-lige Rentenbeiträge eine Alternative. Auch damit erhöht sie ihre spätere Altersrente. Allerdings verliert sie auf Dauer den An-spruch auf eine gesetzliche Erwerbsminde-rungsrente.

Für welche Form der gesetzlichen Absi-cherung sie sich auch entscheidet: Für ihre weitere Vorsorge sollte sie einen langlau-fenden Vorsorge-Vertrag wie die Rürup-Rente derzeit meiden. Deutlich flexibler ist sie mit ETF und freiwilligen Beiträgen in die gesetzliche Rente.

Schritt 5: **Passend kombinieren**

Anna bleibt finanziell flexibel, wenn sie mischt: Sie investiert zum Beispiel die Hälfte des verfügbaren Geldes in ETF, und die andere Hälfte zahlt sie an die Rentenkasse. Selbst wenn sie sich für die Pflichtversicherung entscheiden sollte, hat sie zumindest in den ersten drei Jahren einen gewissen Spielraum bei der Beitragshöhe. Angenommen, sie zahlt den halben Regelbeitrag in Höhe von aktuell rund 306 Euro im Monat, dann bringt ihr ein Beitragsjahr mit dem halben Regelbeitrag nach heutigem Stand etwas mehr als 18 Euro Monatsrente.

Nach den drei Jahren könnte sie gucken, wo sie finanziell steht. Entweder sie zahlt den Regelbeitrag oder entscheidet sich für einen einkommensgerechten Beitrag.

Würde sie sich für freiwillige Beitragszahlungen entscheiden, wäre sie deutlich flexibler. Sie könnte in schlechten Zeiten zum Beispiel auf den Mindestbeitrag umsteigen, würde damit aber natürlich kaum Ansprüche auf eine Altersrente erwerben.

Für eine gute Mischung bei ihrer Altersvorsorge kann sie einen anderen Teil ihrer zur Verfügung stehenden Mittel in einen weltweiten Aktien-ETF investieren. Angenommen, sie legt auf diese Weise ähnlich viel Geld wie für den halben Regelbeitrag zur Rentenversicherung an – also rund 300 Euro monatlich. Eine Sicherheit, was diese Einzahlung im Rentenalter tatsächlich wert sein wird, hat sie nicht. Wir zeigen aber an einigen Beispielen, was möglich sein könnte.

Erzielt sie im Schnitt 4 Prozent Rendite im Jahr, wächst ihr Vermögen nach 35 Jahren immerhin auf rund 271 000 Euro. Legt sie diese 271 000 Euro dann im Rentenalter weiter in ETF an und entnimmt jeden Monat 1 000 Euro als „Zusatzrente", würde das Geld bei einer Rendite von 4 Prozent mehr als 55 Jahre reichen.

Selbst wenn sie das Ersparte im Ruhestand unverzinst auf dem Girokonto liegen ließe, würde es mehr als 22 Jahre für 1 000 Euro Monatsrente reichen. Bei einer Rendite von 1 Prozent wären es knapp 26 Jahre.

Mit der Investition in ETF sind aber Verluste möglich, wenn sie an das Geld in einem Börsentief herangehen muss. Deshalb ist es gut, wenn sie das in die ETF investierte Geld wirklich auf lange Sicht liegen lassen kann und nicht bei einem finanziellen Notfall kurzfristig darauf zugreifen muss.

Liefe es insgesamt nicht so gut mit ihren ETF und sie würde im Schnitt beispielsweise nur eine Rendite von 2 Prozent im Jahr erwirtschaften, käme sie nach 35 Jahren immerhin auf knapp 182 000 Euro. Zum Vergleich: Würde sie jeden Monat 300 Euro ohne jegliche Verzinsung anlegen, wären es nach 35 Jahren nur 126 000 Euro Erspartes.

Ist ihr das Risiko zu groß, könnte sie auch weniger als die 300 Euro in die Fonds investieren und einen weiteren Teil des Geldes sicher auf Tages- oder Festgeldkonto parken oder mehr Rentenbeiträge zahlen. Je nach eigenem Einkommen und den Einnahmen ihres Partners könnte sie dann immer kurzfristig reagieren und zum Beispiel die ETF-Einzahlungen später erhöhen, wenn die finanzielle Lage es zulässt.

Abweichungen vom Beispielfall

Nach Abschluss der Renovierungsarbeiten im Haus hat Anna den großen Vorteil, dass sie ohne größere Ausgaben wohnen und zusätzlich kostenlos Arbeitsräume nutzen kann. Zudem lässt sich der berufliche Start gut an, sodass sie mit weiter steigenden Einnahmen rechnet.

Bei Ihnen ist das anders:

▶ **Sie haben kein Eigenheim?** Dann sind die Mietzahlungen auf Dauer ein großer Posten, den Sie auf Ihrer Ausgabenseite berücksichtigen müssen. Gut möglich, dass Ihre monatlichen Spielräume für Vorsorgebeiträge deshalb deutlich geringer ausfallen. Kalkulieren Sie möglichst genau, wie viel Sie für die Altersvorsorge aufbringen können.

▶ **Sie wollen mittel- oder längerfristig ein Eigenheim beziehen?** Dann sollten Sie diesen Wunsch bei Ihrer weiteren Vorsorgestrategie berücksichtigen. Für das Eigenheim benötigen Sie Eigenkapital. Um das zu erwirtschaften, empfiehlt es sich, dass Sie bei Ihrer weiteren Geldanlage zunächst eher auf sichere Produkte wie Festgeld oder Bausparvertrag setzen. Denn Geld, das für eine Immobilienfinanzierung kurz- bis mittelfristig zur Verfügung stehen soll, ist zum Beispiel in einem Aktien-ETF nicht optimal aufgehoben (siehe „Vorsorge-Baustein: Immobilie", S. 118). Auch langlaufende Vorsorgeverträge wie Rürup- oder private Rentenversicherung helfen Ihnen hier nicht – die Beiträge, die dafür anfallen, stehen für die Immobilie nicht zur Verfügung.

▶ **Ihnen hat die Pandemie zugesetzt?** Mussten Sie in den vergangenen Jahren an sichere Notreserven gehen oder etwa freiwillige Beitragszahlungen an die Rentenversicherung reduzieren? Achten Sie darauf, dass Sie ein ausreichend hohes Polster für Notfälle haben. Wenn möglich, sollte es mindestens das Dreifache Ihres Monatseinkommens sein. Überlegen Sie zudem genau, was Sie sich etwa an Rentenbeiträgen leisten können – es wäre falsch, trotz aktuell schwieriger Verhältnisse die Altersvorsorge komplett aus den Augen zu verlieren. Wenn die Geschäfte dann wieder etwas besser laufen, können Sie immer noch mit Aussicht auf mehr Rendite vorsorgen und Geld etwa in ETF investieren. Vermeiden Sie langlaufende Vorsorgeverträge, etwa in Form einer privaten Rentenversicherung oder eines Rürup-Vertrags. Wichtig außerdem: Nutzen Sie Beratungsangebote, etwa von Ihrer Kammer, um zu klären, wie es mit Ihrem Betrieb in Zukunft weitergehen kann. Auch ein Besuch beim Steuerberater kann helfen, einen besseren Überblick über Ihre Situation zu bekommen.

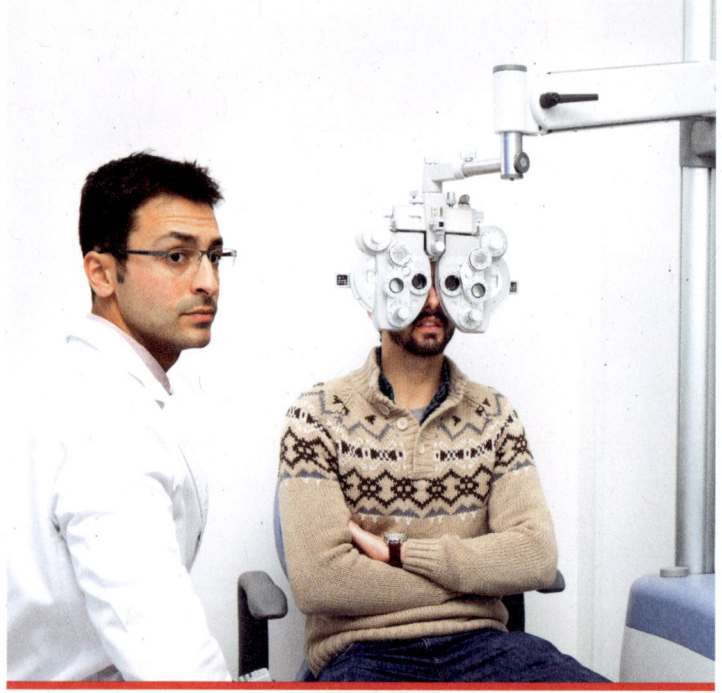

Rentenversicherung ist Pflicht

Viele Handwerker, Physiotherapeuten oder selbstständig tätige Lehrer gehören zu den versicherungspflichtigen Selbstständigen. Sie müssen regelmäßige Beitragszahlungen einplanen.

Carsten ist 42 Jahre alt und arbeitet als Augenoptiker. Seit etwa zehn Jahren führt er sein eigenes Geschäft. Er ist verheiratet, und seine Frau plant, aus dem aktuellen Teilzeitjob bald wieder in eine Vollzeit-Stelle zu wechseln. Das Paar hat zwei Kinder im Grundschulalter. Die Familie wohnt in einer großen Altbauwohnung zur Miete. Der Vermieter hat angedeutet, dass er die Wohnung in ein paar Jahren gerne verkaufen möchte. Dann hätte die Familie die Möglichkeit, sie zu kaufen.

Schritt 1: Stand der bisherigen Vorsorge ermitteln

Carsten hat nach der Schule Zivildienst geleistet, ein Studium begonnen und dann abgebrochen, ehe er sich für den Beruf des Optikers entschied. Hier hat er zunächst angestellt und später als Selbstständiger in die Rentenkasse eingezahlt. Mit Beginn seiner Selbstständigkeit hat er den halben Regelbeitrag gezahlt, dann vorübergehend einen einkommensgerechten Beitrag und in den letzten Jahren aus Bequemlichkeit den

Regelbeitrag. Nach der aktuellen Renteninformation kommt er bisher auf knapp 14 Entgeltpunkte, die ihm nach derzeitigem Stand etwa 500 Euro Monatsrente bringen. Mit Beginn seiner Selbstständigkeit hatte er zudem eine private Rentenversicherung abgeschlossen, um im Alter eine sichere Zusatzeinnahme zu haben. Er hofft, aus dem Vertrag eine Zusatzrente von etwa 300 Euro monatlich beziehen zu können, wenn er in den Ruhestand geht. Einige Ersparnisse des Paars sind sicher bei den Banken angelegt.

Schritt 2: Vorsorgepflicht prüfen

Carsten gehört als selbstständiger Augenoptiker zu den Handwerkern, die pflichtversichert in der gesetzlichen Rentenversicherung sind. Sie können sich allerdings nach 18 Jahren, in denen sie Pflichtbeiträge geleistet haben, von der Versicherungspflicht befreien lassen. Sind die 18 Jahre, die bei Carsten noch nicht ganz um sind, erreicht, kann er jederzeit den Befreiungsantrag stellen. Doch er kann auch alles weiterlaufen lassen wie bisher.

Schritt 3: Spielräume ausloten

Carsten kann mit relativ stabilen Einnahmen kalkulieren. Sein Arbeitseinkommen ist zuletzt zwar etwas gesunken, da die Miete für sein Geschäft erhöht wurde und er zudem die gestiegenen Energiekosten zu spüren bekommt, doch letztlich ist er sich ziemlich sicher, dass er die monatlichen Beiträge sowohl für die gesetzliche Rentenversicherung als auch für die private Police weiter aufbringen kann. Auf mehr regelmäßige Vorsorgebeiträge will er sich allerdings nicht einlassen, sondern lieber eine größere Reserve für die Ausbildung der Kinder und eventuell für die eigene Wohnung ansparen. Wenn es sein muss, ist er auch bereit, etwas Risiko bei der Geldanlage einzugehen, aber allzu groß sollte es eben nicht sein.

Schritt 4: Anlagen finden

Carstens wichtigster Vorsorge-Baustein ist die gesetzliche Rente. Er hat bereits ein Polster, und wenn er weiterhin den Regelbeitrag einzahlt, kommt für jedes Beitragsjahr etwa ein weiterer Entgeltpunkt auf sein Rentenkonto. Ein Jahr Regelbeitrag bringt nach heutigem Stand knapp 36,60 Euro mehr Monatsrente. In den nächsten 25 Jahren würde er auf diese Weise seinen bisherigen Rentenanspruch um etwa 915 Euro steigern, sodass er insgesamt nach den heutigen Werten mit 67 auf etwa 1415 Euro Altersrente käme. Will er früher in den Ruhestand gehen, wird er Abschläge bei der Rente in Kauf nehmen müssen.

Den Anspruch auf eine Altersrente in dieser Höhe könnte er allerdings nicht nur wie bisher als Pflichtversicherter erwerben, sondern auch, wenn er sich demnächst von der Versicherungspflicht befreien lässt und dann weiterhin freiwillige Beiträge in Höhe des Regelbeitrags einzahlt.

Im Alter kann sich Carsten zusätzlich auf die Auszahlung aus der privaten Rentenversicherung verlassen. Wenn er weiter einzahlt wie bisher, ist ihm zumindest die vereinbarte Garantierente sicher. Ein weiterer Rentenvertrag, etwa in Form der Rürup-Rente, ist für ihn aufgrund seiner zwei bereits sicheren Renten nicht erste Wahl.

Schritt 5: Passend kombinieren

Am besten kalkuliert Carsten bei seiner weiteren Vorsorgeplanung die Chance auf den Wohnungskauf mit ein. Wenn die Familie tatsächlich in einigen Jahren die Wohnung übernehmen will, wäre es gut, wenn sie möglichst viel Eigenkapital mitbringt.

Gut dran ist er, wenn die regelmäßigen Einnahmen reichen, um ab jetzt mehr für das Projekt Eigenheim zurückzulegen. Dabei hilft sicher auch, wenn seine Frau demnächst Vollzeit arbeitet und mehr verdient.

Fehlen die Mittel, um etwas für die Wohnung zurückzulegen, gäbe es mehrere Optionen. Eine wäre die Befreiung von der Versicherungspflicht in der gesetzlichen Rentenversicherung, wenn die 18 Versicherungsjahre erreicht sind. Dann könnte Carsten niedrigere Beiträge zahlen als bisher. Bevor er den Schritt geht, sollte er sich aber unbedingt einen Beratungstermin bei der Rentenversicherung holen: Die Befreiung führt unter anderem dazu, dass er mit der Zeit den Anspruch auf eine Erwerbsminderungsrente verliert (siehe „Unter der Lupe: Der Erwerbsminderungsschutz", S. 39).

Allerdings hat er eine private Berufsunfähigkeitsversicherung, die im Ernstfall einspringen würde, wenn er seinen Beruf nicht mehr ausüben kann. Deshalb könnte er sich den Umstieg auf die freiwillige Versicherung schon vorstellen, zögert aber, weil er die aktuelle Situation ganz bequem findet.

Alternativ könnte er seine private Rentenversicherung beitragsfrei stellen: Dann spart er sich die fälligen Beiträge und könnte das Geld für das Projekt „eigene Wohnung" ansparen. Dann fiele seine private Rente im Alter zwar niedriger aus, doch er hätte aktuell mehr Geld zur Verfügung, das er mit Blick auf die mögliche Immobilienfinanzierung anlegen könnte, zum Beispiel auf einem Festgeldkonto.

Sollte sich der Wohnungskauf in absehbarer Zeit doch zerschlagen, fällt das Ziel Eigenkapital ansparen weg. Dann kommt es auf Carstens Anlagehorizont und seine nächsten Sparziele an, wie er weiter vorgeht.

Will er nicht weiter nur auf Sicherheit setzen, kann er mit den „Pantoffel-Portfolios" von Finanztest sein Geld anlegen. Hier kombiniert er etwa einen Sparplan für einen ETF auf einen weltweiten Aktienindex als Renditebaustein mit einem Tagesgeldkonto. Bei diesen Portfolios lassen sich auch nachhaltige Investments einbinden.

Das Pantoffel-Portfolio könnte er auch nutzen, um Geld für die Ausbildung der Kinder anzusparen. Gut wäre, wenn er das Geld, das er in die Aktien-ETF investiert, mindestens zehn, besser 15 Jahre entbehren kann und es nicht zu einem ganz bestimmten Tag verfügbar sein muss.

Abweichungen vom Beispielfall

Augenoptiker Carsten hat ein mehr oder weniger sicheres Einkommen und kann bald entscheiden, ob er sich von der Versicherungspflicht in der gesetzlichen Rentenversicherung befreien lässt oder nicht.

Bei Ihnen ist das anders:

▶ **Sie können sich von der Versicherungspflicht befreien lassen, Ihr Einkommen schwankt aber deutlich mehr als das von Carsten?** Bevor Sie sich befreien lassen, um etwa finanziell flexibler zu sein, nutzen Sie das Beratungsangebot der gesetzlichen Rentenversicherung und lassen Sie sich ausrechnen, wie viel Rente Sie erhalten würden, wenn Sie künftig freiwillige, aber deutlich niedrigere Beiträge zahlen. Beachten Sie, dass nach der Befreiung von der Versicherungspflicht keine Kehrtwende mehr möglich ist: Haben Sie sich befreien lassen, ist anschließend eine Pflichtversicherung auf Antrag für diese selbstständige Tätigkeit ausgeschlossen. Ein Grund mehr, den Antrag auf Befreiung von der Versicherungspflicht nicht übereilt zu stellen.

▶ **Sie haben nicht die Option, sich von der Versicherungspflicht befreien zu lassen?** Etwa als Hebamme oder Lehrer ohne Angestellten sind Sie an die Versicherungspflicht gebunden. Dann können die Rentenbeiträge in ungünstigen Zeiten zu einer erheblichen Belastung werden. Der Wechsel vom Regelbeitrag auf den einkommensgerechten Beitrag kann dann im ersten Schritt etwas Entlastung bringen. Oder anders herum: Wenn die Geschäfte gut gehen und Sie ein überdurchschnittliches Einkommen erzielen, kann Ihnen der Wechsel vom einkommensgerechten auf den Regelbeitrag etwas Luft und freie Mittel verschaffen, um sie etwa in ETF zu investieren.

▶ **Sie haben anders als Augenoptiker Carsten keine private Berufsunfähigkeitsversicherung?** Ohne privaten Versicherungsschutz für den Fall, dass Sie aus gesundheitlichen Gründen nicht mehr arbeiten können, wäre der Ausstieg aus der Pflichtversicherung ein besonders hohes Risiko. Im ungünstigsten Fall stehen Sie im Fall einer schwerwiegenden Erkrankung ohne Anspruch auf Erwerbsminderungsrente da.

→ Beratungsangebot nutzen

In den Beratungsstellen der Deutschen Rentenversicherung können Sie sich kostenlos etwa zum Befreiungsantrag beraten lassen. Termine vereinbaren Sie über die Hotline 08 00/10 00 48 00 oder über die Seite deutsche-rentenversicherung.de. Prüfen Sie zudem, ob eventuell der Abschluss einer privaten Berufs- oder Erwerbsunfähigkeitsversicherung infrage kommen könnte.

Mitglied in der Künstlersozialkasse

Künstler und Publizisten müssen nur die Hälfte der Sozialversicherungsbeiträge zahlen. Trotzdem ist der finanzielle Spielraum für viele Mitglieder der Künstlersozialkasse eher begrenzt.

Sebastian ist 35 und hat sich vor zwei Jahren als Journalist und Lektor selbstständig gemacht. Das erste Jahr lief schlecht, das zweite Jahr besser, sodass er ein Jahresarbeitseinkommen von 35 000 Euro brutto erzielen konnte. Nach seinem Biologie-Studium hat Sebastian bei einer Tageszeitung volontiert und im Anschluss bei einem Zeitschriftenverlag gearbeitet. Als seine Freundin in eine andere Stadt versetzt wurde, entschied er sich für den Sprung in die Selbst-

ständigkeit. Ob es auf Dauer dabei bleibt, weiß er noch nicht – eigentlich würde er gerne wieder mehr verdienen. Allerdings will er sich derzeit noch nicht wieder beruflich binden, weil die Chefin seiner Freundin schon angekündigt hat, dass sie eventuell noch einmal versetzt wird. Dann stünde ein erneuter Umzug an. Außerdem träumt er davon, immer mal wieder für längere Zeit ins Ausland gehen zu können – da würde die berufliche Bindung nur stören.

Schritt 1: Stand der bisherigen Vorsorge ermitteln

Durch seine Tätigkeit als Angestellter und auch während seiner bisherigen Selbstständigkeit hat Sebastian Rentenansprüche erworben. Nach seiner letzten Renteninformation kommt er aktuell auf 12 Entgeltpunkte – umgerechnet bringen sie ihm nach heutigen Werten etwa 432 Euro Altersrente im Monat. Während seiner Zeit als Angestellter hat er zudem über das Presse-Versorgungswerk vorgesorgt, den Vertrag aber seit einiger Zeit beitragsfrei gestellt. Daraus wird er nach derzeitigem Stand weniger als 100 Euro Monatsrente bekommen.

Auf weitere Vorsorgeverträge hat Sebastian bisher verzichtet. Seine Freiheit war ihm immer wichtig. Deshalb hat er das Geld, das er übrig hatte, lieber in einen Aktienfonds investiert: Auf Empfehlung seiner Bank hat er vor etwa fünf Jahren einen Sparplan auf einen aktiv gemanagten Aktien-Fonds abgeschlossen, ohne genau zu wissen, was er da eigentlich hat. Seither zahlt er monatlich 150 Euro ein, doch seine Fondsanteile haben zuletzt deutlich verloren und derzeit insgesamt noch einen Wert von etwa 9 000 Euro.

Schritt 2: Vorsorgepflicht prüfen

Als freiberuflicher Journalist und Lektor ist Sebastian zur Mitgliedschaft in der Künstlersozialkasse verpflichtet. Hier zahlt er einen einkommensgerechten Beitrag zur Rentenversicherung in Höhe von 9,3 Prozent seines Arbeitseinkommens. Ende 2021 hat Sebastian sein Einkommen für 2022 auf 36 000 Euro geschätzt – umgerechnet 3 000 Euro brutto im Monat. Dementsprechend muss er nun monatlich 279 Euro Rentenbeitrag aufbringen.

Zusätzlich werden die Beiträge zur Kranken- und Pflegeversicherung fällig. Sebastian ist Mitglied einer gesetzlichen Krankenkasse. Er hätte sich in den ersten drei Monaten nach Aufnahme der freiberuflichen Tätigkeit von der Versicherungspflicht befreien lassen und in eine private Krankenversicherung wechseln können, hat sich aber aus Sorge vor in Zukunft hohen Beiträgen dagegen entschieden.

Schritt 3: Spielräume ausloten

Als Mitglied der Künstlersozialkasse erhält Sebastian in den ersten Wochen des Jahres die Übersicht, mit welchen Sozialversicherungsbeiträgen er rechnen muss. Er hat zwar einen gewissen Gestaltungsspielraum bei der Beitragshöhe – zum Beispiel, wenn er sein Jahreseinkommen vorab eher niedrig einschätzt und entsprechend niedrigere Beiträge zahlen muss –, aber letztlich ist das keine gute Idee. Je weniger eigenen Beitrag er zahlt, desto weniger Beitrag zahlt der Staat für ihn, sodass er nicht so hohe Rentenansprüche erzielt, wie möglich wären.

Zudem geht er ein weiteres Risiko ein, wenn er sein Einkommen niedrig schätzt: Anhand des geschätzten Wertes wird die Höhe des Krankengeldes ermittelt, das ihm bei einer langwierigeren Erkrankung zustehen würde. Im Krankheitsfall müsste Sebastian also mit deutlich weniger Geld von der Krankenkasse auskommen, wenn er sein Einkommen absichtlich sehr niedrig geschätzt hätte.

Durch die Corona-Pandemie sind Sebastians Reisepläne ausgebremst worden. Dadurch hat sich ein größeres Polster auf seinem Girokonto angesammelt, das er allerdings so bald wie möglich für eine mehrwöchige Tour mit dem Bully nach Spanien und Portugal ausgeben möchte.

Die 150 Euro, die er derzeit monatlich in den Fonds-Sparplan einzahlt, möchte er weiter aufbringen. Er kann sich auch vorstellen, die monatlichen Raten etwas zu erhöhen.

Schritt 4: Anlagen finden

Als Mitglied der Künstlersozialkasse sind Beiträge an die gesetzliche Rentenversicherung Pflicht. Damit nutzt Sebastian den Vorsorge-Baustein gesetzliche Rente automatisch.

Der Baustein Immobilie kommt derzeit nicht infrage, weil noch nicht feststeht, wo in Zukunft sein Lebensmittelpunkt sein wird. Auch die Rürup-Rente als ergänzender Vorsorge-Vertrag ist in seiner Situation keine geeignete Lösung, da er mit solchen Vorsorge-Beiträgen nicht mehr so flexibel ist – und wer weiß, ob nicht irgendwann weitere größere Reisen, ein erneuter Umzug oder vielleicht doch der Immobilienerwerb zum

Thema werden. Deshalb wäre ein langlaufender Vertrag derzeit für ihn unpassend.

Deutlich interessanter ist für ihn der Vorsorge-Baustein ETF. Indexfonds sind eine günstige und bequeme Möglichkeit, um auf längere Sicht Geld anzulegen, etwa in einem Sparplan. Sollten die Mittel einmal knapp werden, ist es möglich, die monatlichen Einzahlungen zu kürzen oder sogar auszusetzen.

Schritt 5: Passend kombinieren

An den Beiträgen zur gesetzlichen Rentenversicherung kommt Sebastian nicht vorbei. Als Ergänzung könnte er Geld in ETF anlegen: Das Geld, das derzeit in den aktiv gemanagten Aktienfonds fließt, kann er in Zukunft in einen Sparplan auf einen Indexfonds investieren. Die Kosten für ETF sind niedriger als für aktiv gemanagte Fonds. Seine derzeitigen Anteile an dem aktiv gemanagten Fonds muss er ja nicht gleich verkaufen, er kann einfach aufhören, weiter in diesen Sparplan einzuzahlen, und abwarten, bis seine bisherigen Anteile wieder etwas im Wert steigen. Dann kann er immer noch entscheiden, ob und wann er sie verkauft, und das Geld eventuell ebenfalls in ETF investieren.

Abschließend kann Sebastian überlegen, ob er seine Reisekasse weiterhin auf dem Girokonto parken will. Er könnte das Geld vorübergehend entweder auf ein Tagesgeldkonto packen oder – wenn er weiß, dass er sowieso frühestens in drei, sechs oder zwölf

Monaten reisen wird – auf ein Festgeldkonto mit entsprechender Laufzeit. Dann bekommt er zumindest etwas höhere Zinsen für sein Geld.

Abweichungen vom Beispielfall

Sebastian ist schon länger selbstständig und kann von den Einnahmen aus seiner Tätigkeit leben, auch wenn er gerne mehr verdienen würde.

Bei Ihnen ist das anders:

▶ **Sie sind ebenfalls Mitglied in der Künstlersozialkasse, erzielen aber deutlich niedrigere Einnahmen?**
Um sich auf Dauer in der Künstlersozialkasse versichern zu können, müssen Sie mindestens 3 900 Euro im Jahr verdienen (325 Euro im Monat). Nur in den ersten drei Jahren Ihrer Selbstständigkeit dürfen Sie auch unter dieser Grenze verdienen. Danach darf die Einkommensgrenze innerhalb von sechs Jahren zweimal unterschritten werden, ohne dass sich an der Versichertensituation etwas ändert. Behalten Sie diese Grenze im Auge, wenn Sie kaum Einkommen erzielen. Beachten Sie aber, dass im Zuge von Corona etwas günstigere Regeln für die Jahre 2020 bis 2022 gelten (siehe „Künstlersozialkasse", S. 60).

▶ **Sie überlegen, zusätzlich zu Ihrer Selbstständigkeit einen Job anzunehmen?** Dann informieren Sie sich vorab über die Folgen. Ein Minijob nebenbei wäre problemlos möglich, es würde sich nichts an der Versicherungspflicht in der Künstlersozialkasse ändern. Geht Ihr Nebenjob über eine geringfügige Tätigkeit hinaus, wird die Künstlersozialkasse genau prüfen, was das für den Sozialversicherungsschutz bedeutet (siehe „Künstler mit Nebenjob", S. 63).

▶ **Sie wollen Mitglied der Künstlersozialkasse werden, wissen aber nicht, ob Sie mit Ihrem Beruf eine Chance auf Aufnahme haben?** In die Kasse können per Gesetz diejenigen aufgenommen werden, die eine künstlerische oder publizistische Tätigkeit überwiegend im Inland erwerbsmäßig und nicht nur vorübergehend ausüben. Außerdem dürfen Sie nicht mehr als einen pflichtversicherten Arbeitnehmer beschäftigen. Es gibt eine lange Liste von Tätigkeiten, die zur Mitgliedschaft berechtigen (siehe auch Checkliste „Mit welchem Beruf schaffen Sie es in die Künstlersozialkasse?", S. 62). Taucht Ihr Beruf nicht in dieser Liste auf, können Sie bei Ihrer Anmeldung detaillierte Angaben zu Ihrer Tätigkeit machen, sodass anschließend über die Mitgliedschaft entschieden werden kann. Wenn Sie unsicher sind, kann sich vorab der Besuch bei einer Rentenberaterin oder einem -berater lohnen, um die weiteren Möglichkeiten auszuloten.

Mitglied im Versorgungswerk

Beiträge zur Altersvorsorge sind Pflicht. Oft gibt es Spielräume bei der Beitragshöhe. Klären Sie, was möglich und was nötig ist und wie Sie die Pflichtvorsorge sinnvoll ergänzen können.

Allgemeinmedizinerin Franziska ist 37 und hat sich im ländlichen Raum mit einer eigenen Praxis selbstständig gemacht. Sie und ihre Frau haben das Haus, in dem sich Wohnung und Praxis befinden, gekauft. Das Paar hofft nach dem Umzug raus aus der Stadt auch privat auf Veränderungen, denn beide Frauen wünschen sich ein Kind, aber bisher hat es mit der Schwangerschaft bei Franziskas Partnerin nicht geklappt. Wenn doch, wird Franziska die Hauptverdienerin der Familie sein.

Schritt 1: Stand der bisherigen Vorsorge ermitteln

Franziska hat nach dem Abitur nicht gleich einen Studienplatz bekommen. Deshalb hat sie zunächst eine Ausbildung zur Arzthelferin gemacht und in dieser Zeit Beiträge an die Rentenkasse gezahlt. Ihrem Rentenkonto wurden für diese drei Jahre 2,25 Entgeltpunkte gutgeschrieben. Für eine Altersrente reichen diese drei Beitragsjahre noch nicht aus. In das berufsständische Versorgungswerk zahlt sie seit etwa acht Jahren ein, zunächst als angestellte Ärztin. Jetzt, kurz nach ihrer Niederlassung, zahlt sie nur einen reduzierten Beitrag von rund 330 Euro monatlich, da sie noch ziemlich unsicher ist, wie viel Einkommen sie erzielen wird. Wie viel Beiträge sie auf Dauer zahlen wird, weiß sie noch nicht, sodass sie aktuell kaum einschätzen kann, wie hoch ihre Versorgungsrente später ausfallen wird.

Ihre Eltern haben für sie 2004 eine Kapitallebensversicherung abgeschlossen, die im Dezember 2024 zur Auszahlung kommt und ihr etwas mehr als 30 000 Euro bringen wird. Die Versicherungsbeiträge zahlt Franziska seit Ende des Studiums selbst.

Schritt 2: Vorsorgepflicht prüfen

Als niedergelassene Ärztin ist Franziska im berufsständischen Versorgungswerk. In ihrem Versorgungswerk leisten die Mitglieder einen Regelbeitrag, der dem jeweiligen Höchstbeitrag in der gesetzlichen Rentenversicherung entspricht. 2022 sind das 1311,30 Euro im Monat. Erreichen sie mit ihrem Einkommen nicht die Beitragsbemessungsgrenze, können sie einkommensabhängige Beiträge wählen.

In den ersten zwei Jahren nach der Niederlassung kann Franziska noch den reduzierten Beitrag zahlen. Es müssen aber mindestens 25 Prozent des Regelbeitrags sein.

Schritt 3: Spielräume ausloten

Im Moment ist Franziska unsicher, was überhaupt bei der Altersvorsorge möglich ist. Die Kredite für Haus und Praxis müssen abbezahlt werden, und sie kann noch nicht genau einschätzen, welche Einnahmen sie im Laufe des Jahres wirklich erzielt. Das aktuell stabile Einkommen der Partnerin gibt aber auch ihr mehr Sicherheit, sodass sich Franziska dazu entschieden hat, die Kapitallebensversicherung nicht vorzeitig aufzulösen, sondern die Beiträge von aktuell rund 120 Euro im Monat bis Ende der Laufzeit weiter aufzubringen.

Wenn der Vertrag dann 2024 zur Auszahlung ansteht, will sie neu entscheiden, wie es mit der Vorsorge weitergeht. Durch die Auszahlung wird sie weitere Spielräume bekommen. Zum einen wird ihr eine größere Summe direkt zur Verfügung stehen, zum anderen kann sie die derzeit noch zu zahlenden Beiträge künftig anders anlegen.

Schritt 4: Anlagen finden

Für den Moment kann und will Franziska nicht groß auf die Suche nach Vorsorgemöglichkeiten gehen, da sie mit dem Beitrag zum Versorgungswerk und den Beiträgen zur Lebensversicherung ausgelastet ist. Wichtig ist, dass sie trotz der aktuellen Verbindlichkeiten dafür sorgt, dass sie ein kurzfristig verfügbares Notfallpolster behält.

Wenn die Praxis erst einmal gut angelaufen ist, kann Franziska je nach Entwicklung auf der Einnahmenseite genauer planen, in welcher Höhe sie künftig Versorgungsbeiträge zahlt. Sie kann zudem prüfen, ob sie den zusätzlichen Spielraum für etwas riskantere Investments wie ETF nutzt, und auch die gesetzliche Rentenversicherung kann für sie ein Thema werden – schließlich hat sie dort erste Versicherungszeiten zurückgelegt.

Schritt 5: **Passend kombinieren**

Sobald Franziska mehr finanziellen Spielraum hat, geht es für sie im ersten Schritt darum zu schauen, wie viel sie tatsächlich an ihr Versorgungswerk zahlt: Schafft sie den Regelbeitrag, oder wählt sie den einkommensabhängigen Beitrag?

Läuft die Praxis vielleicht so gut, dass sie sogar mehr als den Regelbeitrag aufbringen kann, sodass sie dementsprechend freiwillig mehr einzahlt?

Natürlich kann sie sich auch abseits des Versorgungswerks nach Anlagealternativen umsehen und sich etwa für den Kauf von ETF oder anderen Wertpapieren entscheiden. In der derzeitigen Situation kann Franziska sich das kaum vorstellen, aber auf Dauer ausschließen will sie es nicht.

Hilfreich für sie ist, dass sie in absehbarer Zeit das Geld aus der Kapitallebensversicherung erwartet. Sie und ihre Partnerin könnten prüfen, ob sie das Geld zum Beispiel für eine Sondertilgung ihres Immobiliendarlehens nutzen. Häufig sind zum Beispiel Sondertilgungen von 5 Prozent der ursprünglichen Kreditsumme kostenfrei möglich. Dank so einer Sondertilgung sinkt die Kreditsumme deutlich, sodass die Zinsbelastung ebenfalls sinkt.

Ein weiterer, zumindest kleiner Baustein für Franziskas Altersvorsorge kann die gesetzliche Rente sein. Da sie bisher drei Versicherungsjahre in der gesetzlichen Rentenversicherung zurückgelegt hat, könnte sie zum Beispiel für zwei weitere Jahre den freiwilligen Mindestbeitrag zahlen. Damit kommt sie auf die fünf Jahre Versicherungszeit, die für den Anspruch auf eine gesetzliche Altersrente notwendig sind. Die Rente aus diesen niedrigen Einzahlungen wird eher gering sein. Andererseits kann sie dadurch noch von den während der Ausbildung von ihr und ihrem Arbeitgeber gezahlten Versicherungsbeiträgen profitieren.

→ **Gesetzlich oder privat krankenversichert?**

Gerade wenn Sie als Mitglied eines berufsständischen Versorgungswerks gesetzlich krankenversichert sind, kann der Anspruch auf die gesetzliche Altersrente einen weiteren Vorteil haben: Eventuell können Sie mit den freiwilligen Beiträgen zur Rentenversicherung dafür sorgen, dass Sie im Ruhestand deutlich niedrigere Beiträge zur Kranken- und Pflegeversicherung zahlen müssen (siehe „Sozialabgaben drücken", S. 99).

Franziska könnte auch länger oder mehr als den Mindestbeitrag an die gesetzliche Rentenversicherung zahlen. Je mehr sie einzahlt, desto höher wird die Rente ausfallen.

Letztlich setzt Allgemeinmedizinerin Franziska für den Ruhestand auf ihre Rente aus dem Versorgungswerk, zusätzlich auf eine mögliche (kleine oder etwas größere) gesetzliche Rente und auf die Immobilie. Da sie dadurch viele sichere Einnahmen haben wird, wäre ein weiterer Vorsorgevertrag, etwa in Form einer privaten Renten- oder Rürup-Rentenversicherung nicht optimal. Wählt sie zusätzlich ETF, bleibt sie deutlich flexibler.

Abweichungen vom Beispielfall

Franziska hat gerade erst mit ihrer Selbstständigkeit begonnen und hat finanziell noch begrenzte Spielräume.

Bei Ihnen ist das anders:

▶ **Sie führen Ihre Praxis oder Kanzlei schon länger?** Dann können Sie vermutlich sehr viel besser kalkulieren, wie hoch Ihr Jahreseinkommen in etwa ausfällt, welche Vorsorgebeiträge Sie sich leisten können und was Ihnen das in Ihrem Versorgungswerk an Rente bringt. Vielleicht überlegen Sie, ob Sie mehr in Ihr Versorgungswerk einzahlen sollen oder beispielsweise mehr in die Rentenkasse? Dann kann es sich lohnen, wenn Sie bei Ihrem Versorgungswerk eine Auskunft dazu einholen, wie zusätzlich gezahlte Beiträge derzeit verrentet werden. Diesen Wert vergleichen Sie mit den Angaben, was Ihnen freiwillige Rentenbeiträge an zusätzlicher Altersrente bringen können (siehe Tabelle S. 166).

▶ **Sie haben ein sicheres hohes Einkommen, weil Ihre Praxis oder Kanzlei sehr gut läuft?** Wollen Sie nicht allein auf Ihr Versorgungswerk setzen, kann ein Rürup-Vertrag für Sie interessant sein. Dank der staatlichen Förderung können Sie mit Ihren Beiträgen eine Menge Steuern sparen. Holen Sie sich am besten mehrere Rürup-Angebote ein und prüfen Sie die dort genannten garantierten Renten. Vergleichen Sie die Werte mit dem, was Ihnen weitere Einzahlungen an Ihr Versorgungswerk oder an die gesetzliche Rentenkasse bringen würden.

▶ **Sie haben den finanziellen Spielraum, um mit etwas mehr Risiko vorzusorgen?** Informieren Sie sich über die vielfältigen Angebote an Fonds und anderen Wertpapieren und wägen Sie die Risiken ab. Investieren Sie Ihr Geld etwa in einzelne Aktien, ist das Anlagerisiko höher als bei Fonds. Wenn Sie zwar Fonds wollen, aber es nicht nur bei dem Investment in einen weltweiten Aktien-ETF belassen wollen, schauen Sie nach Alternativen, etwa Schwellenländerfonds. Auch bei dieser Auswahl können Sie die Fonds-Datenbank von test.de nutzen. Gerade bei sehr hohem Einkommen mag auch die Idee interessant erscheinen, freie Mittel in eine zu vermietende Immobilie zu investieren. Mehr dazu lesen Sie im Abschnitt zum Vorsorge-Baustein Immobilie ab S. 118.

Selbstständig nebenbei

Angestellt beschäftigt plus selbstständige Nebentätigkeit:
Haben Sie dank Zusatzjob heute mehr finanziellen Spielraum,
können Sie auch mehr für den Ruhestand vorsorgen.

Valentina ist 52 und in Teilzeit bei einer Spedition beschäftigt. Sie würde gerne mehr in der Firma arbeiten, aber derzeit gibt es dort keine entsprechenden Kapazitäten, sodass sie nicht weiter aufstocken kann. Ihr Chef hat ihr allerdings Kontakte zu Partnerunternehmen vermittelt, für die sie nebenberuflich selbstständig als Übersetzerin arbeitet. Sie selbst hat zuletzt weitere Auftraggeber gefunden. Die alleinerziehende Mutter eines 13-jährigen Sohnes ist froh über den Nebenjob, den sie zum Großteil abends von zu Hause aus erledigen kann.

Schritt 1: Stand der bisherigen Vorsorge ermitteln

Valentina hat vor mehr als 30 Jahren mit Beginn ihrer Ausbildung erstmals in die Rentenkasse eingezahlt. Nach der Geburt ihres Sohnes hat sie ein Jahr im Job ausgesetzt und ist danach in Teilzeit zurückgekehrt. Inklusive der Kindererziehungszeiten, die ihr als Mutter zustehen, kommt sie bisher auf 24 Entgeltpunkte auf ihrem Rentenkonto. Daraus ergibt sich nach derzeitigem Stand ein Anspruch auf etwa 865 Euro Altersrente. Aktuell verdient sie in der

Spedition etwa 1950 Euro brutto im Monat. Im Jahr 2022 entspricht das etwa 60 Prozent des Durchschnittseinkommens, sodass ihrem Rentenkonto für dieses Jahr 0,6 weitere Entgeltpunkte gutgeschrieben werden. Würde sie in den 15 Jahren bis zu ihrem 67. Geburtstag immer 60 Prozent des Durchschnittseinkommens verdienen, käme sie bis Rentenbeginn insgesamt auf 33 Entgeltpunkte auf ihrem Rentenkonto. Das wären umgerechnet nach derzeitigem Stand etwa 1190 Euro Altersrente im Monat.

Als alleinerziehende Mutter konnte Valentina zuletzt nicht viel zur Seite legen. Knapp 10 000 Euro hat sie aber als Reserve auf einem Tagesgeldkonto. Nach der Geburt ihres Sohnes hat sie eine Riester-Rentenversicherung abgeschlossen. Sie hofft, dass sie aus dem Vertrag etwa 100 Euro Monatsrente bekommen kann.

Schritt 2: Vorsorgepflicht prüfen

Für ihren Verdienst aus angestellter Tätigkeit zahlt Valentina ihre monatlichen Beiträge zur Kranken-, Pflege-, Renten- und Arbeitslosenversicherung. Für ihre Nebentätigkeit als Übersetzerin muss sie keine weiteren Sozialversicherungsbeiträge aufbringen: Beiträge zur Rentenversicherung werden für ihre Honorare nicht fällig, da Übersetzer nicht zu den versicherungspflichtigen Berufen gehören. Auch Beiträge zur Kranken- und Pflegeversicherung fallen nicht an, da die selbstständige Tätigkeit nebenberuflich erfolgt. Erst wenn die Selbstständigkeit zu

Valentinas Haupteinnahmequelle würde, müsste sie für den Verdienst Sozialversicherungsbeiträge zahlen.

Schritt 3: Spielräume ausloten

Valentina geht davon aus, dass sie bis Jahresende auf etwa 7 000 Euro Honorar aus ihrer Tätigkeit als Übersetzerin kommt. Umgerechnet sind das etwa 580 Euro im Monat. Dieses Einkommen muss sie in ihrer Steuererklärung mit angeben – sie sollte einplanen, dass sich dadurch für sie eine Steuernachforderung vom Finanzamt ergeben kann. Einen Teil des Geldes will Valentina nutzen, um die Notreserve auf dem Tagesgeldkonto aufzustocken. Außerdem will sie mit ihrem Sohn endlich mal in den Urlaub fahren. Aber letztlich geht sie davon aus, dass sie aufs Jahr gerechnet etwa 3 000 Euro übrig hat, die sie anlegen will.

Schritt 4: Angebote auswählen

Für die 3 000 Euro im Jahr oder umgerechnet 250 Euro monatlich kommen verschiedene Lösungen infrage. Zunächst lohnt ein Blick auf den laufenden Riester-Vertrag: Zahlt Valentina bisher genug eigenen Beitrag ein, um die volle staatliche Förderung zu bekommen? Als Mutter eines Sohnes kann sie immerhin bis zu 475 Euro Zulagen vom Staat bekommen (300 Euro Zulage für den 2009 geborenen Sohn und 175 Euro Grundzulage für sie selbst), aber nur, wenn mindestens 4 Prozent ihres Vorjahreseinkommens in den Riester-Vertrag fließen.

Für die Berechnung der staatlichen Zulagen wird nur ihr Einkommen aus angestellter Beschäftigung zugrunde gelegt, da sie für den Verdienst als Selbstständige keine Rentenversicherungsbeiträge bezahlt.

Hat sie 2021 ein Jahresbrutto von 23 400 Euro (12 x 1 950 Euro) erzielt, erhält sie die vollen staatlichen Zulagen für 2022, wenn sie insgesamt 936 Euro in den Riester-Vertrag einzahlt (4 Prozent von 23 400 Euro). Wenn man die 475 Euro Zulagen vom Staat einrechnet, müsste Valentina also selbst einen Jahresbeitrag von 461 Euro (936 – 475 Euro) aufbringen, um die volle Förderung zu erhalten. Im Moment zahlt sie 480 Euro aus eigener Tasche, liegt also knapp über der ermittelten Grenze. Um sicherzugehen, dass sie auch auf längere Sicht genug einzahlt, um die volle Förderung zu bekommen, könnte sie zur Sicherheit ihren Jahresbeitrag aufstocken, sodass sie auch bei einer Gehaltserhöhung noch die volle Förderung in Anspruch nehmen könnte.

Für die weitere Vorsorge sollte sich Valentina nicht für zusätzliche langlaufende Verträge entscheiden. Will sie komplett auf Sicherheit setzen, könnte sie ihr Einkommen, das nicht aufs Tagesgeldkonto wandert, beispielsweise auf ein Festgeldkonto einzahlen. Hier sind die Zinsen immerhin noch etwas besser als für Tagesgeld, dafür kommt sie aber immer erst zum Ende der vereinbarten Laufzeit an die Ersparnisse heran. Je nach Risikobereitschaft könnte auch ein ETF-Sparplan interessant sein.

Schritt 5: Passend kombinieren

Mit dem Riester-Vertrag hat Valentina neben der gesetzlichen Rente eine weitere sichere Einnahme fürs Alter. Solange sie für ihren Sohn Kindergeld bekommt – maximal bis zum 25. Geburtstag –, kann sie von den vollen Zulagen von insgesamt 475 Euro jährlich profitieren. Endet der Kindergeldanspruch und damit die Zahlung der Riester-Kinderzulage, kann sie immer noch überlegen, ob sie weiter in den Riester-Vertrag einzahlt oder ihn beitragsfrei stellt.

Ergänzend zu ihrer gesetzlichen Rente und zum Riester-Vertrag wäre es weniger optimal, wenn Valentina weitere langlaufende Vorsorgeverträge abschließt. Deutlich flexibler bleibt sie, wenn sie die freien Mittel aus ihrer Selbstständigkeit in einen Aktien-ETF investiert. Sie kann einmalig Geld investieren oder über einen Sparplan regelmäßig einzahlen, zum Beispiel monatlich oder vierteljährlich. Wenn sie je nach Risikobereitschaft monatlich 100 oder 150 Euro in einen ETF-Sparplan steckt, könnte sie den Rest ihrer frei verfügbaren Mittel regelmäßig auf ein sicheres Tagesgeldkonto einzahlen und so das Risiko des Fonds-Investments weiter abfedern (siehe „Den passenden Fonds finden", S. 106).

Abweichungen vom Beispielfall

Valentina arbeitet in einem Beruf nebenbei, der nicht versicherungspflichtig ist. Sie konnte ohne große Investitionen starten und schnell Einkommen erzielen.

Bei Ihnen ist das anders:

▶ **Sie machen sich etwa nebenberuflich als Lehrer oder Dozent selbstständig?** Für Ihre weitere Finanzplanung ist entscheidend, ob Sie mit Sozialversicherungsbeiträgen rechnen müssen oder nicht. Wenn der Verdienst geringfügig ist und Sie mit Ihrer Tätigkeit regelmäßig nicht mehr als neuerdings 520 Euro monatlich verdienen, müssen Sie keine Rentenversicherungsbeiträge einplanen. Sobald Sie aber mehr verdienen, fallen je nach Beruf Beiträge an. Planen Sie diese bei Ihren weiteren Vorsorgeüberlegungen ein.

▶ **Sie machen sich mit einer künstlerischen oder publizistischen Tätigkeit nebenberuflich selbstständig?** Schreiben Sie zum Beispiel regelmäßig Artikel für Zeitungen und Online-Portale, üben Sie ebenfalls eine versicherungspflichtige Tätigkeit aus. Für künstlerische oder publizistische Tätigkeiten liegt die Geringfügigkeitsgrenze mit 325 Euro monatlich deutlich niedriger. Erzielen Sie aus Ihrer Nebentätigkeit ein Einkommen über dieser Grenze, können dafür Beiträge zur Rentenversicherung anfallen (siehe „Künstlersozialkasse", S. 60).

▶ **Der Sprung in die nebenberufliche Selbstständigkeit steht noch bevor?** Klären Sie am besten vorab, ob und in welcher Höhe Sie mit Sozialversicherungsbeiträgen rechnen müssen.

Dann können Sie besser planen, ob sich die Nebenbeschäftigung tatsächlich lohnt. Nutzen Sie beispielsweise das kostenlose Beratungsangebot der Deutschen Rentenversicherung. Außerdem kann ein Besuch beim Steuerberater hilfreich sein, um Klarheit zu bringen, wie Sie vorgehen müssen: ob etwa eine Gewerbeanmeldung notwendig ist und was das Finanzamt von Ihnen braucht.

→ **Den Arbeitgeber informieren**

Wenn Sie sich neben einer angestellten Beschäftigung selbstständig machen wollen, informieren Sie Ihren Arbeitgeber darüber und holen im Fall eines arbeitsvertraglichen Zustimmungsvorbehalts seine Genehmigung ein. Häufig muss er die Nebentätigkeit akzeptieren. Es sei denn, Sie machen ihm beispielsweise Konkurrenz. Oder es handelt sich um eine Tätigkeit, die Ihr Leistungsvermögen im Hauptjob beeinträchtigt, etwa wenn Sie in der Gastronomie häufig bis in die Nacht hinein arbeiten. Dann kann er Ihnen die Nebentätigkeit untersagen. Wenn Sie sich nebenbei selbstständig machen, achten Sie unbedingt darauf, beide Beschäftigungen sauber zu trennen. Es sollte nicht passieren, dass Sie etwa während Ihrer Hauptbeschäftigung Anfragen Ihrer eigenen Kunden bearbeiten.

Ausblick für alle: Wenn der Ruhestand näher rückt

Irgendwann werden die Pläne für den Ausstieg aus dem Berufsleben konkreter. Wir geben einen kurzen Überblick, was dann rund um die Altersvorsorge zu tun ist.

Vielleicht mit 63, mit 65, oder eventuell erst deutlich später: Je nach persönlichen Vorlieben und finanziellen Möglichkeiten stehen in der Zeit vor dem Ruhestand einige Erledigungen an, damit Sie auf Dauer Ihre Renten beziehen und von Ihren sonstigen Ersparnissen leben können.

Rentenkonto klären und Rente beantragen

Wann wollen Sie aufhören zu arbeiten? Wenn der Ruhestand näher rückt, klären Sie, wann Sie gehen dürfen und ob Sie sich einen vorzeitigen Rentenbeginn leisten können. Nutzen Sie das Beratungsangebot der gesetzlichen Rentenversicherung. Termine vereinbaren Sie online auf deutscherentenversicherung.de oder telefonisch über die Hotline 08 00/10 00 48 00.

Wollen Sie vorzeitig Ihre erste gesetzliche Rente beziehen, müssen Sie bestimmte Voraussetzungen erfüllen. Können Sie 35 Versicherungsjahre in der Rentenkasse vorweisen – egal ob als Pflichtversicherter oder auch mit Jahren, in denen freiwillige Rentenbeiträge gezahlt wurden –, können Sie im Alter von 63 Jahren vorzeitig in Rente gehen. Dafür müssen Sie allerdings Abschläge von Ihren Rentenansprüchen in Kauf nehmen (siehe „Unter der Lupe: Die Altersrente", S. 34). Haben Sie sogar mindestens 45 Jahre in der Rentenkasse zurückgelegt, ist hingegen ein vorzeitiger Rentenbeginn ohne Abschläge möglich: Wenn Sie zum Beispiel 1959 geboren wurden und 45 Versicherungsjahre vorweisen können, dürfen Sie 2023 im Alter von 64 Jahren und zwei Monaten ohne Abschläge als „besonders langjährig Versicherter" vorzeitig gehen.

Aber Achtung: Die Berechnung für diese geforderte Wartezeit sieht etwas anders aus. Für die notwendigen 45 Jahre werden Zeiten, in denen Sie freiwillige Rentenbeiträge geleistet haben, nur dann mitgezählt, wenn Sie mindestens 18 Jahre Pflichtbeiträge gezahlt haben. Aufgrund dieser Voraussetzung kommt diese Form der Frührente für viele Selbstständige gar nicht infrage.

Egal, um welche Rente es in Ihrem Fall geht: Sie müssen sie beantragen. Den Antrag stellen Sie am besten drei bis vier Monate vor dem gewünschten Rentenbeginn –

das ist auch im Rahmen der kostenlosen Beratung möglich. Gibt es noch Lücken in Ihrem Versicherungskonto, sollten Sie schon früher Kontakt zum Rentenversicherungsträger aufnehmen und einen Antrag auf Kontenklärung stellen, damit Ihnen keine Versicherungszeiten verloren gehen und Ihre Rente korrekt berechnet werden kann.

Vorbereitungen für andere Renten

Auch als Mitglied eines berufsständischen Versorgungswerk müssen Sie planen, wann Sie Ihre erste Rente beziehen wollen: Verschaffen Sie sich frühzeitig einen Überblick, mit welchen Zahlungen Sie je nach Zeitpunkt des Rentenbeginns rechnen können, um genauer über den Start in den Ruhestand zu entscheiden. Beantragen Sie dann die Rente bei Ihrem Versorgungswerk.

Erwarten Sie die erste Auszahlung aus einer privaten Rentenversicherung, können Sie damit rechnen, dass sich der Versicherer einige Zeit vor dem Ende der Vertragslaufzeit bei Ihnen melden wird, um die Modalitäten für die Auszahlung zu klären, zum Beispiel auf welches Konto die Rente überwiesen werden soll.

Steht die Auszahlung aus einem Riester-Vertrag bevor, müssen Sie eventuell noch weitere Entscheidungen treffen: Sie haben zum Beispiel die Möglichkeit, bis zu 30 Prozent der angesparten Summe auf einen Schlag zu entnehmen und nur den Rest als dauerhafte Rente zu beziehen. Je nach Vertrag müssen Sie zudem entscheiden, wie Sie das vorhandene Geld verrenten wollen: Wenn Sie zum Beispiel einen Riester-Banksparplan abgeschlossen hatten, können Sie wählen, ob Sie Ihr Erspartes gleich als Sofortrente aus einem Versicherungsvertrag erhalten wollen oder ob es erst einmal über einen Bankauszahlplan entnommen werden soll. Spätestens ab dem 85. Geburtstag wird es aber immer als Rente ausgezahlt.

Haben Sie aus einer früheren Tätigkeit als Angestellte noch Anspruch auf eine Betriebsrente? Nehmen Sie Kontakt zu Ihrem Anbieter auf, um zu klären, wann und wie die Auszahlung startet.

Ersparnisse „verbrauchen"

Nun geht es noch darum, wie Sie sich aus anderen Ersparnissen Ihre Zusatzrente schaffen können.

Wollen Sie ganz auf Nummer sicher gehen, könnten Sie eine größere Summe bei einem privaten Versicherer einzahlen, der Ihnen daraus eine private Sofortrente auszahlt. Das kann für Sie infrage kommen, wenn Ihr persönlicher Finanz-Check in Richtung Rentenbeginn ergeben hat, dass Sie noch eine weitere sichere Einnahme gebrauchen könnten, um im Alltag all Ihre Ausgaben zu decken. Allerdings: Die Rente ist zwar sicher, aber nicht sonderlich attraktiv. Sie müssen schon sehr alt werden, um Ihre Einzahlungen in Form einer lebenslangen privaten Rente wieder herauszubekommen (siehe „Weitere Vorsorgeangebote im Überblick", S. 124).

Eine Alternative kann ein Bankauszahlplan sein. Hier zahlen Sie einmalig eine größere Summe an eine Bank und erhalten daraus regelmäßige Auszahlungen. Der Haken hier: Die Verzinsung ist wie bei allen anderen sicheren Sparprodukten weiterhin nicht überragend. Außerdem wird die angelegte Summe irgendwann verbraucht sein.

Hinzu kommt, dass das Angebot an Bankauszahlplänen momentan sehr klein ist. Wenn Sie sich dafür interessieren, schauen Sie am besten auf test.de nach aktuellen Testergebnissen unter dem Suchwort: „Bankauszahlplan".

Alternativ zu einem festen Auszahlplan können Sie sich Ihren eigenen sicheren Plan gestalten, indem Sie vorhandene Ersparnisse zum Beispiel auf mehrere Festgeldkonten oder Sparbriefe mit unterschiedlichen Laufzeiten verteilen. Das Prinzip dahinter: Zu verschiedenen Zeiten im Jahr wird eine bestimmte Summe frei, und Sie könnten jeweils neu entscheiden, wie viel Sie von dem Geld quasi als Zusatzrente nutzen und welchen Teil Sie erneut anlegen. Damit sind Sie flexibler und können etwa auf Änderungen im privaten Bereich reagieren.

Zusatzrente aus ETF

Die eigene Zusatzrente gestalten – das funktioniert auch, wenn Sie im Berufsleben Geld in Fonds, zum Beispiel in ETF, investiert haben und dieses Geld im Ruhestand verbrauchen wollen. Wichtig zunächst: Nur weil Sie Anfang oder Mitte 60 sind und in

Rente gehen, müssen Sie nicht gleich vorhandene Aktien oder Fondsanteile komplett verkaufen, um das Geld dann sicher anzulegen. Stattdessen können Sie aus den angesparten Werten regelmäßig Geld entnehmen und auf Dauer davon zehren. Auch das funktioniert übrigens mit der Pantoffel-Methode (siehe „Vorsorge-Baustein: Aktien-ETF", S. 102). Wir nennen dieses Entnahme-Konzept deshalb „Pantoffel-Rente". Dabei kombinieren Sie weiterhin einen ETF auf einen weltweiten Aktien-Index wie den MSCI World mit sicherem Tagesgeld.

66 Brauchen Sie eine Zeit lang nichts von Ihrem Ersparten, verzichten Sie einfach auf die Entnahme.

Überlegen Sie zunächst, wie lange Sie von dem Fonds-Vermögen zehren wollen, wie riskant Ihre Anlage sein soll (zum Beispiel 50 Prozent Aktien-ETF/50 Prozent Tagesgeld) und wie viel Geld Sie monatlich zur Verfügung haben möchten. Mit diesen Daten können Sie ermitteln, welche monatlichen Entnahmeraten möglich sind. Das zeigt ein vereinfachtes Beispiel:

Wenn Sie Anfang oder Mitte 60 sind und das Geld bis ans Lebensende reichen soll, sollten Sie zur Sicherheit mit einer Laufzeit von mindestens 30 Jahren kalkulieren. Zu Beginn Ihrer Entnahme sollte die vorhandene Sparsumme also für bis zu 360 Monate (30 x 12) reichen. Umgerechnet heißt das: Steht Ihnen beispielsweise eine Sparsumme von 100 000 Euro zur Verfügung, können Sie zu Beginn knapp 280 Euro monatlich entnehmen (100 000 Euro : 360 Monate).

Schauen Sie nach einem Jahr erneut auf Ihren Pantoffel-Plan. Addieren Sie Tagesgeld und Fondsvermögen und teilen Sie die Summe durch die verbleibenden 348 Monate (29 Jahre). Dann wissen Sie, wie hoch Ihre monatlichen Entnahmen im kommenden Jahr sein können. Das können Sie von Jahr zu Jahr wiederholen. Diese vereinfachte Beispielrechnung hat jedoch einen Nachteil: Durch Schwankungen an den Börsen kann Ihr anfänglich angedachter Entnahmeplan ins Wanken geraten, und es kann zum Beispiel sein, dass sie auf einmal monatlich nur noch die Hälfte des ursprünglichen Betrages entnehmen können.

Um die Folgen aus den Schwankungen abzufedern, hat Finanztest ein Puffer-Konzept entwickelt und für die Berechnung der möglichen Entnahme-Raten von vornherein einen Börsencrash mit einem Verlust von bis zu 60 Prozent eingeplant. Die Höhe der Entnahmen ist darauf abgestimmt. Im Puffermodell sind die zu Beginn zu wählenden Auszahlungen in der Regel geringer, sie steigen aber mit der Zeit an und sind insgesamt stabiler. Bei diesem Modell können Sie die monatliche Entnahme nicht selbst ausrechnen, dazu finden Sie einen kostenlosen Rechner unter test.de/entnahmerechner.

Auszahlung über das Tagesgeldkonto

Am günstigsten ist es, wenn Sie sich die „Zusatz-Rente" aus Ihrem Pantoffel-Plan von Ihrem Tagesgeldkonto auszahlen – überweisen Sie die Summe von dort auf Ihr Girokonto. Dafür fallen keine Kosten an.

Auf diese Weise schrumpft das Polster auf dem Tagesgeldkonto, sodass irgendwann das ursprünglich gewählte Verhältnis aus Sicherheits- und Rendite-Baustein nicht mehr passt. Dann sollten Sie aktiv werden: Schichten Sie um, wenn das aktuelle Verhältnis um 10 Prozentpunkte von der ursprünglichen Variante abweicht. Verkaufen Sie Fondsanteile, um das ursprüngliche Verhältnis von zum Beispiel 50/50 wiederherzustellen. Im Internet können Sie unter test.de/pantoffelrechner ermitteln, wann Umschichten nötig ist.

Organisieren Sie die Entnahme auf diese Art, können Sie einigermaßen flexibel reagieren, wenn sich an Ihren finanziellen Verhältnissen etwas ändert. Brauchen Sie zum Beispiel eine Zeit lang nichts von Ihrem Ersparten, verzichten Sie einfach auf die Entnahme. Und umgekehrt: Benötigen Sie vorübergehend eine größere Summe als sonst, etwa um Ihre studierende Enkelin zu unterstützen, können Sie kurzfristig mehr entnehmen. Wichtig ist nur, dass Sie die Entnahmeraten zum Beispiel nach einem Jahr wieder so anpassen, dass das anfängliche Verhältnis aus Rendite- und Sicherheitsbaustein wiederhergestellt wird.

Hilfe

Unterstützung und Beratung von Anfang an

1 Unterstützung und Beratung von Anfang an
S. 164

2 Die gesetzliche Rente erhöhen
S. 166

3 Die günstigsten Depotanbieter auf einen Blick
S. 167

4 Die Kosten für ETF-Sparpläne
S. 168

5 Diese ETF sind erste Wahl
S. 170

6 Die besten nachhaltigen ETF
S. 171

7 Stichwortverzeichnis
S. 172

Wie gründe ich richtig, wie wachse ich erfolgreich, wie schaffe ich den Übergang in den Ruhestand? Immer wieder im Laufe der Selbstständigkeit sind Entscheidungen zu treffen, bei denen häufig die Unterstützung von Experten und eine gute Planung sinnvoll sind.

Für den ersten Überblick: Nutzen Sie das Online-Portal existenzgruender.de des Bundeswirtschaftsministeriums. Hier finden Sie zahlreiche Checklisten und Informationen, die Ihnen helfen, Ihre Gründung zu planen und in Gang zu bringen. Es geht um den Business-Plan und um Rechtsformen, aber auch um Wachstumsfinanzierung, Nachhaltigkeit und Unternehmensnachfolge.

Gründungsberatung: Nutzen Sie Beratungsangebote, etwa über die IHK oder die Handwerkskammer, bevor Sie loslegen. Klären Sie mit fachlicher Unterstützung, wie Ihre Selbstständigkeit laufen kann und was hinsichtlich der Finanzierung zu beachten ist. Wenden Sie sich etwa an die für Sie zuständigen Kammern vor Ort. Oder schauen Sie, ob über Ihr Bundesland Kontaktdaten und Ansprechpartner vermittelt werden. So gibt es beispielsweise über das Portal startercenter.nrw umfangreiche Informationen und eine Suche nach Beratungsangeboten.

Finanzielle Unterstützung: In Beratungsgesprächen oder bei der Online-Recherche wird auch die Suche nach Fördermitteln eine große Rolle spielen. Auch wenn es ein wenig Mühe machen kann: Informieren Sie sich über Fördermittel vonseiten der Kommunen und Länder, über Gründungsstipendien oder auch zinsgünstige Förderkredite. Ein Kontakt hier wäre die KfW (kfw.de), und auch bei den Förderbanken der Länder können Sie fündig werden: zum Beispiel nrwbank.de oder l-bank.de in Baden-Württemberg. Wollen Sie aus der Arbeitslosigkeit heraus gründen, sprechen Sie mit der Arbeitsagentur über die Möglichkeiten eines Gründungszuschusses.

Erfolgreich wachsen: Selbst wenn der Anfang gut geschafft ist, kann es im Laufe der Zeit wichtig und hilfreich sein, weitere Beratungsangebote zu nutzen – etwa wenn es um die Anstellung der ersten Mitarbeiter geht, um eine Expansion zu planen oder die Übergabe an die Nachfolger zu gestalten. Schauen Sie, ob Sie etwa über Ihre Kammer oder Berufsverbände an mögliche Experten kommen. Auch ein Business-Coaching privater Anbieter kann infrage kommen. Hören Sie sich am besten im Bekannten- oder Kollegenkreis nach Empfehlungen um.

Steuerberatung: Gerade zu Beginn der Selbstständigkeit empfiehlt sich der Kontakt zu einer Steuerberaterin oder einem -berater: Was muss ich beachten, um die Investitionen steuerlich optimal geltend machen zu können? Welche Abschreibungsregeln kann ich nutzen? Wenn Sie keinen Steuerberater kennen, fragen Sie im Bekanntenkreis oder unter Kollegen nach einer Empfehlung. Wenn Sie hier nicht weiterkommen, können Sie den Suchdienst der Bundessteuerberaterkammer auf bstbk.de nutzen oder über den Deutschen Steuerberaterverband auf dstv.de suchen.

Rentenberatung: Nutzen Sie das Beratungsangebot der Deutschen Rentenversicherung, etwa wenn eine Entscheidung ansteht, ob Sie einen Antrag auf Pflichtversicherung stellen oder sich von der Versicherungspflicht befreien lassen wollen. Broschüren, Kontaktdaten und viele weitere Informationen erhalten Sie auf deutsche-rentenversicherung.de. Alternativ können Sie freie Rentenberater engagieren. Kontaktdaten finden Sie über den Bundesverband auf rentenberater.de.

Versicherungsberatung: Je nach Art Ihrer Tätigkeit benötigen Sie eventuell ganz besonderen Versicherungsschutz. Kommen Sie etwa bei Kammer oder Berufsverband nicht an die gewünschten Informationen, kann es sich lohnen, einen unabhängigen Versicherungsberater oder eine -beraterin einzuschalten. Sie verlangen zwar ein Honorar für ihre Tätigkeit, dafür kassieren sie aber keine Provision von den Versicherungsunternehmen. Die Unterstützung ist also neutral.

Die gesetzliche Rente erhöhen

Ob freiwillige Beiträge oder Pflichtbeiträge: Mit Ihren Zahlungen, die Sie heute an die gesetzliche Rentenversicherung richten, sorgen Sie dafür, dass Sie im Alter höhere Leistungen erhalten können.

Beispiel: Sie zahlen jeden Monat den Regelbeitrag an die Rentenkasse. Für 2022 sind das insgesamt 7 343,28 Euro. Durch dieses eine Beitragsjahr erhöht sich Ihre spätere Altersrente nach den aktuell geltenden Werten um 36,56 Euro im Monat. Würden Sie freiwillig den Höchstbeitrag von 1311,30 Euro monatlich zahlen, könnten Sie mit einem Beitragsjahr Ihre Rente um rund 78 Euro monatlich steigern.

Rentenanpassung: Im Normalfall werden die Renten einmal jährlich jeweils zum 1. Juli erhöht. 2022 fiel das Plus besonders hoch aus. Zum Vergleich: Bis zum 30. Juni galt, dass ein Jahr Regelbeitrag nicht 36,56 Euro Rente gebracht hätte, sondern etwas mehr als 34 Euro.

Selbst rechnen: Wollen Sie für andere Beitragshöhen Ihr Rentenplus ermitteln, finden Sie auf test.de einen kostenlosen Rechner (Suche nach „freiwillige Rentenbeiträge").

Weitere Renten: Wenn Sie die Voraussetzungen für eine gesetzliche Erwerbsminderungsrente erfüllen, fällt diese ebenfalls umso höher aus, je mehr Beiträge Sie an die Rentenkasse gezahlt haben. Auch Ihren Angehörigen können Ihre Beiträge etwas bringen, denn im Ernstfall erhalten auch sie eine höhere Hinterbliebenenrente, sollte Ihnen etwas zustoßen.

So steigt Ihre Rente

Mit den Zahlungen im Berufsleben erhöhen Sie Ihre spätere Altersrente. Freiwillige Beiträge für 2022 können Sie bis zum 31. März 2023 zahlen.

Jahresbeitrag 2022 (Euro)	Erhöhung der monatlichen Regelaltersrente 2022 (Euro)
1 004,40 [1]	5,00
1 200,00	5,97
2 400,00	11,95
3 600,00	17,92
4 800,00	23,90
6 000,00	29,87
7 200,00	35,84
7 343,28 [2]	36,56
8 400,00	41,82
9 600,00	47,79
10 800,00	53,76
12 000,00	59,74
13 200,00	65,71
14 400,00	71,69
15 600,00	77,66
15 735,60 [3]	78,33

1) Mindestbeitrag: Versicherte müssen pro Monat mindestens 83,70 Euro einzahlen. Das sind 1 004,40 Euro im Jahr.   2) Regelbeitrag: Beitrag orientiert sich am Durchschnittsverdienst und passt sich jedes Jahr automatisch an.   3) Höchstbeitrag: Versicherte können pro Monat höchstens 1 311,30 Euro einzahlen. Das sind 15 735,60 Euro im Jahr.
Quelle: Eigene Berechnungen, Stand: 1. Juli 2022

Die günstigsten Depotanbieter auf einen Blick

Das kostet ein Depot mit nur einem ETF zu 12 000 Euro mit einer Order pro Jahr, Ordergröße 2 500 Euro. Die Kosten größerer Depots finden Sie unter test.de/depotkosten.

Anbieter	Depotname	Bundesweit	Preis pro Jahr (Euro)
Top-Ten-Internetdepots			
Smartbroker	Depot[1]	■	5
Flatex	Depot[2]	■	6
Onvista Bank	Festpreis-Depot	■	9
Santander Consumer Bank	Wertpapierdepot	■	11
BBBank	Depot	■	11
DKB	DKB-Broker	■	12
Deutsche Bank Maxblue	Depot	■	12
NIBC Direct	EinfachInvestDepot	■	12
Targobank	Direkt-Depot / Klassik-Depot	■	13
Consorsbank	Depot	■	13
Top-Ten-Filialdepots			
Santander Consumer Bank	Wertpapierdepot	■	18
Leipziger Volksbank	Onlinedepot mit Beratung	☐	22
Postbank	Depot	■	31
BBBank	Depot	■	35
Hamburger Sparkasse	Klassikdepot	☐	42
Deutsche Apotheker- und Ärztebank	Apoklassik Depot	■	43
Hamburger Volksbank	Depot	☐	43
Kreissparkasse Köln	Depot	☐	49
Deutsche Bank	db Privatdepot Comfort	■	52
BW Bank	Depot WP komplett	☐	54

1) Ab einer Cashquote von 15 Prozent fällt ein Negativzins von 0,5 Prozent auf Guthaben an, das den 15-Prozent-Anteil übersteigt. 2) Guthaben auf dem Verrechnungskonto wird mit einem Negativzins von 0,5 Prozent pro Jahr belastet.

■ = Ja.
☐ = Nein.

Stand: 1. Januar 2022

Die Kosten für ETF-Sparpläne

Die Tabelle zeigt, was Banken und Broker für Depot und Sparplanausführung berechnen.
Aus Platzgründen listen wir nur die Anbieter, bei denen Sie aus mehr als 200 ETF wählen können.

Anbieter und Depotmodell	Monatliche Mindestrate (Euro)	Sparplanfähige ETF Insgesamt	Jährlicher Depotpreis für aktiven Sparplan (Euro und/oder Prozent)
Onlinedepots			
1822direkt-Aktiv-Depot	25	1 057	0,00 €
Comdirect Depot	25	908	0,00 €
Consorsbank Wertpapierdepot	10	979	0,00 €
Deutsche Bank Maxblue	25	307	0,00 €
DKB-Broker [1]	50	948	0,00 €
Finanzen.net Zero Depot	25	516	0,00 €
Finvesto Depot Basis / Depot [2]	10	1 153	20,00 € / 36,00 € [3]
Flatex Depot [6]	25	1 393	0,00 € [7]
Hypovereinsbank Investmentdepot	25	650	0,00 € [8]
ING Direkt-Depot	1	824	0,00 €
Santander Consumer Bank Wertpapierdepot	25	1 234	0,00 €
S Broker DirektDepot	50	699	0,00 €
Scalable Capital Free Broker	1	ca. 1 950	0,00 €
Smartbroker Depot [9]	25	641	0,00 €
Trade Republic Depot	10	ca. 1 200	0,00 €
Onlinedepots bei Fondsbanken (über Fondsvermittler)			
Ebase Flex Basic / Flex Select / Flex Standard [10]	10	1 153	20,00 € / 36,00 € / 48,00 € [11]
FIL Fondsbank FFB Fondsdepot	25	846	0,25 % (mind. 25 € max. 50 € + 0,10 % [13])
Fondsdepot Bank Fondsdepot Online	25	915	30,00 €
Beratungsdepots bei Filialbanken			
Hypovereinsbank Investmentdepot	25	650	0,00 € [8]
Santander Consumer Bank Wertpapierdepot	25	1 234	0,00 €

1) Für die Depoteröffnung muss ein bankeigenes Girokonto eröffnet werden.
2) Im „Depot Basis" kann nur eine Depotposition geführt werden. Ab zwei Depotpositionen landet man im Depotmodell „Depot".
3) Der erste Wert gilt für das Depotmodell „Depot Basis", der zweite für das Depotmodell „Depot".
4) Bei Fonds, die nicht in Euro notieren, fallen zusätzliche Kosten für die Umrechnung in Euro an.
5) Die Berechnungen gelten für das Depotmodell „Depot Basis".
6) Guthaben auf dem Verrechnungskonto wird mit einem Negativzins von 0,5 Prozent p.a. belastet.
7) Für alle Depotpositionen außer Fonds und ETF fallen jährlich 0,10 Prozent des entsprechenden Depotvolumens an.
8) Für die Positionen aus ETF-Sparplänen fallen keine Depotgebühren an. Enthält das Depot weitere Positionen aus Einmalanlagen, kostet das Depot mindestens 48 Euro jährlich.
9) Ab einer Cashquote von 15 Prozent fällt ein Negativzins von 0,5 Prozent p.a. auf Guthaben des Verrechnungskontos an, das den 15-Prozent-Anteil übersteigt.

Reguläre Kosten pro Sparplanausführung (Euro und/oder Prozent)	Gesamte Jahreskosten (Prozent) für Depot und Sparplanausführung bei Monatsraten von ...		
	50 Euro	200 Euro	500 Euro
1,50 % (1,50 € bis 14,90 €)	3	1,5	1,5
1,50 %	1,5	1,5	1,5
1,50 %	1,5	1,5	1,5
1,25 %	1,25	1,25	1,25
1,50 €	3	0,75	0,3
0,00 €	0	0	0
0,20 % [4]	3,53 [5]	1,03 [5]	0.53 [5]
0,00 €	0	0	0
1,50 %	1,5	1,5	1,5
0,00 €	0	0	0
0,85 €	1,7	0,43	0,17
0,00 €	2,5	2,5	2,5
0,00 €	0	0	0
0,20 %, mind. 0,80 €	1,6	0,4	0,2
0,00 €	0	0	0
0,20 % [4]	3,53 [12]	1,03 [12]	0,53 [12]
0,20 % [4]	4,42 [14]	1,30 [14]	0,67 [14]
0,50 % [4, 15]	5,5	1,75	1
2,00 %	2	2	2
0,85 €	1,7	0,43	0,17

10) Im Depotmodell „Flex Basic" kann nur eine Depotposition verwahrt werden. Bei zwei Depotpositionen landet man im Depotmodell „Flex Select", ab drei Positionen im Depotmodell „Flex Standard".
11) Der erste Wert gilt für das Depotmodell „Flex Basic", der zweite Wert für das Depotmodell „Flex Select" und der dritte Wert für das Depotmodell „Flex Standard".
12) Die Berechnungen gelten für das Depotmodell „Flex Basic".
13) 0,10 Prozent für ETF-Positionen zusätzlich zum Grundverwahrentgelt.
14) Gesamtkosten hängen vom Volumen ab. Angegebene Jahreskosten basieren auf dem Mindestdepotpreis.
15) Bei unterstellten durchschnittlichen Zusatzkosten der Abwicklungsstelle (ATC) von 0,30 Prozent.

Stand: 1. April 2022

Gelb markiert sind die günstigsten Angebote.

Diese Aktien-ETF sind erste Wahl

Die Tabelle bietet eine Auswahl der besten breit gestreuten Aktien-ETF, mit denen Sie Ihr „Pantoffel-Portfolio" für die Altersvorsorge bestücken können. Sie eignen sich besonders gut für die Basisanlage. „Aktien-ETF Welt" enthalten nur Aktien von Industrieländern wie den USA oder Deutschland. „Aktien-ETF inklusive Schwellenländer" beinhalten auch zu einem kleinen Teil Aktien von Schwellenländern wie Brasilien, Südafrika oder China. Diese ETF sind noch breiter gestreut als Aktien-ETF Welt, sind aber durch die Beimischung von Schwellenländern etwas riskanter. Die Legende für die Tabelle finden Sie auf S. 171.

Anbieter	Index	Anmer-kungen	Isin
Aktien-ETF Welt			
Amundi	MSCI World	Ⓣ	LU 168 104 359 9
HSBC	MSCI World	Ⓐ	IE 00B 4X9 L53 3
Invesco	MSCI World	Ⓣ	IE 00B 60S X39 4
iShares	MSCI World	Ⓣ	IE 00B 4L5 Y98 3
Lyxor	MSCI World	Ⓐ	FR 001 031 577 0
UBS	MSCI World	Ⓐ	LU 034 028 516 1
Vanguard	FTSE Developed	Ⓐ	IE 00B KX5 5T5 8
Xtrackers	MSCI World	Ⓣ	IE 00B J0K DQ9 2
Aktien-ETF Welt inklusive Schwellenländer			
iShares	MSCI ACWI	Ⓣ	IE 00B 6R5 225 9
Lyxor	MSCI ACWI	Ⓣ	LU 182 922 021 6
SPDR	MSCI ACWI	Ⓣ	IE 00B 44Z 5B4 8
SPDR	MSCI ACWI IMI	Ⓣ	IE 00B 3YL TY6 6
Vanguard	FTSE All-World	Ⓐ	IE 00B 3RB WM2 5

Die besten nachhaltigen Aktien-ETF

Keine Atomkraft, keine Kriegswaffen und Militärgüter, keine Firmen, die Tierversuche für die Kosmetik machen: Sie wollen mit Ihren Investitionen keine Unternehmen unterstützen, die mit bestimmten Gütern und Prozessen zu tun haben? Dann bietet Ihnen die Nachhaltigkeitsbewertung von Finanztest eine Orientierung.

Unter den aktiv gemanagten Fonds werden Sie Angebote finden, die den von Finanztest ermittelten höchstmöglichen Grad der Nachhaltigkeit erreichen (5 Punkte). Die Testergebnisse erhalten Sie unter test.de/fonds. In der Tabelle unten finden Sie hingegen die besten nachhaltigen ETF. Sie sind bequemer und kostengünstiger als die aktiv gemanagten Fonds, erreichen allerdings nur eine mittlere Nachhaltigkeit (3 Punkte).

Da die nachhaltigen ETF bestimmte Unternehmen ausschließen, decken sie nicht den Markt in seiner vollen Breite ab. Die Angebote streuen aber das Anlagerisiko hinreichend breit, sodass sie als Risikobaustein für ein nachhaltiges Pantoffel-Portfolio geeignet sind.

Anbieter	Index	Grad der Nachhaltigkeit	Anmerkungen	Isin
Nachhaltige Aktien-ETF Welt				
Amundi	MSCI World SRI Filtered PAB	Mittel	Ⓣ	LU 186 113 438 2
BNP Easy	MSCI World SRI S-Series PAB 5% Capped	Mittel	Ⓣ	LU 129 110 864 2
iShares	MSCI World SRI Select Reduced Fossil Fuels	Mittel	Ⓣ	IE 00B YX2 JD6 9
Lyxor	MSCI World Select ESG Rating and Trend Leaders	Mittel	Ⓣ	LU 179 211 777 9
UBS	MSCI World SRI Low Carbon Select 5% Capped	Mittel	Ⓐ	LU 062 945 974 3
Nachhaltige Aktien-ETF Welt inklusive Schwellenländer				
UBS	MSCI ACWI SRI Low Carbon Select 5% Capped	Mittel	Ⓣ	IE 00B DR5 547 1

Ⓣ = Thesaurierend: Thesaurierende Fonds sammeln die Dividendenerträge im Fonds an. Sie eignen sich besonders gut für die Altersvorsorge, weil Sie so vom Zinseszinseffekt profitieren und Sie sich nicht um die Wiederanlage der Erträge kümmern müssen.
Ⓐ = Ausschüttend: Ausschüttende Fonds schütten die Dividendenerträge regelmäßig an die Anlegerinnen und Anleger aus. Sie kommen vor allem infrage, wenn Sie die Erträge verbrauchen möchten.

Reihenfolge nach Alphabet.   Quellen: FWW, Refinitiv, eigene Erhebungen   Stand: 30. Juni 2022

Stichwortverzeichnis

A

Aktien 92, 133
Aktien-ETF (siehe ETF)
Aktienindexfonds
    (siehe Aktien-ETF)
Aktieninvestments 93
Alter 137
Alters- und Hinterbliebenen-
    renten 57
–, Altersgrenzen 35
Altersrente 34, 42
–, betriebliche 92
–, gesetzliche 34
–, Versorgungswerke 67
Angestellte 54
Anlageform finden 23, 91
Anlagehorizont 138
Anlageprodukte 89
Anlagerisiko 18
Anleihen 134
Antrag
– auf Kontenklärung 39
– auf Pflichtversicherung 59,
    97
Apotheker 46
Arbeitsgemeinschaft berufs-
    ständischer Versorgungs-
    einrichtungen e. V.
    (ABV) 65
Arbeitslosenversicherung,
    freiwillige 87
Architekt 46
Arzt 46, 152
Auftraggeber, nur ein
    einziger 56
Augenoptiker 52, 144
Autor 62

B

Bäcker 52
Bankauszahlplan 161
Banksparplan 133
Bausparplan 130
Beitrag, einkommens-
    gerechter 50
Beitragsbemessungsgrenze
    65
Beitragssatz, Kranken-
    versicherung 83
Beratung 16, 24, 40, 51, 59,
    160, 164
Berufsunfähigkeitsrente 42,
    66
Berufsunfähigkeits-
    versicherung 85
Betrieb sichern 81
Betriebsrente 42
Bezugsgröße 50
Bildhauer 46
Bitcoins 93
Börse 104
– Schwankungen 163
Börsengehandelte Index-
    fonds (siehe ETF)
Börseninvestments 13
Bund versicherter Unter-
    nehmer e. V. (BvU) 82
Bundesanleihen 135
Bundeswertpapiere 133

C, D

Corona-Pandemie 18, 26, 30,
    71, 78, 88
Dachdecker 52
Darlehensvertrag 17

Dax 103
Deckungsplanverfahren,
    offenes 65
Depot 104
– günstige Anbieter 167
Deutsche Rentenver-
    sicherung 26, 39
Direktversicherung, be-
    triebliche 24
Dividende 134

E

Eigenheim (siehe Immobilie)
Eigenkapital ansparen 17
Einkünfte 77
Einnahmen 29
Elterngeld 26
Entgeltpunkte 36
Erkrankung 39
Ersparnisse 161
Erwerbsminderungsrente,
    gesetzliche 34, 36, 47, 98,
    166
Erwerbsunfähigkeits-
    versicherung, private 86
Erzieher 47, 53
ETF (Exchange Traded
    Funds) 13, 18, 20, 93,
    102, 117, 131, 133, 170
–, ausschüttende 171
– finden 106
–, nachhaltige 107, 171
– Streuung 103
–, thesaurierende 171
– Zusatzrente 162
ETF-Sparplan 25, 104, 168
Ether 93

F

Familie
– gründen 25
– , Schutz für die 87
Familienangehörige,
   mitarbeitende 58
Familienbetrieb 58
Fehler vermeiden, Checkliste
   139
Festgeldkonto 132
Finanzamt 78
Finanzcheck 77
Finanzieller Spielraum 22
Finanztest, Pantoffel-
   Portfolio 107
Fixkosten 78
Flexibilität 25
Fliesen-, Platten- und Mo-
   saikleger 52
Fonds 102
– finden 106
– , nachhaltige 107
Fondssparplan 110
Freie Berufe 37
Friseur 52

G

Gastronomin 112
Geldanlage 92
Geringfügigkeitsgrenze 50
Gesamtverband der ver-
   sicherungsnehmenden
   Wirtschaft e.V. 82
Gewerbesteuer 79
Gold 92
Grunderwerbsteuer 119
Grundsicherung 71
Gründung 15
Gründungsberatung 164

H

Handwerke 11
– , versicherungspflichtige 52
– , zulassungspflichtige 53
Handwerker 51, 144
Handwerkskammer 53, 64
Hausgewerbetreibende 56
Hebamme 47, 55
Heil- und Pflegeberufe 54
Hinterbliebenenrente, gesetz-
   liche 34, 87, 166

I

Immobilie 17, 18, 29, 92, 118
– Anschlussfinanzierung 123
– Kredit 120
– Steuer 121
– , Weg zur 119
– zum Vermieten 122
Immobilien-Darlehen 123,
   130
Immobilienpreise 119
Index 103
Indexfonds (siehe ETF)
Inflationsrate 43
Inflationsschutz 89, 93
Ingenieur 46
Insolvenzschutz 93, 94, 110
Installateur und Heizungs-
   bauer 52
Invaliditätsschutz 43, 85
Investmentfonds (siehe
   Fonds)
Investments, Steuer 80

J, K

Journalist 46, 53, 60, 148
Kabarettist 46

Kammer, berufs-
   ständische 11
Kammerbezirk 68
Kammerfähige Berufe 47
Kapitallebensversicherung
   42, 126
– beitragsfrei stellen 126
– kündigen 127
– verkaufen 127
Kfz-Haftpflichtver-
   sicherung 82
Kinder 17, 26, 37, 70
Kinderberücksichtigungs-
   zeiten 37
Kindererziehungszeiten 37
Kleinunternehmer 79
Klempner 52
Krankengeld 84
Krankentagegeld 84
Krankentagegeldversiche-
   rung 85
Krankenversicherung 82
– , gesetzliche 84
Krankenvollversicherung 83
– , private 84
Kredite tilgen 89
Kryptowährungen 93
KSK (siehe Künstlersozial-
   kasse)
Künstler 53, 60, 148
– mit Nebenjob 63
Künstlersozialabgabe 60
Künstlersozialkasse 46, 53,
   60, 148
– Einkommensgrenze 61
– Geringfügigkeitsgrenze 61
– Krankenversicherung 63
Küstenfischer 47, 55
Küstenschiffer 47

L

Land- und Forstwirt 11, 46, 57
Landwirtschaftliche Alterskasse 46
Landwirtschaftliche Sozialversicherungen 57
Lehrer 47, 53

M

Maler und Lackierer 52
Masseur 55
Maurer und Betonbauer 52
Medienverwerter 60
Mentorenprogramme 25
Mischfonds 134
MSCI World 103
Musiker 60

N

Nachhaltig anlegen 107, 108
Nebenjob
– als Angestellter 156
– im Studium 24
Neobroker (siehe Smartphone-Broker)
Notar 46
Notfallreserve 17, 30, 85, 130

O, P

Obstbauer 46
Pantoffel-Portfolio 131
– ETF 107
Pantoffel-Rente 110, 162
Partner 17, 26
Pensionsfonds 24

Pfandbriefe 135
Pfändungsschutz 89, 93
Pflegeberufe 54
Pflegeversicherung, gesetzliche 83
Pflicht zur Altersvorsorge 11
Pflichtbeiträge 40
– , freiwillige 47, 58
Pflichtmitgliedschaft, Antrag auf 59
Pflichtversicherung 25, 40
Physiotherapeut 55
Planungssicherheit ab 50 31
Privathaftpflichtversicherung 82
Psychologischer Psychotherapeut 46
Publizisten 53, 60

R

Rechtsanwalt 46
Rechtsschutz 81
Regelaltersgrenze 34
Regelaltersrente 35
Regelbeitrag 50
Rehabilitation vor Rente 41
Reha-Klinik 41
Rente
– ab 65 Jahren 35
– beantragen 160
– für Hinterbliebene 41
Rente, gesetzliche 9, 18, 34, 95
– Abschläge 35
– erhöhen 166
Rentenanpassung 39, 166
Rentenanspruch 99
Rentenartfaktor 38
Rentenauskunft 31
Rentenbeginn 38

– , kurz vor 126
– mit 63 Jahren 35
Rentenbeiträge von Angestellten 12
Rentenberater, freier 40
Rentenberatung 165
Rentenfonds 134, 135
Rentenformel 36
Rentenhöhe 36
Rentenindexfonds 135
Renteninformation 30, 38, 39
Rentenkonto 36
– klären 160
Rentenlücke 32, 33, 99
Rentenplus 166
Rentenversicherung
– freiwillige Beiträge 97
– freiwillige Sonderzahlungen 96
– , gesetzliche 11, 18, 40, 42, 45, 82, 95, 144
– , private 17, 124
– Versicherungpflicht 50
Rentenvertrag, pfändungsgeschützt 93
Rentenwert 36
Riester-Förderung 42
Riester-Rente 127
Riester-Sparer 42
Riester-Vertrag 26, 42, 127
– Auszahlung 161
– für Immobilie nutzen 121
– kündigen 130
Risiko 26, 27, 92
Risikobereitschaft 89
Risikolebensversicherung 41, 87
Rückkaufswert 42, 127
Ruhestand, nahender 27, 126, 160
Rürup-Fondspolice 92, 116

Rürup-Fondssparpläne 111, 117
Rürup-Rente 18, 92, 111, 112, 114

S

Sachwerte 92
Sänger 46
Schauspieler 46, 53, 60
Schriftsteller 46, 60
Seelotse 47, 55
Selbstständigkeit 56
– mit Nebenjob 156
– nach dem Studium 24
Smartphone-Broker 104
Sofortrente, private 126
Sozialabgaben im Alter 70, 99
Sparanlagen, längerfristige 132
Sparbriefe 132
Sparen 12, 17, 89
Sparkonten 42
Sparpläne, Kosten 168
Sparrate 12
Sparverträge 17
Spielräume ausloten 75
Statusfeststellungsverfahren 57
Steuer 78
Steuerberater 46, 79, 165
Steuerbevollmächtigter 46
Steuererklärung 80, 100
Strategie (siehe Vorsorgestrategie)
Studium
– Nebenjobs 24
–, Selbstständigkeit nach dem 24

T

Tagesgeld als Sicherheits-puffer 130
Tagesgeldkonto 110, 124, 130, 131
– Auszahlung 163
Tierarzt 46
Tischler 52

U

Umsatzsteuer 79
Unfallversicherung 15, 86
Unternehmensberaterin 140
Unterstützung 164
–, finanzielle 165

V

Verdienstausfall 84
Verletzung 39
Verlustrisiko 93
Vermögenswerte 17
Versicherung, fonds-gebundene 20
Versicherungsberatung 165
Versicherungspflicht 46, 48
– in der Rentenversicherung 50
Versicherungsschutz 78, 81
Versicherungszeit 34
Versorgungswerk, berufs-ständisches 11, 42, 46, 64, 66, 152, 161
– plus gesetzliche Rente 68
Vorsorge 17
– Alternativen 20
– Bausteine 18
–, betriebliche 42
– Check 30

Vorsorgepflicht 11
– prüfen 22, 45
Vorsorgestrategie 17, 137
– entwickeln 10
Vorsorgevertrag 24
– privat fortführen 43

W

Wahltarife, gesetzliche Krankenkasse 85
Währungsrisiken 135
Waisenrente 41
Wartezeit, gesetzliche Ren-tenversicherung 34, 35
Wertpapiere 17, 133
– Depot 42
Wiedereingliederung, berufliche 41
Wirtschaftsprüfer 46
Witwen-/Witwerrente 41
Wohngebäudever-sicherung 87
Wohn-Riester-Verträge 130

Z

Zahnarzt 46
Zentrale Zulagenstelle für Altersvorsorge (ZfA) 121
Zinsanlagen, sichere 133
Zinsen 43
– bei Sparplänen 133
Zinseszinseffekt 12
Zugangsfaktor 38
Zusatzrente aus ETF 162
Zweitmarkt 127

Die Stiftung Warentest wurde 1964 auf Beschluss des Deutschen Bundestages gegründet, um Verbrauchern durch vergleichende Tests von Waren und Dienstleistungen eine unabhängige und objektive Unterstützung zu bieten.

Wir kaufen – anonym im Handel, nehmen Dienstleistungen verdeckt in Anspruch.

Wir testen – mit wissenschaftlichen Methoden in unabhängigen Instituten nach unseren Vorgaben.

Wir bewerten – von sehr gut bis mangelhaft, ausschließlich auf Basis der objektivierten Untersuchungsergebnisse.

Wir veröffentlichen – anzeigenfrei in unseren Büchern, den Zeitschriften test und Finanztest und im Internet unter www.test.de

Die Autorin: Isabell Pohlmann arbeitet freiberuflich als Journalistin für Finanzen und Verbraucherfragen. Zuvor war sie Redakteurin der Zeitschrift Finanztest. Sie hat mehrere Bücher für die Stiftung Warentest geschrieben, unter anderem „Das Versicherungs-Set", „Meine Rente", „Finanzplaner Beamte" und „Finanzplaner 60+".

© 2022 Stiftung Warentest, Berlin

Stiftung Warentest
Lützowplatz 11–13
10785 Berlin
Telefon 0 30 / 26 31–0
Fax 0 30 / 26 31– 25 25
www.test.de
email@stiftung-warentest.de

USt-IdNr.: DE136725570

Vorstand: Hubertus Primus
Weitere Mitglieder der Geschäftsleitung:
Dr. Holger Brackemann, Julia Bönisch, Daniel Gläser

Programmleitung: Niclas Dewitz

Autorin: Isabell Pohlmann
Projektleitung/Lektorat: Ursula Rieth
Mitarbeit: Merit Niemeitz, Pia Voigt
Korrektorat: Christoph Nettersheim
Fachliche Unterstützung: Sabine Baierl-Johna, Claudia Bassarak, Karin Baur, Beate Bextermöller Dr. Bernd Brückmann, Katharina Henrich, Alrun Jappe, Stephanie Pallasch, Theo Pischke, Max Schmutzer, Ulrike Steckkönig (Finanztest) und Harald Teschner, Rentenberater, München
Titelentwurf: Josephine Rank, Berlin
Layout, Grafik, Satz: Büro Brendel, Berlin
Bildredaktion: Florian Brendel
Bildnachweis: (Titel) getty images; (Innenteil) getty images (S. 8, 16, 20, 25, 28, 38, 44, 54, 58, 67, 69, 74, 84, 90, 99, 105, 109, 114, 122, 136, 140, 144, 148, 152, 156), privat (S. 14, 48, 94)
Infografiken/Diagramme: Florian Brendel, Berlin (S. 2, 19, 39, 43, 119)

Produktion: Vera Göring, Christian Königsmann
Verlagsherstellung: Rita Brosius (Ltg.), Romy Alig, Susanne Beeh
Litho: tiff.any, Berlin
Druck: DCM Druck Center Meckenheim GmbH

ISBN: 978-3-7471-0534-4

Wir haben für dieses Buch 100 % Recyclingpapier und mineralölfreie Druckfarben verwendet. Stiftung Warentest druckt ausschließlich in Deutschland, weil hier hohe Umweltstandards gelten und kurze Transportwege für geringe CO_2-Emissionen sorgen. Auch die Weiterverarbeitung erfolgt ausschließlich in Deutschland.